Kuschel
„Jud, Christ und Muselmann vereinigt"?

Karl-Josef Kuschel

„JUD, CHRIST UND MUSELMANN VEREINIGT"?

Lessings „Nathan der Weise"

Patmos

„Lächelt nicht! – Wer weiß?
Lasst lächelnd wenigstens ihr einen Wahn,
In dem sich Jud' und Christ und Muselmann
Vereinigen; – so einen süßen Wahn!"

Nathan zu Daja
Erster Aufzug, Erster Auftritt

Bibliografische Information der Deutschen Bibliothek
Die Deutsche Bibliothek verzeichnet diese Publikation in der Deutschen
Nationalbibliografie; detaillierte bibliografische Daten sind im Internet über
http://dnb.ddb.de abrufbar.

© 2004 Patmos Verlag GmbH & Co. KG, Düsseldorf
Alle Rechte vorbehalten
Umschlagmotiv: Karl-Heinz Weinmann, Kaiserslautern
Printed in Germany
ISBN 3-491-72478-3
www.patmos.de

INHALT

5

DER NEUE HORIZONT:
DER 11. SEPTEMBER UND DIE FOLGEN

„Timelessness is a good thing in a play, but timeliness is better. The 18th-century drama ‚Nathan the wise' wins on both counts." Besser als der Theaterkritiker der New York Times, der am 20. Oktober 2002, gut ein Jahr nach dem „11. September", eine Aufführung von „Nathan der Weise" am Pearl Theater in New York besprach, kann man Lessings Stück nicht charakterisieren: „Zeitlosigkeit ist gut, Zeitgemäßheit ist besser. Das 18. Jahrhundert-Drama ‚Nathan der Weise' gewinnt in beider Hinsicht." Warum? „Das Stück, das Spannungen zwischen Christen, Muslimen und Juden dramatisiert, verliert schwerlich seine Dringlichkeit im heutigen weltpolitischen Klima."

In der Tat: Nicht nur in New York wurde „Nathan der Weise" gespielt – in Reaktion auf „Nine Eleven". Nach dem 11. September 2001 hat es auf deutschsprachigen Bühnen nicht weniger als 24 „Nathan"-Inszenierungen gegeben![1] Entweder waren sie schon vorher geplant (wie in Dresden, Magdeburg oder Rostock) und gewannen plötzlich „brennende Aktualität"[2] oder wurden spontan ins Programm genommen wie von Claus Peymann und seinem Berliner Ensemble.

1. „Nathan" – widerlegt oder widerständig?

Angesichts der hochdramatischen weltpolitischen Ereignisse konnte die Reaktion der Kritik nur äußerst gegensätzlich sein. Und doch blieb die Meinung, „durch Auschwitz und die Zerstörung der New Yorker Zwillingstürme" sei die Sache des Stückes „widerlegt", ja eine Wiederaufführung des „Nathan" gelinge heute nur „um den Preis, dass die Intentionen des Autors ins Gegenteil verkehrt" würden, eher die Ausnahme.[3] Für die meisten Kritiken standen die Neuinszenierungen im Zeichen des Dennoch, des Trotzdem: „Gerade nach den

Ereignissen am 11. September", sagte etwa der Regisseur der Rostocker Inszenierung, deren Personal ausschließlich aus Frauen (!) bestand, „ist mir sehr wichtig, was der Text impliziert: eine sehr große
Toleranz nämlich, eine nicht lebbare Toleranz aber auch. Das ist die
Tragik."[4] Gerade deshalb aber wurde für ihn das Stück unabweisbar.
Nach den Bildern aus New York hatte er den „Nathan" spontan noch
aus dem Programm nehmen wollen: „Dann haben wir sehr ernst und
klar den Text hinterfragt, und dabei wurde es für mich wieder wichtig, das Stück zu bringen. Ich habe auf jedwede Mätzchen verzichtet.
Ich bin noch statischer geworden und noch mehr auf's Wort gegangen. Wir haben zu einer neuen Ernsthaftigkeit gefunden."[5] Diese
neue Ernsthaftigkeit empfand auch ein Kritiker des Mannheimer
„Nathan": „Den Nathan nun, nach dem 11. September, erst recht!",
bekannte er, um zu folgern: „Was ich als Bühne und auf der Bühne
sehe, ist der unendliche Möglichkeitsraum in uns, der so wahr ist, wie
er außerhalb unserer selbst nie Wirklichkeit wurde, bislang. Nathan,
ein Innenweltraumabenteuer."[6]

Innenweltraumabenteuer! Wörtlich genommen hieße dies, dass
die „Botschaft des Stückes" je abenteuerlicher klingt, je mehr man sie
mit der harten Realität der jeweiligen Zeit konfrontiert. Aber auch,
dass dieses „Abenteuer" kontrafaktisch gegen die miserable Realität
der Zeit gewendet werden kann und muss. Von dieser Ambivalenz
zeugen die meisten Inszenierungen und die meisten Kritiken. Die
Botschaft bleibt widerständig, wird aber durch „die Verhältnisse"
ständig falsifiziert, ohne dass sie ihren Wahrheitsgehalt verlöre, im
platten Sinn „widerlegt" wäre. Ein „Märchen aus uralten Zeiten"?
Mitnichten. Es sei „erdrückend aktuell", fand ein Kritiker der Inszenierung in Würzburg: „Nach einem blutigen Jahr in Nahost und rund
6000 Toten in New York und Washington ist klar, dass der von Lessing als unsinnig gebrandmarkte Kampf der Kulturen nicht als Histo-
rienstück abgetan werden kann."[7] Die „Flugzeuge waren sozusagen
mitten in die Proben gekracht und hatten dem Stück zu unverhoffter,
aber vielfach geahnter und befürchteter Aktualität verholfen".[8]

Diese Aktualität kann freilich nicht darin bestehen, aus der „Botschaft" des Stückes eine Doktrin für Gutmenschentum zu machen,
eine Gefahr, auf die ein Kritiker des Rostocker „Nathan" aufmerksam machte. Zwar sei das Stück nach dem 11. September, bei der das
Wort vom „Kreuzzug" aus der „rhetorischen Waffenkammer hervor-

gekramt" worden sei, das „Stück der Stunde". Inzwischen aber würden „Sonntagsreden und taktisches Kalkül einstimmig die Toleranz zur Bürgerpflicht" erheben, „die einen (tun das) aus Menschlichkeit, die anderen aus der militärischen Befürchtung, die Terroristen könnten unter den Moslems Sympathien gewinnen. Diese Koalition aus Humanisten und Generalstäblern hat – als Nebenwirkung des normierenden Imperativs – auch etwas Lähmendes für das geistige Leben unserer Gesellschaft. ‚Nathan' scheint zur Bebilderung einer Staatsdoktrin verdammt."[9] In dieser Situation sah derselbe Kritiker in Rostocks Frauen-„Nathan" einen „entkrampften Zugang" zum Werk. Das Stück sei aus dem „lähmenden Ernst aktueller Zwanghaftigkeit" entrückt; es scheine in einem „anderen Aggregatzustand" schweben zu wollen. Der Text, soweit er ungebrochen erklingen dürfe, werde wieder „kraftvoll" und scheine sich „auf neue Weise zu freier Beschäftigung" anzubieten.[10]

Gerade deshalb war es unverzichtbar, dass die Gebrochenheit des „Innenweltraumabenteuers" mitinszeniert wurde, begreiflich, dass etwa in der Dresdener Inszenierung der Jude Nathan am Schluss „das Dokument der Versöhnung in Flammen" aufgehen lassen musste. Warum? „Der Afghanistan-Krieg stand bevor, der Nahe Osten brannte schon."[11] In Deutschland ging ja auch Angst um, die Anschläge könnten zur Initialzündung für einen „Weltkrieg zwischen den Kulturen" werden: „Auch dämpften die Aktivitäten islamistischer Terroristen in Deutschland die Hoffnung auf ein dauerhaft friedliches Zusammenleben in einer multikulturellen Gesellschaft. In dieser Situation lag es nahe, den ‚Nathan' als Lehrstück zu reaktivieren. Die Krise nährte aber auch Zweifel an der Tragfähigkeit von Lessings aufgeklärter Utopie und am Nutzen seines moralischen Appells."[12] Wie hatte der Rostocker Regisseur gesagt? „Eine sehr große Toleranz, eine nicht lebbare Toleranz aber auch. Das ist die Tragik!"

2. Warum „Nathan" noch heute alternativlos ist

Es gab aber auch kaum eine Alternative in der deutschen Literatur, wenn man in diesem „weltpolitischen Klima" nach einem „Lehrstück" für das Theater suchen wollte. Welches andere deutschsprachige Stück spiegelt denn die uns bedrückende Weltproblematik in einem offensichtlich neuentfachten „Kampf der Kulturen"? Wie seit dem 17. Jahrhundert nicht mehr ist ja die westlich-christliche Zivilisation konfrontiert mit einem militanten, ja terroristischen Islamismus. Es gibt kein zweites Stück in der gesamten deutschen Literatur, das einerseits das Konfliktpotential zwischen Judentum, Christentum und Islam spiegelt und gleichzeitig das Modell einer Versöhnbarkeit von Juden, Christen und Muslimen anbietet. Das wurde auch in der Kritik erkannt: „Keine andere deutsche Theaterdichtung hat in den letzten 5 ½ Jahrzehnten, wenn es um Toleranz, um Versöhnung und Aussöhnung ging, zumal zwischen christlicher, jüdischer und mohammedanischer Religion, eine derart eminent wichtige Aufgabe erfüllt wie Gotthold Ephraim Lessings dramatisches Gedicht ‚Nathan der Weise'", so ein Kritiker zur Peymann-Inszenierung des Berliner Ensembles.[13] Begreiflich, dass Peymann in Antwort auf den September-Terror und angesichts der Tatsache, dass nach seiner Spontanentscheidung jetzt mehrere Berliner Bühnen gleichzeitig den „Nathan" im Repertoire hatten, erklären konnte: „Schafft möglichst viele Nathans". Jetzt sei die Kunst gefragt, um „nicht Hysterie und Wahnsinn hereinbrechen zu lassen", um vielmehr an die „große humane Predigt" des Menschen Nathan zu erinnern.

Grundsätzlich gesagt: Wie immer man ästhetisch, politisch und theologisch zu Lessings „dramatischem Gedicht" stehen mag, in der deutschen Literatur verfügen wir nun einmal über kein anderes literarisches Dokument für das Konflikts- *und* Versöhnungspotential zwischen Juden, Christen und Muslimen. Goethes „West-östlicher Diwan" (1819) betrifft das Zwiegespräch von christlich-westlicher und islamisch-orientalischer Kultur. Vom Judentum ist hier keine Rede. Heinrich Heines Tragödie „Almansor" (1829) betrifft den Konflikt zwischen Christentum und Islam in Spanien und spiegelt das Konversionsproblem für Juden bestenfalls indirekt. Friedrich Rückerts große Orient-Dichtungen und -Nachdichtungen betreffen den Kulturtransfer zwischen Ost und West; das Jüdische spielt keine Rolle. Wir haben in der deutschen Literatur noch im 20. Jahrhundert entweder Dokumente einer Begegnung zwischen Judentum und Christentum oder zwischen Abendland und Morgenland, Orient und Okzident.

Nur Lessings „Nathan" ist „trialogisch" strukturiert. Nur in diesem Stück kommen alle drei Traditionen und Kulturen in ihrem Konflikts- und Versöhnungspotential zur Sprache. Wir haben keinen anderen großen Referenztext in der deutschen Literatur, wenn es um das Verhältnis von Juden, Christen und Muslimen geht. Und in der gegenwärtigen Weltstunde geht es wieder um diesen Konflikt zwischen der jüdischen, christlichen und islamischen Welt – gespiegelt im Brennpunkt Palästina wie letztmals zu Kreuzzugszeiten. Doch erst indem der „Toleranzoptimismus des ‚Nathan' – die Vertreter der unterschiedlichen Religionen entpuppen sich als Mitglieder einer gemeinsamen Familie – klar als Märchen und somit als Utopie gekennzeichnet wird, kann er wieder ernsthaft als anzustrebende Option dargestellt werden", so zu Recht ein Kritiker des Mannheimer Inszenierung.[14]

Von daher erklärt sich, warum Lessings Drama – trotz aller Skepsis, Gebrochenheit und Desillusionierung – von vielen Kritikern als „grandioses Dennoch und Trotzdem" angesehen wird: „Ähnlich der Apfelbaumpflanzerei Luthers. Die rührt uns nicht nur, die verpflichtet – erst recht, kommt sie, als Märchen nicht nur für Kinder, so exotisch daher (Jerusalem im Mittelalter, Völkermix, Glaubenskrieg, Liebesrausch). Und so überzeugend: Gegen die Ringparabel etwa spricht allein die Barbarei. Oder der Untergang der Menschheit. – Nicht zufällig saßen mehrere Bundesminister im Parkett."[15] Freilich: So bemerkens- und lobenswert das ist, mit einem Kritiker der New Yorker Inszenierung in einem Off-Broadway-Theater kann man die Bemerkung kaum unterdrücken, dass Intellektuelle und Angehörige der politischen Klasse nicht eigentlich die Adressaten jenes Stückes sind – so wenig wie Besucher von Off-Broadway-Theaterhäusern. Denn sie – so derselbe Kritiker – „pflegen nicht die Todesstrafe zu unterstützen oder das Verbrennen von Ungläubigen oder die Enthauptung von Abtrünnigen. Diejenigen, die dieses Stück am nötigsten sehen müssten, sind solche, die die Aufklärung als einen Ausbruch von Häresie in kontinentalem Maßstab betrachten. Es sind solche, die daran erinnert werden sollten, dass Saladin nicht nur für seinen Glauben und für seine Macht gelobt wurde, sondern auch für seine Toleranz. Schlag nach bei Dante."[16]

3. Heutige Bilder vom Islam: unter Lessings Niveau

Wir schlagen nach bei Dante und finden: Im vierten Gesang von „Il Inferno" (Vers 129) treffen wir in der Tat auf Sultan Saladin. Als Nichtchrist kann er sich nicht im Paradies aufhalten, aber als guter Nichtchrist befindet er sich am mildesten aller Straforte, der Vorhölle – neben berühmtesten Helden des klassischen Altertums wie Elektra, Hektor und Aeneas, wie Cäsar, Brutus und Lukretia, auch „inmitten der Familie der Philosophen": Sokrates und Platon, Demokrit und Heraklit. Der Kreis der hier genannten Personen bildet eine Art Prominenten-Kanon, wie er zu Dantes Zeiten gültig war, und zeigt, welchen Gestalten der Antike das Mittelalter Anerkennung zollt. Auch der Muslim Saladin gehört dazu. Saladin ist denn auch eine Schlüsselfigur zur Dokumentation muslimisch möglicher Ritterlichkeit schon im Mittelalter, erst recht dann im 18. Jahrhundert. Wir werden ihm in diesem hier vorgelegten Buche mehrfach begegnen.[17]

Doch von einer spezifisch muslimischen Toleranz, von einer Menschlichkeit, praktiziert durch Muslime, wie Lessing sie zeigen wollte, ist in den neuesten Inszenierungen auf deutschen Bühnen kaum etwas zu sehen. Manche Regisseure scheinen nicht bemerkt zu haben, dass die Originalität und Provokation des Stückes (aus der Sicht des Autors) *auch* in der *strategischen Aufwertung von Muslimen* besteht. Nicht selten bleibt man noch ganz auf die Problematik Deutsche – Juden fixiert, als lebten wir noch immer in den fünfziger oder sechziger Jahren: „Vor der Folie Auschwitz und den aktuellen Ereignissen im Nahen Osten erweist sich das Stück von nahezu erschreckender Aktualität", heißt es etwa in den Erklärungen zur Inszenierung in Tübingen.[18] In der Broschüre des Theaters dokumentieren denn auch Texte von Jean-Paul Sartre („Überlegungen zur Judenfrage"), Hans Mayer („Lessing der Mittler") oder Theodor W. Adorno („Begriff der Aufklärung") die völlige Reduzierung des Stücks auf die Auschwitz-Problematik, als hätte die Welt sich nicht weiterentwickelt und seien nicht Dimensionen in den Vordergrund getreten, die derselben Sensibilität bedürften. Durch ein schon auf dem Titelblatt abgedrucktes Adorno-Zitat suggeriert man freilich, dass man über die verengte deutsch-jüdische Perspektive nicht hinausgekommen ist:

14

„Der Satz, nach Auschwitz lasse kein Gedicht mehr sich schreiben, gilt nicht blank, gewiss aber, dass danach, weil es möglich war und bis ins Unabsehbare möglich bleibt, keine heitere Kunst mehr vorgestellt werden kann. Objektiv artet sie in Zynismus aus, mag immer sie die Güte menschlichen Verstehens sich erborgen."

Übersehen wurde zum Beispiel, dass Lessing bewusst nicht nur einen jüdischen Helden von Format auf die deutsche Bühne bringt, sondern bewusst auch positiv gezeichnete muslimische Figuren, was im Kontext der zeittypischen europäischen Islam-Verachtung ebenso kühn war. Übersehen wurde, dass Lessing mit seinem Stück *auch* das Interesse verfolgt, eine islamisch geprägte Menschlichkeit gegen eine gesetzliche Orthodoxie stark zu machen, dass er also *auch* in innermuslimische Diskurse eingreift – und zwar im Interesse einer positiven Verbindung von Islam und Menschlichkeit. Dabei hätte man Lessings Strategie durch einen Blick in seine geplante Vorrede zum „Nathan" leicht entdecken können:

„Wenn man sagen wird, dieses Stück lehre, dass es nicht erst von gestern her unter allerlei Volke Leute gegeben, die sich über alle geoffenbarte Religion hinweggesetzt hätten, und doch gute Leute gewesen wären; wenn man hinzufügen wird, dass ganz sichtbar meine Absicht dahin gegangen sei, dergleichen Leute in einem weniger abscheulichen Lichte vorzustellen, als in welchem der christliche Pöbel sie gemeiniglich erblickt: so werde ich nicht viel dagegen einzuwenden haben. (…) Wenn man aber sagen wird, dass ich wider die poetische Schicklichkeit gehandelt, und jenerlei Leute unter Juden und Muselmännern wolle gefunden haben: so werde ich zu bedenken geben, dass Juden und Muselmänner damals die einzigen Gelehrten waren; dass der Nachteil, welchen geoffenbarte Religionen dem menschlichen Geschlechte bringen, zu keiner Zeit einem vernünftigen Manne müsse auffallender gewesen sein, als zu den Zeiten der Kreuzzüge, und dass es an Winken bei den Geschichtsschreibern nicht fehlt, ein solch vernünftiger Mann habe sich nun eben in einem Sultane gefunden." (IX, 665f.)

Das ist also der Lessingsche Kontext: Ein „christlicher Pöbel" pflegt Menschen, konkret: Juden und Muslime, die nicht in ihre gängigen

Schemata passen, in „abscheulichem Licht" darzustellen. Gegen diesen Komplex des seit Jahrhunderten gewachsenen vulgären Antijudaismus und Antiislamismus betont Lessing strategisch die kulturellen Leistungen von Menschen anderer Religionen, betont die Gewährung von Religions- und Gewissensfreiheit in ihrem Herrschaftsraum sowie religiöse und philosophische Tiefe bei ihren „Gelehrten", betont umgekehrt die Skandalgeschichte des Christentums, wie sie sich in den „Kreuzzügen" manifestiert. Dass diese Strategie auf massiven Widerstand stoßen würde, ist ihm klar. Die Verletzung der „poetischen Schicklichkeit" ist dabei gewiss noch der leichteste Vorwurf. Ein Muslim (Beispiel: Sultan Saladin) gehört zu „guten Leuten", ist ein Mann der Vernunft, der Moral, der Menschlichkeit. Und diese seine Vernunft, Moral und Menschlichkeit hat er nicht trotz des Islam, sondern durch den Islam, durch seinen Glauben als Muslim: das musste in Deutschland einer Öffentlichkeit erst noch bewusst gemacht werden, die in antijüdischen und antimuslimischen Stereotypen erstarrt ist.

Auf deutschen Bühnen aber war jüngst von all dem wenig zu sehen. Im Gegenteil. Die Muslime in „Nathan"-Inszenierungen kommen meist schlecht weg. Der Sultan und Sittah? „Operettenorientklischees der albernsten Sorte"![19] Saladin? „Salontunte mit gemaltem Menju-Bärtchen", „Schlafanzug-Sultan (mit) geistig grotesker Operettenmiene", ein „Kleinganove mit großem Herzen"![20] Bei anderen Inszenierungen kommt der Sultan „im Rollstuhl auf die Bühne, scheinbar blind, mit einem Bart, wie ein Terroristen-Mullah", so in Ulm.[21] Ja, der Regisseur der Wiener Inszenierung hatte sogar diesen Einfall: „Wenn man die Religionsdinge umdreht und den Saladin als Bush denkt und den Tempelherrn als Islamisten, dann stimmen die Machtstrukturen. Dann hätte man was, was ganz gegenwärtig ist."[22]

Wirklich? Saladin nur ein „herrsüchtiger Choleriker"[23], „ein betulicher Pedell"?[24] Als „Muslim" jedenfalls wurde er kaum gesehen, bestenfalls als „aufgeklärter Herrscher, ein Feingeist, gleich ob er in traditionellem Gewand als Scheich oder in moderner Armeeuniform erscheint".[25] Und wenn schon Anklänge an seine orientalische Herkunft nicht wegzuinszenieren waren, dann war Saladin in jedem Fall ein „zwielichtiger Orientale", wie ein Kritiker der Neuen Züricher Zeitung zur Berliner Inszenierung bemerkte: „Der Sultan … stakst als schnöseliger Angeber herum, geschönt durch lange Bartspitzen und die Signalfarbe Blau auf Wams, Schuhen und wippender Feder."[26]

In der Tat: Die meisten Inszenierungen auf deutschsprachigen Bühnen kamen über eine „operettenhafte Optik" bei Saladin nicht hinaus und statteten den Sultan entsprechend mit einem „Märchen-prinzen-Turban-Kostüm" aus.[27] Ernst genommen im Sinne Lessings wurde Saladin als Muslim nur in wenigen Fällen. So war der Kritikerin der Dresdner Inszenierung aufgefallen, dass sie auf der Bühne einen „besonnenen Sultan" gesehen habe. Auch die Rollen des Klosterbruders und des Derwisch' seien „präzise und gleichzeitig völlig unaffektiert" gespielt worden.[28] Vor allem die Baden-Badener „Nathan"-Inszenierung unter dem damaligen Intendanten Peter Lüdi zeichnete sich in dieser Frage durch Kenntnisreichtum und Sensibilität aus. „Große Wirkung erzielt die imposante Erscheinung Berth Wesselmanns als Saladin auf dem Balkon, zwischen den hell angestrahlten Zuschauern, von wo aus er Nathans Worten lauscht", bemerkte eine Kritikerin, um fortzufahren: „Als aufgeklärter, offener Herrscher lässt sich der Sultan (und mit ihm das Publikum) von den Inhalten überzeugen. Doch bietet er durchaus schlagfertig Paroli. Kräftige Spitzen gegen das Christentum teilt auch Saladins Schwester Sittah aus. Manuela Romberg verleiht ihr eine stolze Präsenz."[29]

In der zur Inszenierung erstellten Broschüre des Baden-Badener Theaters wird denn auch die Auseinandersetzung mit dem Islam konstruktiv geführt. Ein Text des Tübinger Ökumenikers *Hans Küng* stellt die Komplexität der gegenwärtigen Situation zwischen Judentum, Christentum und Islam heraus. Küng wendet sich gegen „jegliche monokausale Erklärung der gegenwärtigen durch den 11. September erzeugen Weltkrise":

> „*Terrorismus islamisch?* Die terroristische Attacke auf die USA ist von der überwältigenden Mehrheit der Muslime sofort als unislamisch verurteilt worden. Terrorismus gilt unter den Muslimen allgemein als eine Pervertierung des Islam. Auch im Koran wird dazu aufgefordert, Böses mit Gutem zu erwidern oder abzuwehren (Sure 13,22). Die Menschen sollen mit Weisheit ermahnt werden, ‚auf die beste Weise mit Gegnern zu streiten' (16,125), und das meint offensichtlich: auf friedliche Weise. Zentrale Koranaussage ist der von Muslimen immer wieder zitierte Grundsatz: ‚Kein Zwang in der Religion' (2,256).

‚Djihadʻ im Koran? Wie die Hebräische Bibel, so enthält auch der Koran Aufforderungen zu Kampf und Krieg. Aus der Frühgeschichte der muslimischen Gemeinschaft erklärt sich, dass die Teilnahme am Krieg im Koran wie in den Rechtstexten zur Pflicht gemacht wird. ‚Djihadʻ meint zwar nicht ‚heiliger Kriegʻ, sondern zunächst einmal ‚Anstrengungʻ im moralischen Sinn, ein ‚Bemühen auf dem Wege Gottesʻ. Die gemäßigten Muslime verstehen das Wort heute allgemein so. Aber man darf nicht bagatellisieren, dass ‚Djihadʻ auch schon in den ursprünglichen Quellen als kriegerische Auseinandersetzung verstanden wird. Und diese Aussagen können heutzutage leicht von politischen Fanatikern missbraucht werden. Deshalb stellt sich hier grundsätzlich die Frage nach der ‚Koranhermeneutikʻ, wie wir uns als Juden und Christen ja auch schon seit langem den schwierigen Fragen der Bibelhermeneutik stellen mussten. Der Islam muss sich der Auseinandersetzung mit der Moderne ehrlich stellen.“

Wer aber angesichts der Umbrüche in der islamischen Welt die Lessingschen Intentionen in ihr Gegenteil verkehrt, schreibt die jahrhundertealte Verachtungsgeschichte gegenüber dem Islam weiter, die gerade auch in intellektuellen Kreisen Europas schon zu Lessings Zeiten herrschte (Voltaire und die Folgen).[30] Wer Saladin heute noch als „betulichen Pedell“, „herrschsüchtigen Choleriker“ oder „Schlafanzug-Sultan“ lächerlich macht, schreibt ebenso die Geschichte des europäischen Antiislamismus fort wie diejenigen, die Saladin als „zwielichtigen Orientalen“ darstellen, ihm jedes Muslimsein absprechen, ihn „wie einen Terroristen-Mullah“ erscheinen lassen oder ihn gar mit „Bush“ identifizieren. Nichts hat man begriffen von dem, worum es Lessing mit seinem Stück ging und geht. So wie er mit Blick auf die jüdische Welt für Menschlichkeit aus jüdischer Überzeugung stritt, für das, was Martin Buber später „jüdischen Humanismus“ nennen sollte, so stritt Lessing im Blick auf die islamische Welt für Menschlichkeit aus islamischer Überzeugung. Ich nenne das kalkulierte oder strategische Aufwertung des Verachteten im interkulturellen und interreligiösen Diskurs.

In meinem Buch „Vom Streit zum Wettstreit der Religionen. Lessing und die Herausforderung des Islam“ (1998) habe ich erstmals im Detail dieses Verfahren bei Lessing im Blick auf Juden *und* Muslime zeigen können. *Kalkulierte oder strategische Aufwertung des Verachteten* ist dabei das Gegenteil von naiver Idealisierung, die auf geschichtlicher Ahnungslosigkeit, sachlicher Inkompetenz und mangelndem komplexen Denken beruht. Strategische Aufwertung heißt bei Lessing:

– Es werden – im Kontrastbild – die positiven Seiten von Personen, Religionen und Kulturen herausgestellt, ohne damit zu leugnen, dass es jeweils überall auch Negatives und Verabscheungswürdiges gibt. Strategische Aufwertung ist das Gegenteil von Idealisierung.

– Das Positivbild ist eine bewusste, kalkulierte Auswahl, und diese Auswahl ist kontextbedingt. Eine Wirklichkeit soll zum Leuchten kommen, die im gesellschaftlichen Umfeld weitgehend ausgeblendet wird. Strategische Aufwertung ist daher das Gegenteil von naiver Komplexitätsreduktion. Sie ist bewusst vollzogene, kontextabhängige Positivbezeichnung negativ besetzter Wirklichkeiten.

– Aufwertung ist nicht gleich Identifikation. Wer Personen, Religionen und Kulturen strategisch positiv zeichnet, wird damit nicht automatisch zum Anhänger oder Kenner dieser Personen, Religionen oder Kulturen. Er bekämpft vor allem jeden Reduktionismus und jegliche Stereotypisierung im Interesse einer höheren Komplexität. Strategische Aufwertung zielt also nicht auf Identifikation, sondern auf Gerechtigkeit im Urteil gegenüber anderen.

Lessings „Nathan" schreibt diese Strategie der „kalkulierten Aufwertung des Verachteten" dadurch weiter, dass er einen positiv gezeichneten Juden und drei positiv gezeichnete Muslime auf die Bühne stellt. Mehr noch: Die eigentliche werkgeschichtliche Originalität und zugleich gesellschaftliche Provokation des „Nathan" besteht gerade darin, dass hier erstmals in dieser Weise kalkuliert aufgewertete *muslimische Figuren* auf einer deutschen Bühne stehen. Das Jüdische war ja schon in Lessings frühem Stück „Die Juden" (1749) durch die Figur des „Reisenden" aufgewertet worden; der „Nathan" ist dessen Fortschreibung und einzigartige Überbietung, aber in Sachen Judentum gerade nicht originell. Originell ist die Aufwertung von Muslimen *auf einer Bühne*. Lessings „Nathan der Weise" ist also *auch* als ein proislamisches, genauer: ein *promuslimisches Stück* zu lesen. Im hier vorgelegten Buch wird dies im Einzelnen erläutert werden.

Dabei wollte Lessing mit seinem „Nathan" selbstverständlich kein „Lehrstück" über den Islam oder das arabische Reich zur Zeit Saladins verfassen, wohl aber die Möglichkeit aufzeigen, „menschlich zu sein, ohne ein Christ zu sein", wie der Islamologe *Navid Kermani* treffend bemerkt.[31] Gerade Kermani beklagt denn auch die gegenwärtig herrschende „anti-islamische Polemik deutscher und europäischer Intellektueller".[32] In seiner Wahrnehmung war auch Peymanns Berliner Inszenierung davon nicht frei, wenn sie Nathan „einen westlichen Designer-Anzug" verpasste, Saladin aber „in ein Karnevalskostüm aus Tausend-und-einer Nacht" steckte. Damit wird nach Kermani signalisiert: Der weise Nathan ist es, „der die Insignien des heutigen Europas trägt", obwohl er doch „wie Saladin der fremden, der arabischen Kultur angehört". Nathan so aber für den säkularen Westen zu vereinnahmen, drückt für Kermani „Verhältnisblödsinn oder Ignoranz" aus: „Während Lessing gegen die Intoleranz des Westens angeschrieben hat, hat Peymanns Inszenierung die Toleranz verwestlicht. Ihr Träger ist keiner *von denen*, wie bei Lessing, sondern *einer von uns*. Alle Figuren in der Inszenierung werden durch ihre Kostüme in den exotischen Orient versetzt, nur einer ist wie der okzidentale Claus Peymann gekleidet: Nathan der Weise. Man könnte ihn auch Nathan den Weißen nennen, immerhin wäre dann der Rassismus benannt, welcher der Inszenierung unbewusst zugrunde liegt."[33]

Diese Kritik ist hart, aber in der Sache nicht unberechtigt, ist sie doch Teil eines Verachtungs- und Angstkomplexes „Islam", der heute auch in intellektuellen Kreisen zur Identifikation von Islam und Fundamentalismus oder Fundamentalismus und Terrorismus führt. „Nathan"-Inszenierungen, die diesen Gleichsetzungen Vorschub leisten, sind kein Beitrag zur Aufklärung, sondern zur Aufwiegelung von Ressentiments. Sie fallen unter Lessings Niveau zurück.

4. Religion an allem schuld?

Der Verachtung für den Islam entspricht die Verachtung für Religion überhaupt. So war einem Kritiker der Peymann-Inszenierung aufgefallen: „Ein amüsanter Theaterabend, wenn – ja, wenn dieser 11. September nicht gewesen wäre. Will man etwas über das Zusammenleben der Religionen erfahren, ist man hier am falschen Ort. Im Programmheft lässt Hermann Weyl das Hohelied des Atheismus singen. Es gäbe

keinen Gott, heißt es, nur den ‚Faktor Gott'. Und den solle man mei-
den wie der Teufel das Weihwasser. Religion bringe nur Unheil in die
Welt. Das ist nicht Lessings Position. Die Religionen sollen alle in
gleicher Weise Gutes bewirken. Toleranz heißt, dem anderen abneh-
men, dass er sich darum bemüht."[34]

In der Tat findet sich im Kontext nicht weniger „Nathan"-Insze-
nierungen die Meinung vertreten, die gegenwärtigen Weltkonflikte
seien durch „religiösen Fanatismus" zu erklären und weitere Säkula-
risierung sei das einzige Heilmittel dagegen. So wird auch in den
Theater-Broschüren von Koblenz, Berlin und Görlitz derselbe Text
des portugiesischen Schriftstellers und Nobelpreisträgers *José Saramago* abgedruckt, der in seiner undialektischen Einseitigkeit in
Sachen „Faktor Gott" nicht mehr zu unterbieten ist:

„Es ist bekannt, dass ausnahmslos alle Religionen nie dazu dienten,
die Menschen einander näherzubringen und den Frieden zu mehren. Religionen waren und sind der Grund für unendliches Leid,
für Massenmorde und ungeheuerliche physische und psychische
Gewalt, die zu den dunkelsten Kapiteln der elenden Geschichte
der Menschheit gehören. Zumindest als Zeichen des Respektes vor
dem Leben sollten wir den Mut aufbringen, diese Erkenntnis als
eine unbestreitbare und unbeweisbare Wahrheit anzunehmen.
Aber die Mehrheit der Gläubigen aller Religionen geben nicht nur
vor, dies zu ignorieren, sondern sie richten sich jähzornig gegen
jene auf, für die Gott nichts anderes als ein Name ist. Ein Name,
den wir ihm aus Angst vor dem Tod gaben, der uns den Weg zu
wirklicher Humanität erschwert … Die Götter, so meine ich, existieren nur im Gehirn der Menschen. Sie wachsen und verfallen in
demselben Universum, das sie erschaffen hat, aber dieser ‚Faktor
Gott' ist in unserem Leben so gegenwärtig, als sei er tatsächlich
sein Herr und Besitzer. … Es war der ‚Faktor Gott', in den sich der
islamische Gott verwandelte, der in das World Trade Center die
Flugzeuge der Empörung über die Verachtung sowie die Rache
gegen die Erniedrigungen fliegen ließ. Man wird sagen, dass ein
Gott die Winde gesät und dass ein anderer Gott mit Stürmen
geantwortet hat. Vielleicht. Vielleicht ist dies sogar richtig. Es
waren aber nicht die armen schuldlosen Götter, sondern es war der
‚Faktor Gott', der furchtbarerweise allen Menschen gemein ist,

ganz gleich, wo sie leben und welcher Religion sie angehören. Es hat ihre Gedanken vergiftet und die Türen für die niederträchtigste Intoleranz geöffnet. Er respektiert nichts, mit Ausnahme dessen, woran zu glauben er befiehlt. Er, der sich rühmt, aus einer Bestie den Menschen erschaffen zu haben, hat schließlich aus dem Menschen eine Bestie gemacht.“

Die Empörung, die aus diesem Text spricht, ist dem Differenzierungsvermögen des Autors nicht gerade förderlich. Der Pauschal- und Generalverdacht gegen die Religionen macht die Argumentation nicht überzeugender. Haben Religionen wirklich „nie“ dazu gedient, Menschen einander näher zu bringen und den Frieden zu mehren? Wer so redet, schenkt sich jede historische Differenzierung und analytische Komplexität. Er ist schon durch Lessing widerlegt. Befremdend ist dabei nicht, dass José Saramago einen solchen Text geschrieben hat (er ist werkgeschichtlich nicht originell und lebensgeschichtlich nachvollziehbar[35]), sondern dass ein solcher Text als einziger in Sachen Religion in Broschüren deutscher Theater abgedruckt werden kann.

Ein Beispiel für die positive Wirkung der religiösen Dimension im Geiste Lessings freilich wurde nicht auf einer professionellen deutschen Bühne geliefert, sondern auf der *Bühne einer deutschen Schule*. Deutsche, jüdische und arabische Schülerinnen und Schüler inszenieren im Jahre 2000 Lessings „Nathan“. Eine Schülergruppe aus Deutschland (Integrierte Gesamtschule Mühlenberg, Hannover) und zwei Gruppen aus Israel: Schüler und Schülerinnen der Tzafit Highschool aus Kfar Menachem sowie arabische Jugendliche der Jewish-Arab Community Association Wolfson Neighbourhood aus Akko (Israel). Im Vorfeld wurden drei eigenständige Fassungen entwickelt, eine jüdisch-, eine arabisch- und eine deutschsprachige, die in der Endphase des Projektes zu einer gemeinsamen, aber mehrsprachig bleibenden in Hannover zusammengeführt wurden. Die Christen im Stück sprechen deutsch, die Juden hebräisch, die Muslime arabisch. Ein faszinierendes Experiment! Über drei Wochen leben und arbeiten etwa 40 Personen zusammen an diesem Projekt: Juden, Araber und Deutsche. Ihr Fazit lautete: „Im Kleinen wurde die Völkerverständigung für eine kurze Zeit praktiziert, und sie wird als nachhaltige Erfahrung für alle Beteiligten hinterlassen bleiben! Erfahrungen, die ein in Hannover lebender Palästinenser mit dem Theaterstück in die Worte fasste: ‚Es ist so verrückt! Hier passiert plötzlich etwas, was sonst nicht zu gehen scheint!'"[36]

5. „Nathan" in der Welt des Islam: Asien und Afrika

Konnten die arabischen Schülerinnen und Schüler auf eine arabischsprachige „Nathan"-Übersetzung zurückgreifen? Seltsam: Lange Zeit hatte man in der Forschung angenommen, Lessings Schlüsseldrama sei noch nie ins Arabische übersetzt worden. Und: bisher schien dies niemandem verwunderlich. Der arabische Sprachraum, obwohl der deutschen Literatur gegenüber grundsätzlich offen, schien mit Blick auf „Nathan der Weise" rezeptionsunwillig. Im Zusammenhang u.a. der EXPO Hannover und des deutsch-israelischen Schülerprojektes begann man, Nachforschungen anzustellen, die *Dris Kholte* und *Walter Koch* 2003 in einem kleinen Bericht „Zur arabischen Übersetzung von G.E. Lessings ‚Nathan'" zusammengefasst haben.[37] Festgestellt wurde: Es gibt zumindest eine arabischsprachige Übersetzung des „Nathan". Sie stammt aus dem Jahre 1932, wurde gedruckt durch das Syrische Waisenhaus in Jerusalem und erstellt durch einen Mann namens *Elias Nasr Al-Haddad*. Diese Übersetzung wurde denn auch für das deutsch-israelische Schülerprojekt in Hannover herangezogen.

Das Problem nur: Weder konnte bis heute eine weitere Übersetzung des „Nathan" ins Arabische nachgewiesen werden, noch die Frage beantwortet werden, in welchem intellektuellen Umfeld der 20er und 30er Jahre die Übersetzung von 1932 entstanden ist. Offen muss bis heute auch die Frage bleiben, ob dieser Text vor oder nach dem Holocaust außerhalb Palästinas rezipiert wurde. Warum aber wurde er so gut wie vergessen? Welche Bedeutung für die Entstehung des Textes hatte etwa der arabische Modernismus und Nationalismus (auf den der Übersetzer in seinem Vorwort ausdrücklich Bezug nimmt)? Und umgekehrt gefragt: Welche Bedeutung hat die jüdische Kultur in ihren vielfältigen Strömungen einer solchen arabischen Version von Lessings Denken beigemessen? Es dürfte also in der Tat „von großem kulturellen Interesse und vielfältiger praktischer Bedeutung" sein, wenn das „interkulturelle Gespräch mit begründeten Erklärungen für das Scheitern des Projektes von Elias Nasr nach 1932 aufwarten könnte. In diesem Sinne sind Versäumnisse der angeführten akademischen Disziplinen unverkennbar."

Unverkennbar aber auch die Notwendigkeit einer modernen arabischen Übersetzung des „Nathan". Denn Elias Nasr Al-Hadadd hielt sich in seiner Übertragung offensichtlich sehr eng an das Lessingsche Original und verwandte ein eher altmodisches Theologen-Arabisch, so dass der palästinensische Regisseur für die Hannoversche Aufführung seine Hebräisch-Kenntnisse nutzen musste, um eine für Jugendliche spielbare Bühnenfassung zu erarbeiten. Deshalb gilt auch hier: „So sehr auch diese Leistung beeindruckte, kann sie nicht zufriedenstellen: eine lebendige Übertragung des integralen Textes ‚Nathan der Weise' ins heutige Arabisch ist dringend erforderlich und sollte kulturell gefördert werden."

Dass Lessings „Nathan" außerhalb des arabischen Sprachraums heute in der Welt des Islam punktuell präsent ist, zeigt ein Blick in die neuere Rezeptionsgeschichte. Als ich 1995 auf Einladung des Goethe-Instituts nach *Karachi (Pakistan)* kam und dort dessen Leiter Dr. Martin Wälde kennen lernte, wurde ich aufmerksam gemacht auf das im gleichen Jahr durchgeführte und vom Goethe-Institut angeregte „Nathan"-Projekt mit pakistanischen Schauspielern. Karachi, eine Agglomeration von Millionen von Menschen, ist bekanntlich eine der unruhigsten und gewalttätigsten Städte der Erde. 1994/95 war es zu direkten bürgerkriegsähnlichen Exzessen gekommen, denen 3000 Menschen zum Opfer fielen. Das Goethe-Institut wagt in dieser Situation das brisante Experiment, mit pakistanischen Schauspielern unter der Leitung des deutschen Gastregisseurs Jürgen Zielinksi Lessings „Nathan" aufzuführen.[38] In Urdu war das Stück vorher übersetzt worden – und zwar von einem der bedeutendsten Regisseure und Schauspieler des gegenwärtigen Pakistan, von *Khalid Ahmad,* der außerdem die Rolle des Sufis in diesem Stück übernimmt, die Rolle des Al-Hafi, von dem in diesem Buch ausführlich die Rede sein wird. Nach vielen Schwierigkeiten gelingt eine eindrucksvolle Inszenierung, die ihre Wirkung auf die pakistanische Öffentlichkeit nicht verfehlt.

Pakistan ist ein zerrissenes Land. Da gibt es die Praxis religiöser Intoleranz gegenüber Minderheiten. So sind vor allem die Ahmadis, eine durch ein Parlamentsdekret 1976 „exkommunizierte" islamische Gruppierung aus dem 19. Jahrhundert, Verfolgungen ausgesetzt. Auch Christen und Hindus sind Opfer von Intoleranz , die aber auch vor islamischen Minderheiten wie den Schiiten nicht Halt macht. Immer wieder kommt es zu extremen Gewaltausbrüchen. Kann und soll man in diesem gesellschaftlichen Klima ein Stück über Religionstoleranz aufführen? Soll man ausgerechnet hier einen idealen Juden ins Licht stellen, wo doch auch in Pakistan religiöse Eiferer gegen „die Juden" hetzen und überall eine Verschwörung der Juden (Hand in Hand mit den USA) gegen die Muslime wittern? Gerade hier!

Denn andererseits kennt Pakistan die große Tradition der islamischen Mystik, des Sufismus, der vor allem in den ländlichen Gebieten der Provinz Sindh, aber auch in Karachi den Volksglauben intensiv geprägt hat und prägt. Hier ergeben sich starke Bezüge zu Lessings Derwisch-Figur Al-Hafi, der auf seine Weise die Tradition des sufitischen Universalismus verkörpert. Der Regisseur reist deshalb nicht zufällig im Verlauf der Probearbeiten nach *Bhit Shah*, nahe der Stadt Hyderabad, um den in ganz Pakistan berühmten Sufischrein von Shah Abul Latif zu besuchen und dort den Derwischen Pakistans zu begegnen. In einem Film, der über die gesamte Produktion von „Nathan der Weise" in Karachi gedreht wurde, kommt ein alter Derwisch an diesem Schrein zur Sprache:

> „Im Herzen lebt entweder Gott oder das Selbst, und wenn das eigene Selbst wichtiger ist, dann entfernt sich Gott. Gott kommt uns nahe, wenn wir bescheiden sind, Demut zeigen.
> Mein Heiliger sagt, dass der orthodoxe Klerus hier nichts zu suchen hat. Diejenigen, die die Menschen voneinander trennen wollen, werden von unserem Heiligen verabscheut …
> Diejenigen, die Gottes Worte eigennützig predigen, sind eigentlich wie Menschen, die einem das Messer in den Rücken stechen. Solche irreführenden Fanatiker wollen die Welt bekämpfen, während sie das Leben auf unsere Kosten genießen. Der Heilige verflucht solche Störenfriede."[39]

Die Bezüge zwischen „Nathan dem Weisen" und der Spiritualität des Sufismus könnten deutlicher nicht sein. Beide sind geprägt durch den Geist friedfertiger Humanität in Religiosität. Beide grenzen sich ab gegen den Ungeist des religiösen Fanatismus, der die Menschen spaltet, ja im Namen des eigenen Glaubens über Leichen zu gehen bereit ist. Der pakistanische Übersetzer, Regisseur und Schauspieler Khalid Ahmad zog kritisch-selbstkritisch überraschende Parallelen zwischen Lessings Stück und der Situation im heutigen Pakistan.

> „Dieses Stück spielt, wo Ost und West sich begegnen, in Jerusalem. Die Charaktere sind Muslime, Juden und Christen. Wie sehen wir die Figuren Nathan und Saladin in Pakistan? Als Lessing sein Stück in seinem Umfeld schrieb, war es angemessen. Er reagiert auf die Engstirnigkeit seiner eigenen Landsleute. Aber wenn dieses Stück hier aufgeführt wird, ist die Lage der Christen anders. Christen sind hier eine unterdrückte Minderheit, und wenn wir hier etwas gegen Christen sagen, würden die engstirnigen Leute hier dem rechtgeben. Deshalb müssen wir uns um Ausgewogenheit bemühen ... Wenn ich heute in Pakistan ein Stück schreiben würde, und wenn ich den islamischen Klerus kritisieren würde, wie Lessing es vor 200 Jahren in Deutschland tat, dann wäre die Parallele, dass Nathan ein Ahmadi wäre. Die christliche Kirche würde ich durch eine Moschee ersetzen, und der Patriarch wäre ein muslimischer Fanatiker. Dann macht dieses Stück in unserem Kontext Sinn, hier in Pakistan."

Die Vision also, die Lessing uns von einem Miteinander von Juden, Christen und Muslimen vor Augen stellt, kann auch heute noch ergreifen – als Zeichen des Widerstands gegen einen Zynismus, der die religiös inspirierten Tragödien für unvermeidlich hält und der vor lauter Blut, Gewalt, Tod und Hass die Hoffnung verloren hat. Es ist deshalb kein Zufall, dass auch in einer riesigen, 12 Millionen Menschen umfassenden Metropole wie *Los Angeles*, in der neben Millionen Christen auch Hunderttausende von Juden und Muslimen leben, 1997 von einer großen islamischen Gemeinschaft zur Feier des Geburtstags des Propheten Mohammed Lessings „Nathan" gespielt wird.[40] Dieser Geburtstag steht bezeichnenderweise unter dem Thema „Der Prophet als Modell von Toleranz". Lessings Stück gilt diesen Muslimen als kongenialer Ausdruck eben dieser Toleranz. Ihrer interreligiösen Zuhörerschaft wird der deutsche Dramatiker so vorgestellt: „Er war der Sohn eines deutschen Pfarrers, der gegen rigide Orthodoxie und soziale Vorurteile rebellierte, die in seiner Zeit vorherrschten. Sein Stück als Leinwand nutzend, malte Lessing das

Bild einer idealen und toleranten Menschheit, in der Muslime, Juden und Christen in religiöser Freiheit harmonisch miteinander leben könnten." Und zu „Nathan der Weise" wurde ausgeführt:

> „Nathan der Weise ist relevant im Kontext dieses Gedenktags für den Propheten, weil das Stück in Übereinstimmung mit dem Beispiel ist, das durch den heiligen Propheten gegeben wurde, der ebenfalls Toleranz, Nächstenliebe, Mitgefühl und Vergebung betonte. Lessing verstand die geschwisterliche Natur der drei abrahamischen Glaubensrichtungen, implizit wiedergebend, was im Koran über die ‚Leute der Schrift' gesagt ist. Dieses Drama ist ein Plädoyer, über die Differenzen in den äußeren Formen der Gottesdienste hinauszublicken – hin auf das, von dem er glaubte, es sei bedeutsamer: die religiöse und moralische Verpflichtung, sich selbstlos Menschen anderen Glaubens gegenüber zu verhalten – ein dringliches Thema auch heute."

Der an der University of Waterloo lehrende Literaturwissenschaftler David G. John berichtet darüber hinaus in seinem jüngsten Forschungsbericht über die Lessing-Rezeption in der Welt des Islam (2000) von einer eindrucksvollen „Nathan"-Inszenierung in *Addis Abeba (Äthiopien)* 1993/94. Äthiopien ist heute ein Land, das von zwei großen religiösen Traditionen geprägt ist: traditionell von der Äthiopisch-Orthodoxen Kirche (Bevölkerungsanteil: 35-40 %) und (mit zunehmender Tendenz) von einem äthiopisch geprägten Islam (45-50 %). Im Kontext eines weltweit agierenden Islamismus zeichnen sich zunehmend auch religionspolitisch motivierte Spannungen ab. Auch hier hat sich das Goethe-Institut um die Aufführung des „Nathan" in der äthiopischen Landessprache verdient gemacht. Muslimische und christliche Schauspieler arbeiteten an derselben Produktion. Gewiss, eine genaue Analyse der Übersetzung ergibt, dass Lessings Text von allzu pointierten christentumskritischen und judenfreundlichen Aussagen „purifiziert" wurde. Dennoch war die Durchführung eines solchen interreligiösen und interkulturellen Theaterprojektes im afrikanischen Kontext von größter Bedeutung. Der Berichterstatter zitiert einen deutschen Besucher, der die „Nathan"-Produktion von 1993/94 noch im Rückblick so einschätzt: „Ich habe dann das Echo des Nathan mitbekommen: Er galt als philosophisch, in seiner Botschaft nicht so leicht mit dem traditionellen äthiopischen

Nationalismus zu vereinbaren, der auch und gerade von der äthiopisch-orthodoxen Kirche getragen wird und das Gegenteil von Toleranz predigt. Der Erfolg wurde von den Schauspielern durchaus nicht als so eindeutig positiv empfunden."[41] Umso erstaunlicher war die Wiederholung der Produktion vier Jahre später 1997/98. Der Berichterstatter schließt:

> „Wieder zog sie bemerkenswerte Aufmerksamkeit in Addis auf sich, sogar eine Tournee wurde geplant, aber sie wurde angesichts wachsender politischer Spannungen, bürgerkriegsähnlicher Unruhen und häufiger gewaltsamer Zusammenstöße abgesagt. Die Stimme der Toleranz wurde zu diesem Zeitpunkt erstickt. ‚Nathan' ist ein gutes Beispiel, wie komplex interkulturelles Theater wirklich sein kann. Es brauchte zwei Jahrhunderte für ‚Nathan', in Afrika anzukommen, und er wird über Nacht hier weder verstanden noch akzeptiert."[42]

Dass Lessings „Nathan" auch für muslimische Länder in Asien weiter von Relevanz ist, zeigt neben Karachi ein jüngstes Beispiel aus *Jakarta (Indonesien)*. Der frühere deutsche Botschafter in Indonesien, Dr. Heinrich Seemann, gegenwärtig Präsident der Sampoerna Foundation International, veröffentlicht einen höchst informativen Bericht im Magazin seiner Stiftung „Ajar" (April-Juni-Heft 2003). Der Artikel beginnt mit der Ehrung einer bedeutenden indonesischen Frau zu deren hundertstem Todestag: Raden Ajeng Kartini (1879–1904). In ganz Indonesien wird sie verehrt als Kämpferin vor allem für die Rechte von Frauen. Vom Werk dieser bedeutenden Reformerin zieht Seemann dann eine Linie zu Lessing und seinem Bemühen, die drei abrahamischen Religionen Judentum, Christentum und Islam in eine Beziehung gegenseitigen Wettstreits zu setzen. Eine Übersetzung der Ring-Parabel in indonesischer Sprache folgt. Sie endet bekanntlich mit den Sätzen des Richters, der von den Söhnen des verstorbenen Vaters angerufen worden war, um zu entscheiden, wer den wahren Ring hat:

> „Es eifre jeder seiner unbestochnen
> Von Vorurteilen freien Liebe nach!
> Es strebe von euch jeder um die Wette,
> Die Kraft des Steins in seinem Ring' an Tag

Zu legen! komme dieser Kraft mit Sanftmut,
Mit herzlicher Verträglichkeit, mit Wohltun,
Mit innigster Ergebenheit in Gott
Zu Hülf'!" (III/7)

Übertragen auf die Situation in Indonesien heißt das:

„Wenig mehr als hundert Jahre später trat eine bis dahin unbe-
kannte junge indonesische Frau mit ähnlichen Ideen hervor und
sprach von ihnen durch ihre Briefe, ohne Kenntnis von Kant oder
Lessing, aber mit dem Wissen ihrer eigenen Religion, dem Islam.
Heute verehren alle Indonesier Kartini. Zum Gedächtnis an sie, ihr
Leben und ihre Lehre, feiern die Indonesier jedes Jahr am 21. April
Kartini-Tag. Es ist bei dieser Gelegenheit, dass die Menschen
ermutigt werden, sich ihrer Briefe zu erinnern, ewige Wahrheiten
in ihnen zu entdecken und entsprechend zu handeln. Und vielleicht wird eines Tages irgendjemand das Lessingsche Drama in die
indonesische Sprache übersetzen und es auf die Bühne in Jakarta
stellen. Das wäre ein würdiges Geburtstagsgeschenk für Kardini."

6. Praktische Konsequenzen: „Nathan"-Institute schaffen

In Deutschland dagegen führen wir eine ganz andere Diskussion und
zwar so, als hätten wir die Aufklärung längst verabschiedet. Landauf
landab ist in intellektuellen Zirkeln die Meinung zu hören: Lessings
„Nathan" ist doch allzu sehr das Produkt des „Optimismus der Aufklärung des 18. Jahrhunderts", der heute „längst widerlegt" ist. Übersehen wird dabei nur, dass schon die Gleichsetzung von „Optimismus" und „Aufklärung" von geschichtlicher Ahnungslosigkeit zeugt
und einem Zynismus Vorschub leistet, der Aufklärbarkeit von Menschen ohnehin gern ins Reich der Fabel verweist. Von einem „aufklärerischen Optimismus" kann im „Nathan" nun wirklich keine Rede
sein, wohl aber von Aufklärung im besten Sinne des Wortes: Menschen in Stand zu setzen, realistisch die Konflikts-, aber auch Hoff-
nungspotentiale wahrzunehmen, die im Gegeneinander und Miteinander der Religionen stecken. Lessings Stück lehrt nicht „Optimis-

mus", sondern – wenn schon – *docta spes* im Sinne Ernst Blochs: durch Lebenserfahrung geprüfte Hoffnung.[43]

Aber wahr bleibt: Die Geschichte von Judentum, Christentum und Islam ist *auch* eine Geschichte des Scheiterns. Und diese Geschichte muss bei heutigen „Nathan"-Aufführungen selbstverständlich mitinszeniert werden. Nicht um „Nathan" zum tausendsten Mal zu „widerlegen", sondern um die Gefährdung und Zerstörbarkeit des hier vorgeführten „Modells" zu zeigen. In Dresden ist dies versucht worden: „Auf nahezu leerer Bühne lässt (der Regisseur) dann Lessings Drama spielen, die Bodenbretter aufgeworfen, jeder Gang eine Kletterpartie über die Unebenheiten hinweg. Nur im vierten Akt schwebt ein riesiges Mobile im Himmel, zwei brennende Kreise formen den islamischen Halbmond, zwei brennende Balken werden auf der Wand zum Christenkreuz – die Flammen spiegeln sich im Judenstern, während unten der Patriarch stoisch sein ‚Der Jude wird verbrannt' wiederholt. Kein überflüssiger Schnickschnack lenkt ab von der derzeit so schrecklich aktuellen Botschaft des Stücks".[44] „Schrecklich aktuell" ist dieses Stück in der Tat. Man erschrickt jedesmal, wie aktuell – nach 225 Jahren!

Deshalb ist es konsequent, wenn dieselbe Inszenierung Lessings Modell eines Familienstücks dementiert: „Von diesen Familienbanden will keiner hören: Hier kann nicht zusammenwachsen, was zusammengehört. Am Anfang rauchten die Trümmer, am Ende brennt das Stammbuch. So, das steht zu befürchten, ist die aktuelle Ringparabel." Und wer wollte leugnen, dass es für diese Befürchtung Gründe gibt? Eine ähnliche Tendenz bei der Inszenierung in Bremen: „Die Blutsverwandtschaft vermag die Grenzen der Religionen zwischen den Personen nicht zu überwinden. Am Ende stehen sich alle genauso fremd gegenüber wie am Anfang, gefangen in ihren Vorurteilen, ihrem religiösen Wahn und ihren schmerzlichen Erfahrungen. Wieso sollten sich die Gläubigen der drei Religionen auch versöhnen, befinden sich die Christen, Juden und Islamisten im Jerusalem der Kreuzzüge doch im Krieg miteinander."[45]

„Wie sollten sich die Gläubigen der Religionen auch versöhnen"? Um dieser alles entscheidenden Frage willen hat Lessing sein Stück geschrieben. Und um eine glaubwürdige Antwort auf diese Frage geht es im vorliegenden Buch. Weltpolitisch hängt viel von einer solchen Antwort ab, innenpolitisch nicht weniger. Selbst Lessing hätte es sich nicht träumen lassen, wie sehr sich die Situation in seinem Land 275 Jahre nach seiner Geburt und 225 Jahre nach der Publikation seines „Nathan" religionsgeographisch verändern würde. Wir leben in einer geschichtlich analogielosen Situation – sowohl durch die neue Präsenz eines lebendigen Judentums nach der Shoa (mittlerweile leben wieder 100.000 Juden in Deutschland in 83 Gemeinden organisiert), als auch erstmals durch die Präsenz einer signifikanten muslimischen Minderheit (3 Millionen Muslime in Deutschland, in Europa ca. 10-12 Millionen). Eine solche Situation hat es in Deutschland noch nie gegeben. Selbst das Judentum, in diesem Jahrhundert die größte religiöse kulturelle Minderheit, hatte zu Beginn der dreißiger Jahre in Deutschland rund 600.000 Menschen umfasst. Noch nie also gab es in Deutschland eine religiöse Minderheit in Millionenstärke, und noch nie war diese Religion der Islam. Andere Länder stehen vor ähnlichen Entwicklungen.

Woraus folgt: Alle europäischen Gesellschaften sehen sich mit sozialen, kulturellen und politischen Herausforderungen konfrontiert, für die sie nicht vorbereitet sind. Denn mental haben weder die meisten Europäer noch die meisten Muslime diese neue Situation schon verarbeitet. Das zeigen die immer wieder aufflackernden politischen Debatten um eine europäische bzw. nationale Leitkultur oder um die Frage, ob auch islamische Länder wie die Türkei zu Europa gehören. Unter Muslimen wird gestritten, wie man sich zum modernen, demokratischen Europa verhalten solle. Antiislamische Ängste, gar Ressentiments, bestimmten oft die politischen Debatten hier; antisäkularistische und antiwestliche Vorurteile dort, angereichert oft mit einem erschreckenden Maß an Antijudaismus.

In dieser Situation haben die beiden am Wissenschaftskolleg zu Berlin arbeitenden Wissenschaftler *Navid Kermani* und *Wolf Lepenies* einen Vorstoß gemacht und in einem Manifest für die Einrichtung einer *Akademie islamischer und jüdischer Kulturen* plädiert. Da der Nahe Osten aus politischen Gründen einer solchen Akademie gegenwärtig kaum Raum geben dürfte, wäre Europa der richtige Platz, Berlin insbesondere:

„In Europa könnte Berlin der Ort eine Akademie für Kunst, Wissenschaft und Religion werden, wo die jüdischen und islamischen Traditionen eines im Mittelalter und in der Neuzeit arabisch geprägten Kulturraumes sowie die Verflechtung mit der europäischen Kultur studiert, dargestellt und kritisch befragt werden. In Berlin würde damit die Verantwortung Deutschlands und Europas für den gesamten Nahen Osten, nicht nur für Israel unterstrichen. Die religiösen Traditionen, Literaturen, performativen und bildenden Künste aus dem Nahen Osten würden der europäischen Kultur nicht entgegengesetzt, sondern als Bestandteil einer Kultur verstanden, die den Nahen Osten und Europa gemeinsam prägt."[46]

Naiver Optimismus der Aufklärung? Nein, Fortschreibung der Aufklärung im besten Sinne des Wortes: als Aufklärung Europas über sich selbst:

> „Europa ist gegenwärtig in Gefahr, sich zu verlieren, weil es sich zu sehr mit sich selbst beschäftigt. Dem Judentum und dem Islam – und auch dem östlichen Christentum – einen exterritorialen Ort zu bieten, an dem die Gemeinsamkeiten ihrer Geschichte und ihrer Kultur wieder lebendig werden, wäre nichts weniger als die über Europa hinausweisende, fruchtbare Ausweitung eines europäischen Projektes: Es wäre der Fortgang der Aufklärung. Zugleich aber diente die Arbeit einer Akademie für islamische und jüdische Kulturen in Berlin der Aufklärung Europas über sich selbst – indem sie ihre ursprüngliche Bedeutung des jüdischen und islamischen Erbes für die europäische Kultur sinnlich und intellektuell erneuerte."[47]

Eine solche Akademie wäre eine späte Frucht von Lessings „Nathan". Und nicht die schlechteste. Dem Berichterstatter der FAZ war bei aller Kritik an der stellenweise überzogenen Rhetorik des Manifestes diese Analogie positiv aufgefallen: „Also halten die Autoren einen Studienort für wünschenswert, an dem auch säkulare und konfliktmindernde Gesichtspunkte jeder multireligiösen Kultur stärker hervorgehoben werden. Man könnte ihn als eine Art ‚Nathan-der-Weise-Institut' bezeichnen, an dem Gelehrte aller drei Weltreligionen jener Zone – und vielleicht sogar auch ein paar Ungläubige – ihre Traditionen gegenseitig deuten."[48]

I. DER SCHWIERIGE WEG ZUM „NATHAN"

Am 24. März 1669 verteidigt im Auditorium des Großen Fürstenkollegs der Leipziger Universität ein knapp 22-jähriger Student der Rechtswissenschaft eine „Disputatio politica" mit dem Titel: „De Religionum tolerantia", zu deutsch: „Über die Duldung der Religionen". Der junge Mann hatte sein Thema selbst gewählt.

1. Wider die Unterdrückung Andersgläubiger

Geboren im vorletzten Jahr des 30-jährigen Krieges, 1647, weiß er aus Erfahrung, was es bedeutet, wenn ein Land durch einen Religionskrieg verwüstet wird. Selbst durch seine in streng scholastischer Manier verfassten (lateinisch geschriebenen und gedruckten) 71 Thesen ist das Trauma seiner Generation noch zu spüren. Die „Obrigkeit" hätte Andersgläubige in der Regel „sofort mit Geldbußen, Vertreibung, Schwert, Krieg und anderen Strafen verfolgt"[49], schreibt er, und „Verfolgungen" aus religiösen Gründen seien „der Zündstoff der grausamsten und verhängnisvollsten Kriege" gewesen. Die „blühendsten Gegenden und Provinzen"? „In Schutt und Asche gelegt"![50] Beispiele?

„Als Beispiel möchte ich die Feuersbrunst anführen, die Deutschland, unser teures Vaterland, in der Vergangenheit ergriffen und jämmerlich verheert hat. Dasselbe können die Niederlande, Frankreich und verschiedene andere Länder lehren, die in Religionskriegen entbrannt sind. Es scheint, als sollten noch mehr Länder in Flammen aufgehen, wenn gewisse Obrigkeiten ihre ebenso versteckten, wie offensichtlichen Bestrebungen nicht aufgeben wollen, womit sie abweichende Religionen zu unterdrücken suchen."[51]

Soll das alles aber so weitergehen, fragt sich der junge Leipziger Doktorand? Soll die Obrigkeit Untertanen, die einer anderen Religion angehören als sie selbst, weiterhin „durch Drangsalierung, Vertreibung, Krieg, Schwert und Hinrichtung" ausrotten oder verfolgen oder zu ihrer eigenen Religion zwangsbekehren? Nein. Duldung ist das Gebot der Zeit! Gewiss: Duldung ist nicht Billigung. Wer eine andere Religion auf seinem Staatsgebiet duldet, anerkennt sie nicht. Denn auch davon bleibt der junge Mann überzeugt: Es gibt nur eine wahre Religion, alle anderen Religionen sind falsch. Und die wahre Religion ist identisch mit dem lutherischen Glauben. Zur „falschen Religion" dagegen gehören „Heiden, Mohammedaner oder Juden" außerhalb der Kirche und innerhalb der Kirche alte Häretiker wie Arianer und Pelagianer sowie neuere Häretiker wie „Katholiken, Reformierte, Sozinianer, Arminianer, Wiedertäufer, Weigelianer usw."

Doch zugleich legt der Verfasser gerade als bibelkundiger Lutheraner Punkt für Punkt aus der Schrift dar: So wie Gott in beiden Testamenten der Bibel falsche Formen von Religion geduldet hat, ohne sie zu billigen, so kann man auch heute zwischen Toleranz und Anerkennung unterscheiden. Deshalb kann man auch als frommer Lutheraner eintreten für Duldung anderer Religionen, ohne falsch verstanden zu werden. Duldung wäre dann genau die Mitte zwischen Verfolgung und Anerkennung. Kurz: In vollem Wissen darum, dass es nach wie vor Leute gibt, „die Andersdenkende in der Religion mit Stumpf und Stil ausgerottet sehen möchten"[52], in vollem Wissen aber auch darum, dass man „zwischen der Duldung verschiedener Religionen und ihrer Billigung zu unterscheiden hat"[53], plädiert der junge Leipziger Jurist für *Toleranz Andersglaubenden gegenüber* – als das „kleinere Übel", um des inneren Friedens in einem Lande willen. Wörtlich:

> „Was sonst war der Grund, warum wir hier in Deutschland so viele Jahre lang in Frieden gelebt haben, wenn nicht die Duldung der Religion? Wenn nun die Obrigkeit die Untertanen verfolgen und zu ihrer eigenen Religion zwingen würde, wer ließe sich weismachen, dass der Friede dann noch lange dauern werde?"[54]

Der Verfasser dieser Thesen ist niemand anderer als *Theophilus Lessing*, der Großvater Gotthold Ephraim Lessings. Genau sechzig Jahre vor der Geburt seines Enkels profiliert er sich mit einer juristisch-theologischen Position, die man als die damals vorgeschobenste in Sachen Religionstheologie und Religionspolitik im Paradigma lutherischer Orthodoxie bezeichnen könnte. Statt Vertreibung oder Verfolgung, statt Anerkennung oder Wertschätzung: *Duldung Andersglaubender*, ob „Heiden, Mohammedaner oder Juden" – ob „Katholiken, Reformierte oder andere ..." Und es dürfte keine Frage sein, dass diese Haltung Theophils, der 1681 die Tochter des damaligen Kamenzer Bürgermeisters geheiratet, im selben Jahr das Bürgerrecht des Städtchens erworben und dreißig Jahre später, 1711, das Bürgermeisteramt erringen sollte, auch im Hause seines Sohnes bekannt war, der 52 Jahre lang als Prediger, Archidiakon und Pastor in Kamenz amten sollte: *Johann Gottfried Lessing* (1693–1770), der Vater Gotthold Ephraims. Großvater, Vater und Sohn kennen die Welt lutherischer Spätorthodoxie, leben in ihr. Später wird der Enkel mit einem ihrer wortgewaltigsten Vertreter, dem Hamburger Hauptpastor Goeze, einen epochalen Streit um den Absolutheitsanspruch der christlichen Offenbarung ausfechten ...

Zerrbilder vom Islam

Jahrhundertelang hatten sich Stereotypen über den Islam in christlicher Theologie und Kirche festgesetzt – nicht zuletzt bedingt durch militärische Konfrontation zwischen der Christenheit und muslimischen Mächten. Der gesamten mittelalterlichen Theologie (von charismatischen Einzelgestalten wie Franz von Assisi oder Kaiser Friedrich II. abgesehen) gilt der Islam als verdammungswürdige christliche Häresie oder als ein mit Hilfe der Mission zu bekehrendes verwerfliches Heidentum. Ganz selbstverständlich ist in christlicher Theologie und Kirche jahrhundertelang die Auffassung verbreitet:
– Der Koran ist ein Lügenbuch: ein Machwerk des Teufels;
– Mohammed ist ein triebgesteuerter Pseudoprophet: ein Diener des Teufels;
– Der Islam ist eine antichristliche Gegenmacht: eine Religion des Teufels;

– Die Muslime in Gestalt der Türken sind einerseits die Zornesrute Gottes wider eine dekadente Christenheit und andererseits die Zerstörer des christlichen Glaubens: Werkzeuge des Teufels.[55]

Dies gilt auch für Aufklärerkreise – europaweit. Als Student in Leipzig Ende der vierziger Jahre sieht Lessing das bedeutendste anti-islamische Stück der europäischen Literatur auf der Bühne der nachmals berühmten Prinzipalin *Friederike Karoline Neuber*. Neuber war damals eine der zentralen Gestalten des deutschen Theaters. Sie ist in die Geschichte eingegangen, da sie den „Hanswurst" und den „Harlekin" von der deutschen Bühne verbannt und dem Theater so mehr Seriosität verschafft hatte. Auch dadurch, dass sie große Autoren inszenierte: Voltaire zum Beispiel. Darunter auch Voltaires Stück „Mahomet", das 1741 in Lille uraufgeführt und europaweit gespielt worden war.

Seltsam zu denken: dass Lessing schon in jungen Jahren ein solches Stück mit eigenen Augen gesehen hat, ein Stück, das keinen Zweifel an seiner Verachtung für die Gestalt Mohammeds lässt. Denn der Prophet wird hier als skrupelloser Machtmensch bloßgestellt, der sich nicht scheut, den von ihm selbst erzeugten religiösen Fanatismus seiner Anhänger für politische Zwecke zu missbrauchen. Gegen alle Überlieferung konstruiert Voltaire die Geschichte so, dass Mohammed am Ende moralisch aufs Schwerste belastet ist. Jedem Zuschauer soll sich der Eindruck aufdrängen: dieser „Prophet" hat sich nicht nur nicht gescheut, sein Vaterland in einen Bürgerkrieg zu stürzen, um Herrscher Arabiens zu werden; er ist auch in jeder Hinsicht (religiös, politisch, sexuell) ein hemmungsloser Mensch, der buchstäblich über Leichen geht. Das ist eine bewusste, gezielte Denunziation des Propheten als Paradigma für religiösen Fanatismus, den Voltaire überall zu bekämpfen gedenkt.[56]

2. Auf dem Weg zu einem Islambild der Moderne

Lessing kennt die kirchliche und aufklärerische europäische Verachtungsgeschichte gegenüber dem Islam; sein Blick aber ist von Anfang an ein anderer. Wichtig für seinen Umgang mit dem Islam ist zunächst seine Auseinandersetzung mit dem Judentum. 1749 sehen wir den 20-jährigen Studenten ein hochbrisantes Thema aufgreifen, und zwar in Form einer Komödie. Sie trägt den überraschenden Titel „Die Juden" (I, 447-488) und erzählt die Geschichte eines Barons, der bei einem nächtlichen Raubüberfall von einem „Reisenden" gerettet wird.[57] Zwei Diener des Barons wissen den Verdacht raffiniert auf in der Nähe des Gutshofs vagabundierende Juden zu lenken und diesen Verdacht umso plausibler klingen zu lassen, als „man" ja ohnehin von den Juden, diesem „gottlosen Gesindel", wisse, dass unter ihnen nur Betrüger, Diebe und Straßenräuber seien ...

Dieser schamlose Antijudaismus aber wird – dem Schema der Komödie gemäß – am Ende bloßgestellt und der Lächerlichkeit preisgegeben – und zwar dadurch, dass die „christlichen" Verleumder am Ende selber als Räuber, Betrüger, ja potentielle Mörder entlarvt werden. Vor allem aber dadurch, dass der hilfreiche Reisende, dem der Baron aus Dankbarkeit Vermögen und sogar die eigene Tochter zur Ehe anbietet, sich als Jude offenbart. Kann es aber solch gebildete, vornehm sich benehmende und moralisch vollkommene Juden überhaupt geben? Gegen solche Kritik muss Lessing sein Stück mit dem bezeichnenden Argument verteidigen: Es sei das Resultat einer „sehr ernsthaften Betrachtung über die schimpfliche Unterdrückung" eines Volkes gewesen, das ein Christ „nicht ohne eine Art von Ehrerbietung" betrachten könne. Aus ihm seien nämlich „ehedem so viele Helden und Propheten aufgestanden", und jetzt zweifle man, „ob ein ehrlicher Mann unter ihnen anzutreffen sei" (I, 1152). „Die Juden", geschrieben noch in Leipzig, sollte die lebenslange Freundschaft von Lessing und Moses Mendelssohn begründen, als beide später in Berlin zusammentreffen ...

Der Durchbruch in der europäischen Orientalistik

Aufregend zu sehen, dass das hier von Lessing entwickelte Verfahren strategischer Aufwertung verachteter, ja diskriminierter Glaubensformen nun auch auf den Islam Anwendung findet. Vier Jahre nach „Die Juden", 1753, zeigt Lessing die eigene Übersetzung des Werkes eines französischen Historikers an: *Augier de Marigny* (gest. 1762). Es geht um die „Geschichte der Araber unter der Regierung der Kalifen". Und mit folgenden erstaunlichen Sätzen wirbt der 24-Jährige für dieses Buch:

> „Wann je große Geister unter einem Volke aufgestanden sind, welche die erstaunlichsten Veränderungen zu unternehmen und auszuführen im Stande waren, so sind sie damals unter den Arabern aufgestanden; und es wäre nicht möglich gewesen, dass sie ihre Eroberungen so weit hätten ausdehnen können, wenn nicht, so zu reden, jener gemeine Soldat unter ihnen ein Held gewesen wäre. Man bilde sich aber nicht ein, dass sie sich bloß als tapfere Barbaren zeigten; auch die Tugend, und oft eine mehr als christliche Tugend, war unter ihnen bekannt, wovon man die Beispiele gewiss mit einem angenehmen Erstaunen wird lesen." (II, 507)

Zum ersten Mal fallen bei Lessing Schlüsselworte im Zusammenhang mit dem Islam: „große Geister", „erstaunlichste Veränderungen", „Tugenden". Ein Topos beginnt sich herauszukristallisieren: Der Islam ist für die von ihm geprägten Völker ein Aufklärungsfortschritt, ein Zivilisationsschub. Die Juden – ein Volk von „Helden und Propheten"; die Araber – ein Volk von „Helden und Gelehrten": das musste einer deutschen Öffentlichkeit damals überhaupt erst bewusst gemacht werden. Hier schreibt ein junger Autor gegen „unsre Vorurteile" an, die in den Arabern gewöhnlich nichts als „ein barbarisches Volk" (II, 487) sehen wollen. Hier wird eine Gegenstrategie aufgebaut zur Konterkarierung religiös-kultureller Verachtung des Islam im abendländischen Kontext.

Diese Strategie geht auf einen kulturellen Umbruch in intellektuellen Kreisen Europas zurück. Man kann ihn auf die Formel bringen: das polemische Zerrbild mittelalterlicher und reformatorischer Provenienz vom Islam als einer antichristlichen dämonischen Macht wird im Europa des beginnenden 18. Jahrhunderts allmählich abgelöst durch eine historisch differenzierte Neubewertung des Islam als religiösem und kulturbildendem Faktor von weltgeschichtlicher Bedeutung. Eine entscheidende Rolle spielt dabei das Aufkommen der *europäischen Orientalistik als einer selbständigen Wissenschaft*, die sich von ihrer Funktionalisierung für die christliche Theologie befreit hatte. Ob in Leiden, Paris, Oxford, Cambridge oder Leipzig: überall in Europa sind jetzt Spezialisten des Arabischen am Werk, die aus Originalhandschriften heraus endlich ein authentisches Bild von der

Geschichte des Islam rekonstruieren können. Lessing kennt diese neue Elite europäischer Islamkunde; mit den Arbeiten aller großen Autoritäten macht er sich vertraut:[58]
– Sie heißen *Jacobus Golius* (1596–1667) und bauen mit einer Fülle arabischer Originalhandschriften die Bibliothek im holländischen *Leiden* zum europäischen „Mekka der Orientalistik" auf.
– Sie heißen *Barthélemy d'Herbelot* (1625–1695) und schreiben in *Paris* an einem bahnbrechenden enzyklopädischen Werk, der „Bibliothèque Orientale", die 1697 erscheint und das damals einzige Quellenwerk bildet über alles Wissenswerte in Sachen Orient und Islam, Vorgänger aller künftigen „Enzyklopädien des Islam"; Lessing konsultiert dieses Werk ständig und hat es auch noch auf dem Schreibtisch, als er am Ende seines Lebens den „Nathan" schreibt.
– Sie heißen *Adrian Reland* (1676–1718) und unterrichten in *Utrecht* Orientalistik. Gewiss: Zeitüblich wird auch bei Reland letztlich der Islam gegen die selbstverständlich feststehende Wahrheit des Christentums ausgespielt; ein missionarischer Grundansatz ist auch bei diesem Holländer unverkennbar. Und doch ist in seiner 1705 veröffentlichten Schrift „De religione Mohammedanica liberi II" (dt.: „Zwei Bücher von der Türckischen oder Mohammedanischen Religion" 1717) das Selbstverständnis von Muslimen ausführlich präsentiert. Darüber hinaus werden einige weit verbreitete irrige Ansichten über den Islam als Religion korrigiert. Kenner der Geschichte der Arabistik und Islamkunde können deshalb im Rückblick Relands Werk als „bahnbrechend" (J. Fück) bezeichnen[59]
– Sie heißen *Johann Jakob Reiske* (1716–1774) und arbeiten in *Leipzig*, wo Reiske sich zum größten Genie der Arabistik und Islamkunde Europas entwickeln sollte. Nach mühseligem achtjährigen Studium in Leiden, wo er zahlreiche arabische Handschriften eigenhändig kopieren kann, hatte er sich eine überlegene Quellenkenntnis verschafft. Diesem Gelehrten verdankt die Forschung einen ersten unvoreingenommenen Blick auf die islamische Geschichte, die nicht mehr von europäisch-christlichen Vorurteilen und Überlegenheitsgefühlen abqualifiziert wird. Reiske ist der erste in Deutschland, der darauf hinweist, dass die Geschichte des Islam in die Universalgeschichte der Menschheit hineingehört und dass die kulturelle Leistung der islamischen Welt der der abendländischen in nichts nachsteht. Ja, der Leipziger Johann Jakob Reiske, ein persönlicher Freund

Lessings, ist nichts weniger als der Begründer der wissenschaftlichen Islamkunde in Deutschland.[60]

– Und sie heißen *George Sale* (ca. 1697–1730) und arbeiten in *London* an einer Übersetzung des Koran direkt aus dem Arabischen, die 1734 erscheint. Lessing kennt diese Ausgabe, konsultiert sie ständig. Was er vom Koran weiß, weiß er von Sale. Und gerade dieser Engländer hatte insbesondere herausgestellt, wie sehr der Islam den Glauben an die Einheit und Einzigkeit Gottes bewahrt habe. Ein Schlüsselsatz aus Sales Einleitung zu seiner Koran-Übersetzung lautet:

> „Die große Lehre des Koran ist die Einheit Gottes; diese wieder-herzustellen war der Hauptzweck seiner (Mohammeds) Mission. Als eine Grundwahrheit wurde durch ihn wiederbelebt, dass es niemals mehr als eine wahre Religion gegeben hat und niemals eine andere geben wird."[61]

Und genau dieser Gedanke steht nun auch im Zentrum der wichtigsten Islam-Schrift des frühen Lessing. Sie erscheint 1754 – Lessing ist 25 Jahr alt – unter dem Titel „Die Rettung des Hieronymus Cardanus" (III, 198–223). Rettung? Und wer ist Hieronymus Cardanus?

Der Islam als „Religion der Vernunft"

Cardanus war ein italienischer Mathematiker, Philosoph und Mediziner des 16. Jahrhunderts (1501–1576), ein von Lessing viel bewunderter Mensch der Renaissance. Dieser Mann war schon früh unter den Verdacht der Gottlosigkeit geraten, hatte er doch in einer seiner Schriften Heiden, Juden und Muslime um die Wahrheit streiten lassen und diese Wahrheitsfrage angeblich offen gelassen. Lessing schreitet nun zur „Rettung" seines Helden mit dem Nachweis, dass dieser Atheismus-Vorwurf völlig unbegründet ist. Im Gegenteil: Je genauer Lessing Cardanus analysiert, desto mehr geht ihm auf: Während Heiden, Juden und Muslime bei diesem Italiener mit sehr dünnen und leicht zu durchschauenden Argumenten auftreten, erscheint die christliche Position in bestem Licht. Eine solch „religionsvergleichende" Methode aber gefällt Lessing ganz und gar nicht. So sind wir Zeugen eines faszinierenden Schauspiels: Nach der „Rettung des Cardanus" vor dem Vorwurf des Atheismus folgt eine Rettung der nichtchristlichen Religionen. Der Dramatiker und Rollenspieler bricht in Lessing durch. Bewusst versetzt er sich in die Rolle eines Heiden, Juden und Muslimen, um diese Religionen nun *nach ihrem Selbstverständnis* präsentieren zu können.

Was den Islam betrifft, so findet sich auf einmal ein erregendes Argument im Munde des Lessingschen Muslim: Gegen alle bisherige Nachrede erscheint gerade der *Islam* als eine *Religion der „gesunden Vernunft"*. Wörtlich lässt Lessing seinen Muslim sagen:

> „Wirf einen Blick auf sein (des Mohammed) Gesetz! Was findest du darinne, das nicht mit der allerstrengsten Vernunft übereinkomme? Wir glauben an einen einigen Gott: wir glauben an eine zukünftige Strafe und Belohnung, deren eine uns, nach Maßgebung unserer Taten, gewiss treffen wird. Dieses glauben wir, oder vielmehr, damit ich auch eure entheiligten Worte nicht brauche, davon sind wir überzeugt, und sonst von nichts! Weißt du also, was dir obliegt, wann du wider uns streiten willst? Du musst die Unzulänglichkeit unserer Lehrsätze beweisen! Du musst beweisen, dass der Mensch zu mehr verbunden ist, als Gott zu kennen und tugendhaft zu sein; oder wenigstens, dass ihm beides die Vernunft nicht lehren kann, die ihm doch eben dazu gegeben ward!"
> (III, 215)

Man mache sich klar, was Lessing hier seinen Lesern zumutet. Galt es jahrhundertelang in Europa als ausgemacht, dass das Christentum dem „Phantasieprodukt" Islam weit überlegen sei, so stellt ein 25-jähriger Schriftsteller in Deutschland auf einmal die Verhältnisse auf den Kopf. Für Heidentum, Judentum und Christentum gelten Stichworte wie „Wirrwarr von Sätzen"; unbewiesene „Offenbarungen" und „Geheimnisse", welche für die „allergröbsten und sinnlichsten Begriffe" des Göttlichen verantwortlich seien; Verehrung „heiliger Hirngespinnste" sowie ein hohes Ausmaß an „Verblendung". Für den Islam dagegen gelten Stichworte wie „gesunde Vernunft", Denken des Schöpfers „auf eine anständige Art"; Glauben, der mit der „allerstrengsten Vernunft" in Übereinstimmung sei. Hier wird strategische Aufwertung in Vollendung praktiziert. Dass der Islam so stark gemacht wird, hat mit der Verachtungsgeschichte zu tun, die ihn in Europa geistig marginalisierte.

Aber Lessing kann sich dabei auch auf seine orientalistischen Gewährsleute Reland und Sale stützen und seinen Cardanus zugleich für sein unzulängliches Islam-Bild entschuldigen, da er diese Namen noch nicht habe kennen können:

> „Die Nachrichten, die man zu seinen (des Cardanus) Zeiten, von dem Mahomet und dessen Lehren hatte, waren sehr unzulänglich, und mit tausend Lügen vermengt, welche die christlichen Polemici desto lieber für Wahrheiten annahmen, je ein leichtres Spiel sie dadurch erhielten. Wir haben nicht eher eine aufrichtige Kenntnis davon erhalten, als durch die Werke eines *Relands* und *Sale;* aus welchen man am meisten erkannt hat, dass Mahomet eben kein so unsinniger Betrieger und seine Religion eben kein bloßes Gewebe übel an einander hangender Ungereimtheiten und Verfälschungen sei." (III, 214).

In der neueren Forschung ist denn auch zu *Lessings Islam-Bild* in dieser frühen Phase mit Recht dreierlei betont worden:

(1) Lessing hat in seiner „Rettung" gezielt einen Freiraum eröffnet, um den Vertretern von Judentum und Islam *eine eigene Stimme* zu geben: „Dass hier auch der Islam selbständig auftreten kann, ist neu in der deutschen Aufklärung. Der von Cardano zaghaft eingeschlagene Weg des Religionsvergleichs ist um einen wesentlichen Schritt weitergeführt worden" *(H. Göbel).*[62]

(2) Angesichts der auch in Lessings Zeiten noch vorherrschenden Konfrontations-Theologie ist die *neue Grundhaltung* Lessings gegenüber dem Islam unerhört: „Lessing behauptet hier (im ‚Cardanus‘), Muhammad habe Lehren vorgetragen, ‚deren Probierstein ein jeder bei sich führet‘ – dieser Satz ist noch heute ungeheuerlich, in der Mitte des 18. Jahrhunderts musste er geradezu skandalös klingen. Muhammad war nämlich in der damaligen Christenheit nichts anderes als der größte ‚Betrüger‘" *(F. Niewöhner).*[63] Andere Forscher haben darauf aufmerksam gemacht, dass Lessing mit der Betonung der Rationalität des islamischen Glaubens das Selbstverständnis von Muslimen durchaus trifft, wie es sich schon früh beim ersten arabisch-muslimischen Philosophen Al-Kindi (ca. 800–870) Ausdruck verschafft und wie es sich über den muslimischen Philosophen Averroës (Ibn Rushd: 1126–1198) bis hin zu neueren Denkern durchgehalten habe *(E. Tornero).*[64]

(3) Lessings Technik der strategischen Aufwertung dient der *Infragestellung* des so selbstverständlich Abgesicherten in Sachen christlicher Theologie der Religionen: „Lessings positive Einstellung zum Islam ging weit über bloßes Verständnis hinaus. Stellte er die Religion Mohammeds über das Christentum? Das ist nicht anzunehmen. Eher ist daran zu denken, dass Gegenüberstellung und Spiegelung klärender Reduktion dienen sollte … Sein Ziel: Zweifel zu wecken, Nachdenken zu bewirken. Tatsächlich fällt der Vergleich nicht zur höheren Ehre des Christentums aus." *(O.F. Best)*[65]

Die *Schlussfolgerungen* für Lessings erste Phase der Beschäftigung mit dem Islam lauten:

(1) Aufgewachsen im kirchlichen Milieu lutherischer Orthodoxie, kennt Lessing die Stereotypen einer antiislamischen europäischen Konfrontationskultur. Aber nirgendwo gibt es ein Wort von ihm, dass auch er den Islam als Teufelswerk oder den Propheten Mohammed für einen Betrüger gehalten hätte. Im Gegenteil. Als Schriftsteller unterläuft Lessing sowohl die *konfrontative christliche Islam-Theologie wie eine intellektuelle europäische Islam-Verachtung* (Voltaire und die Folgen) mit der entschiedenen Überzeugung, „dass Mahomet eben kein so unsinniger Betrieger und seine Religion eben kein bloßes Gewebe übel an einander hangender Ungereimtheiten und Verfälschungen" sei. Auch dies ein bemerkenswerter Paradigmenwechsel: Christliche Theologen bleiben Mitte des 18. Jahrhunderts in ihren dogmatischen Bollwerken erstarrt (Goeze, der Fragmenten-Streit und die Folgen). Die Fackel des Geistes – gerade in Sachen Theologie der Religionen – wird jetzt von den Poeten weitergetragen. In der Literatur findet jetzt avantgardistische Theologie statt.

(2) Schon der junge Lessing geht über das bloße „Duldungs"-Konzept seines Großvaters hinaus. Programmatisch vollzieht er damit einen *Paradigmenwechsel in der Betrachtung von Judentum und Islam:* von der Außensicht zur Innensicht, vom Fremdverständnis zum Selbstverständnis. Schon der junge Dramatiker und Kritiker versetzt sich in die Rolle von Juden und Muslimen, um die Religionsgeschichte mit ihren Augen lesen zu lernen, ja den Angehörigen nichtchristlicher Religionen eine eigene Stimme zu geben. Nicht länger wird *über* Juden und Muslime gesprochen; Juden und Muslime haben bei Lessing eine *eigene* Stimme.

Hier spricht in der Tat „schon der Mann, der den ‚Nathan' schreiben sollte", meint der Literaturwissenschaftler und Lessing-Kenner *Karl S. Guthke* zu diesen frühen Islam-Schriften Lessings und fährt fort: „Nicht nur wird die christliche Kultur mit einer nicht-christlichen verglichen, sie schneidet auch nicht einmal besonders gut ab in diesem Vergleich, und zwar nach ihren eigenen Maßstäben nicht: Die Araber besitzen Tugenden, die ‚mehr als christlich' sind. (Im 18. Jahrhundert) gewinnt die aufklärerische Kritik an der einheimischen geistigen, auch religiösen Tradition ihre Brisanz nicht aus dem bloß intellektuellen Kalkül, wie später vorwiegend in Lessings Auseinandersetzung mit Reimarus und Goeze, sondern gerade aus der Offenheit für jene weite Welt, die jetzt als Kulturpotenz in den Blick der *lumières* tritt. Sie verleiht der Aufklärung einen entscheidenden, kritischen Akzent, dessen fundamentale Sprengkraft bereits hier, in den nur scheinbar unschuldigen Bemerkungen eines Rezensenten, handgreiflich ist. Wenn Lessing im *49. Literaturbrief* gegen die Auffassung des *Nordischen Aufsehers,* dass ohne christliche Religion ‚Rechtschaffenheit' nicht vorstellbar sei, polemisiert, so dürfte, wenn auch nicht *expressis verbis,* die Überzeugung von der hohen moralischen Kultur der ‚anderen' nicht weit im Hintergrund liegen. Schon als Zwölfjähriger soll er geschrieben haben: ‚Deshalb wollen wir die Juden nicht verurteilen, obwohl sie Christus verurteilt haben, denn Gott selbst sagt: Richtet nicht, damit ihr nicht gerichtet werdet. Wir wollen nicht die Mohammedaner verurteilen; auch unter Mohammedanern gibt es anständige Menschen. Schließlich ist niemand ein Barbar, außer der inhuman und grausam ist.'"[66]

3. Eine Reise nach Italien und die Folgen

Die Frage also war in der Welt, auch in Lessings Welt: Wie stehen die großen Religionen Judentum, Christentum und Islam zueinander? Was sind ihre Stärken, was ihre Schwächen? Wie soll man im Vergleich noch entscheiden können, welche die echte, beste, wahre Religion ist? Heben sich nicht alle Argumente für oder gegen eine Religion gegenseitig auf? Leistet nicht der Religionsvergleich dem Wahrheitsrelativismus Vorschub? Dass Lessing mit Stellungnahmen wie seinem „Cardanus" in ein theologiepolitisch gefährliches Fahrwasser gedriftet war, wird jeder verstehen, der sich die traditionellkirchlichen Positionen über den Absolutheitsanspruch des Christentums vergegenwärtigt. Und da Lessing seinen Cardanus auch noch gescholten hatte, weil dieser in traditioneller Apologetik dem Christentum den höchsten Wahrheits- und Moralgehalt zugebilligt hatte, musste er sich erst recht Fragen ausgesetzt sehen, wie er es denn selber mit dem Christentum und dessen Wahrheitsanspruch halte.

Zensur und ein Drama als Tarnung

Doch es vergehen gut 20 Jahre in Lessings Leben, bevor all diese Probleme im später weltberühmten Streit anlässlich der Herausgabe von theologisch skandalträchtigen Schriften des Hamburger Orientalisten Hermann Samuel Reimarus (1694–1768)[67] öffentlich brisant werden sollten. In der Zwischenzeit – es sind die 60er Jahre – arbeitet Lessing zunächst als Sekretär eines preußischen Generals in Breslau (1760–1765), später (1767–1770) wird man ihn als Dramaturg und Kritiker am Hamburger Nationaltheater sehen („Hamburgische Dramaturgie"), nachdem er im Jahr der Übersiedlung nach Hamburg 1767 noch seine bahnbrechende Komödie „Minna von Barnhelm" publizieren konnte.

Seit Mai 1770 bekleidet Lessing ein neues Amt – jetzt im Bibliotheksdienst, und zwar in *Wolfenbüttel*, wo das Braunschweiger Herrscherhaus eine schon damals einzigartige und weithin berühmte Bibliothek eingerichtet hatte. In Wolfenbüttel entsteht nun auch in den Jahren 1778/79 das große Literaturdokument, in dem Lessing die Summe seines Lebens ziehen wird – gerade auch für das Miteinander von Juden, Christen und Muslimen: *„Nathan der Weise"*. Unmittelbarer Anlass ist die Tatsache, dass Lessing auf dem Höhepunkt der Auseinandersetzung mit dem Hamburger Hauptpastor Goeze um die von ihm veröffentlichten Ausschnitte aus Reimarus-Schriften (daher: „Fragmenten-Streit") von seinem Arbeitgeber, dem Braunschweiger Hof, unter Zensur gestellt wird. Im Namen des Herzogs wird ihm am 13. Juli 1778 befohlen, das ganze Reimarus-Manuskript „binnen acht Tagen ohnfehlbar" einzuschicken, die weitere Publikation daraus einzustellen und sich bei künftigen Veröffentlichungen zu theologischen Fragen der Zensur zu unterwerfen; widrigenfalls drohten Sanktionen. Und das gelte – wie auf Lessings Nachfrage am 17. August ausdrücklich hinzugefügt wurde – für Publikationen innerhalb und außerhalb des Braunschweiger Territoriums, für namentlich gezeichnete Artikel ebenso wie für anonyme. Will Lessing nicht seine berufliche Existenz riskieren, muss er diesen Befehl ernst nehmen; er kommt einem Publikationsverbot kritischer Theologie gleich. Bruder Karl hatte recht, als er am 1. August 1778 nach Wolfenbüttel schreibt: „die Diener Gottes legen die Hände nicht in den Schoß, und haben göttlichere Waffen als die schwache Vernunft".[68]

Aber versiert in publizistischen Fragen, wie er ist, findet Lessing Auswege. Der erste besteht darin, das Zensurverbot kaltlächelnd zu unterlaufen und außerhalb Braunschweigs dennoch zu publizieren. So geschehen mit der im September oder Oktober 1778 öffentlich erfolgten (und letzten) Antwort an Goeze, die in Hamburg ohne Nennung des Verlegers und Verfassers erscheint (IX, 471-479). Die Braunschweiger Behörden lassen Lessing offensichtlich gewähren. „Du siehst also", schreibt er seinem Bruder Karl, „dass ich in meiner Streitigkeit fortfahre; ungeachtet mir das Ministerium allhier verboten, auch nicht einmal auswärts etwas drucken zu lassen, was ich nicht zuvor der Censur ihm eingesandt. Das wäre mir eben recht! Ich tue das nicht, mag auch daraus entstehen, was will."[69]

Der zweite Ausweg heißt „Nathan". Schon Mitte August 1778 hatte es in einem Brief an Karl geheißen, er habe des nachts einen „närrischen Einfall" gehabt. Vor vielen Jahren habe er einmal ein Schauspiel entworfen, dessen Inhalt „eine Art von Analogie" mit seinen gegenwärtigen Streitigkeiten aufweise, wie er sie sich damals nicht habe träumen lassen. Grundlage der Idee sei eine Geschichte aus des Italieners Boccaccio Novellensammlung „Il Decamerone". Und Lessing fügt hinzu: „Ich glaube, eine sehr interessante Episode dazu erfunden zu haben, dass sich alles sehr gut soll lesen lassen und ich gewiss den Theologen ein ärgern Possen damit spielen will, als noch mit zehn Fragmenten."[70] Der Dramatiker in ihm ist wieder erwacht, und kampfeslustig lässt Lessing sich bereits im September so vernehmen: „Ich muss versuchen, ob man mich auf meiner alten Kanzel, auf dem Theater wenigstens, noch ungestört will predigen lassen".[71] Zugleich aber ist er um Vorsicht bemüht, um seinen Gegnern keine Handhabe für eine Ausübung der Zensur zu bieten. Sein Stück habe „mit unsern jetzigen Schwarzröcken nichts zu tun", schreibt er Anfang November 1778 an Bruder Karl, sichtlich bemüht, ihn zu beruhigen. Die Professoren Schmid und Eschenburg seien Zeugen, dass sein „Nathan" schon „vor drei Jahren" entstanden sei, gleich nach seiner „Zurückkunft von der Reise":

> „Ich habe es jetzt nur wieder vorgesucht, weil mir auf einmal beifiel, dass ich, nach einigen kleinen Veränderungen des Plans, dem Feinde auf einer andern Seite damit in die Flanke fallen könne."[72]

Zurückkunft von der Reise? „Die" Reise in Lessings Leben war eine Reise nach Italien gewesen. Stattgefunden hatte sie in der Tat drei Jahre zuvor: zwischen Ende April und Ende Dezember 1775.

Audienz bei einem Judenfeind: Pius VI.

Schon öfter hatte Lessing nach Italien reisen, ja fliehen wollen, um etwa drückenden beruflichen Verhältnissen zu entkommen. Als es dann so weit ist, ist er selber überrascht. Ende März 1775 kommt er nach Wien, um Möglichkeiten einer beruflichen Veränderung zu sondieren, und nicht zuletzt, um Eva König wiederzutreffen, mit der er nach vierjähriger Verlobungszeit endlich konkrete Heiratspläne zu erörtern gedenkt. Da trifft der jüngste Sohn seines Landes- und Dienstherren überraschend in Wien ein, Prinz Maximilian Julius Leopold von Braunschweig-Lüneburg, und lädt Lessing ein, ihn auf seiner geplanten Reise nach Italien zu begleiten. In Venedig will er bei dem von ihm bewunderten österreichischen Kaiser, Joseph II., Möglichkeiten der Verwendung in Habsburger Militärdiensten explorieren. Lessing nimmt das Angebot an, nicht ahnend, dass die Reise insgesamt acht Monate dauern und kreuz und quer durch Italien führen wird: von Mailand zuerst nach Venedig im Osten, von dort nach Florenz, Livorno, Korsika, dann wieder in den „Norden": Genua und Turin, bevor es über Pavia, Parma, Modena und Bologna zum ersten Mal nach Rom geht. Dort trifft man am 22. September 1775 ein. Im Oktober dann weiter nach Neapel, schließlich noch einmal zurück nach Rom, wo man den November verbringt, um dann Anfang Dezember über Bologna nach Wien zurückzukehren.

Was auf der Reise passiert, wissen wir aus Lessing-Texten so gut wie nicht. Nur ein chronologisch und inhaltlich höchst fragmentarisches Notizbuch hat er hinterlassen (VIII, 683-720). Aber die geistige Ausbeute ist durchaus reich: in Sachen Kunst, Theater, Wissenschaft, Landeskunde, Lebensgewohnheiten, Begegnungen. Der Wolfenbütteler Bibliothekar verfügt über genügend Geld, um neueste Literatur in Italien anzukaufen, Publikationen etwa im Bereich von Theologie und Kirchengeschichte, von allgemeiner europäischer Literatur, von Philosophie und Kunstgeschichte. Auch italienische Dichter sind darunter, antike Autoren. Werke über Architektur, Wirtschaft und Jurisprudenz genauso wie solche über Medizin, Physik, Mathematik oder Numismatik. Das breit gefächerte Spektrum dieser Erwerbspolitik „dokumentiert nicht nur die Sortimentsinteressen des Bibliothekars, sondern zeigt uns vor allem den Dramenautor, Literaturkritiker, Theologen und Philosophen Lessing als Repräsentanten einer universalen Gelehrsamkeit, die mit dem 18. Jahrhundert untergegangen ist."[73]

Auch Italien ist zu dieser Zeit – wir befinden uns 14 Jahre vor Ausbruch der Französischen Revolution – ein Land im Umbruch. Nach wie vor ist es in verschiedene Fürstentümer geteilt, nach wie vor existiert der Kirchenstaat. Aber eine Reihe von italienischen Ländern hatte begonnen, Anschluss an die Entwicklungen im Norden und Westen Europas zu suchen, insbesondere die Lombardei und die Toskana, welche die Führung der italienischen Reformbewegung übernommen hatten. Das gilt in erster Linie für den toskanischen Großherzog Peter Leopold, jüngster Bruder des österreichischen Kaisers Joseph II. „Von oben" versucht er, ganz im Stil seines kaiserlichen Bruders, Modernisierungen durchzuführen: Die Reform der Gemeinden etwa, die Auflösung des stehenden Heeres zugunsten einer Bürgermiliz, die Schaffung eines fortschrittlichen Schul- und Erziehungswesens mit neuen Pädagogikkonzepten, einschließlich des Anspruchs religiöser Toleranz, die Umsetzung liberaler Ideen im Strafrecht, eine gezielte Agrar- und Sozialpolitik, die einen breiten Mittelstand aus Adel und gebildetem Bürgertum schaffen soll. Von all dem interessiert uns hier die Frage der „religiösen Toleranz". Von ihr werden wir mehr hören, wenn wir unseren Blick auf die toskanische Hafenstadt Livorno richten.

Auch im Kirchenstaat hatten insbesondere unter *Papst Klemens XIV.* (1769–1774) manche Reformen zu greifen begonnen. Ob die von ihm verfügte Aufhebung des Jesuitenordens (1773) dazu gehört, mag man bezweifeln. Doch sind die Verdienste dieses Papstes im Blick auf die Förderung der Kunst unbestritten, unbestritten auch, dass er versucht hatte, günstigere Lebensbedingungen etwa für die jüdische Minderheit im Kirchenstaat zu schaffen. Juden leben ja allesamt zusammengepfercht in Ghettos und unterliegen äußerst restriktiven, diskrimierenden rechtlichen Regelungen. Klemens billigt ihnen erstmals einen selbständigen Gerichtsstand zu, befreit sie von der Jurisdiktion der Inquisition und unterstellt sie der ausschließlichen Gerichtsbarkeit des Kardinalvikariates. Außerdem erweitert er die Gewerbefreiheit von Juden im Kirchenstaat, begünstigt jüdische Fabrikanten und Vertreter freier Berufe. Minimale Fortschritte gewiss, aber immerhin Fortschritte.[74] Am 22. September 1774 war Giovanni Vinzenzo Antonio Ganganelli als Klemens XIV. gestorben.

Gut fünf Monate später wird Graf Giovanni Angelo Braschi zum Papst gewählt, wenige Monate, bevor Lessing zu seiner Reise nach Italien aufbrechen wird. Kaum ist er als *Pius VI.* (1775–1799) im Amt, erlässt er am 5. April 1775 ein „Editto sopra gli ebrei", ein „Edikt über die Juden". Offensichtlich getrieben von der Angst, die „Aufklärung" mit ihrer Forderung nach Emanzipation u.a. auch der Juden könnte den Erosionsprozess kirchlicher Autorität noch weiter beschleunigen, ja mögliche politische Umsturzversuche inspirieren, beseitigt dieses Edikt nicht nur alle Erleichterungen, die Klemens XIV. den Juden im Kirchenstaat gewährt hatte, vielmehr werden die alten antijüdischen Gesetze der Päpste erneut eingeschärft. Das Edikt von 1775 aber übertrifft an Restriktionen selbst das noch, was zuletzt Papst Benedikt XIV. am 15. September 1751 an anti-jüdischen Rechtssammlungen hatte veröffentlichen lassen. Keine 15 Jahre vor Beginn der Französischen Revolution sollten die Juden härter als zuvor „die Bitterkeit ihrer unterdrückten Stellung im Kirchenstaat" spüren.[75]

Am 25. September 1775 treffen Pius VI. und Lessing im Quirinalspalast zu Rom, wegen der beidseitig dort aufgestellten kolossalen Pferdestatuen „Monte Cavallo" genannt, bei einer der üblichen Audienzen für Angehörige des europäischen Hochadels zusammen. Man spricht deutsch miteinander. Schriftliches dazu freilich aus Lessings Hand haben wir (leider) nicht. Weder seine „Notizen" noch die wenigen Briefe von der Reise verlieren über das Gespräch mit dem

Papst ein Wort. Selbst als Lessing am Tag darauf, am 26. September, laut seinen „Notizen" die Peterskirche besucht, übergeht er die Erfahrung des Tages zuvor mit Schweigen und konzentriert sich ausschließlich auf Kunstgeschichtliches (VIII, 698f.). Ja, enthusiastische Berichte in der deutschen Presse dementiert er, kaum ist er nach Wien zurückgekehrt. Das Gespräch mit dem Papst sei „sehr unerheblich" gewesen. „Braschi" sei „kein Ganganelli"[76], eine Anspielung darauf, dass Klemens XIV. (der Winckelmann-Papst!) nicht nur in ästhetischen Dingen eine ganz andere Sensibilität für neuere Entwicklungen an den Tag gelegt hatte als sein Nachfolger. Mehr aber an gesicherten Informationen über Lessings direkte Reaktionen auf das Gespräch mit dem Papst haben wir nicht.

Aber undenkbar ist, dass Lessing nichts vom Edikt über die Juden gewusst haben soll, als er diesem Papst gegenübertritt. Spätestens in Livorno, wo er Wochen zuvor eine Synagoge besucht und intensive Kontakte zur Judenschaft der Stadt gepflegt hatte (wir werden gleich mehr davon hören), wird er auf dieses „Edikt" angesprochen worden sein. Und selbst wenn er es im Wortlaut nicht kennt, wird ihm doch in Rom tagtäglich ad oculos demonstriert, welche Auswirkungen es für den Alltag der 6000 Menschen hatte, die im römischen Ghetto leben müssen. Im Format eines großen Plakats war das Edikt ja auch am 20. April 1775 im Ghetto und auf öffentlichen Plätzen Roms angeschlagen worden.[77] Was mag der Verfasser des Lustspiels „Die Juden" gedacht haben, als er dem Judenfeind Pius VI. gegenübertritt? Ihn direkt auf die Judenproblematik ansprechen – unmöglich. Es dürfte beim formvollendet-höflichen Austausch über Fragen von Kunst, Literatur und Wissenschaft geblieben sein.[78]

Man mache sich klar: Lessings Komödie von 1749 und Pius' VI. Edikt von 1775 trennen nicht nur 26 Jahre. Es liegen Welten dazwischen. Schon vor einem Vierteljahrhundert hatte *Lessing* in seinem Stück einen jüdischen „Reisenden" auftreten lassen, der eine „Reisebibliothek" bei sich trägt. Sie besteht aus „Lustspielen, die zum Weinen, und aus Trauerspielen, die zum Lachen bewegen, aus zärtlichen Heldengedichten, aus tiefsinnigen Trinkliedern, und was dergleichen neue Siebensachen mehr sind" (I,467). Eine jüdische Figur also, des Hochdeutschen mächtig, aufgeklärt im Geist und galant im Benehmen, mit ihrer Lektüre auf der Höhe der Zeit. Der junge Dramatiker hatte damit „eine Figur geschaffen, die neu ist in der deutschen Literatur, den gebildeten Juden".[79] *Pius VI.* dagegen verfügt gut 25 Jahre später mit der Absicht, „die katholische Religion unbefleckt den Gläubigen zu erhalten" und die „Gefahr eines Umsturzes infolge übergroßer Vertraulichkeit mit den Juden" zu bannen, in Artikel 1 seines „Edikts" nicht nur ein Verbot „gottloser, talmudischer Codices oder sonst verdammter, abergläubischer kabbalistischer Werke", sondern überhaupt das Verbot der „Werke, welche Irrtümer gegen den Inhalt der Heiligen Schrift oder das Alte Testament enthalten", oder gar solche, „in welchen sich Beleidigungen, gottlose Äußerungen und Lästerungen gegen die heiligen Mysterien des christlichen Glaubens, besonders die allerheiligste Dreifaltigkeit unseres Herrn Jesu Christi, der beständigen Jungfrau Maria und der Heiligen" befinden. Juden dürfen solche Werke weder „behalten, lesen, kaufen, schreiben, abschreiben, übersetzen, verkaufen, verschenken oder in einer anderen Weise, unter welchem Vorwand oder welcher Begründung und Ausrede auch immer, veräußern".

Vor gut 25 Jahren hatte Lessing es gewagt, in seinem Stück ein Liebesspiel zwischen einer christlichen jungen Baronin und einem Vertreter des Judentums öffentlich zu gestalten, ein Spiel, das in den Ernst eines Heiratsangebots und einer Vermögensübertragung durch den christlichen Baron mündet. Der Reisende hatte ihn immerhin, wie wir hörten, aus Todesgefahr errettet. Gut 25 Jahre später verfügt Pius VI. in Artikel 32 seines Edikts:

„Dass ... die Juden mit den Christen und diese mit jenen, weder spielen, noch essen oder trinken, oder irgendwelche andere Vertraulichkeit und Unterhaltung pflegen dürfen, ebenso wenig in den Palästen, Häusern oder Weingärten als auf den Straßen, in den Wirtshäusern, Schenken, Läden oder sonstwo; und die Gastwirte, Schenkwirte und Ladeninhaber dürfen die Unterhaltung zwischen Juden und Christen nicht zugeben, bei Strafe von 10 Scudi für die Juden und Gefängnis nach Gutdünken und für die Christen bei Strafe von 10 Scudi und anderen körperlichen Strafen nach Gutdünken."

Vor gut 25 Jahren hatte Lessing seinem Juden einen christlichen Diener und Kutscher an die Seite gegeben. In Artikel 31 des Edikts dagegen ist verfügt:

„Dass ... die Juden keine christlichen Diener oder Mägde besitzen dürfen, noch dass sie sich auch nur für kürzeste Zeit einen oder anderen derselben zur Reinigung des Ghettos, zum Anzünden des Feuers, zum Waschen der Kleidung oder zur Leistung irgendwelcher Dienstbarkeit bedienen dürfen – bei Strafe von 25 Scudi. Eltern und Vormünder sind gehalten, ihren Kindern jede Dienstleistung für Juden zu untersagen."

Noch konkreter wird Artikel 35:

„Kein Jude oder Christ darf bei Juden als Kutscher oder Lohnkutscher Dienste leisten ... bei Strafe von 50 Scudi und drei Aufzügen mit dem Folterseil".

Vor gut 25 Jahren verfolgt Lessing mit seinem Stück die Strategie, Christen durch das vorbildliche Verhalten eines Juden kritisch den Spiegel vorzuhalten: Unter Christen gibt es Schurken, Lügner und Mörder, und unter Juden solche, die sich moralisch vorbildlich verhalten. Schluss mit der Vorstellung, Juden generell seien „gottloses Gesindel", die zum wahren Glauben erst noch bekehrt werden müssten. In Artikel 43 des Edikts liest man:

„Da die Predigt das beste und wirksamste Mittel ist, um den Übertritt der Juden zu erreichen ..., so befehlen wir den Rabbinern alle Sorgfalt und Aufmerksamkeit darauf zu verwenden, dass sie diejenige Anzahl von Männern und Frauen zum Beiwohnen der Predigt, welche am Sabbat und an anderen Tagen der Woche gehalten wird, veranlassen."

Rabbiner haben ihre eigen Gläubigen der kirchlichen Predigt zuzuführen! Das ist in der Tat der für Pius entscheidende Punkt. Bekehrung der Juden – darauf kommt ihm alles an. Dafür hatte er an der Schwelle zum alten Ghetto die Kirche San Gregorio, früher ein mittelalterliches Oratorium, neu erbauen und verschönern lassen. Auf deren Fassade sind in lateinischer Inschrift die Worte des Propheten Jesaja zu lesen, die jeder Jude, der dort tagtäglich vorbeigeht, gezwungen ist zu lesen:

„Ich recke meine Hände aus den ganzen Tag zu einem ungehorsamen Volk, das seinen Gedanken nachwandelt auf einem Wege, der nicht gut ist. Ein Volk, das mich entrüstet, ist immer vor meinem Angesicht." (Jes 65,2f.)

So kann man verstehen, dass der Historiker *Abraham Berliner*, der 1893 eine „Geschichte der Juden in Rom von den ältesten Zeiten bis zur Gegenwart" publizierte, mit nichts als Sarkasmus auf die antijüdische Obsession Pius VI. reagiert: „Das Edikt von 1775 bildet das schwärzeste Blatt in der Geschichte der Menschheit; es sei hier dem Wortlaute nach in deutscher Übersetzung mitgeteilt, als bleibendes Zeugnis für die christliche Liebe, die hier geherrscht, und für den religiösen Geist, der sich hier ausgeprägt hat."[80] Und welcher „Geist" hatte sich hier ausgebreitet? Der „Wahn" – so Berliner weiter –, „dass der Jude gar keinen Anspruch auf die Menschenwürde habe, dass er, ohne den Glauben eines Christen, gar nicht als Mensch anzusehen sei. In der Tat …: die Juden wurden in Rom nicht als Menschen betrachtet. So oft man von einem Menschen zu sprechen hatte, sagte man dafür ‚ein Christ'; denn nur die Christen galten als Menschen, alle anderen waren nur Hebräer, Türken usw. Nur Christ und Mensch wurden für identisch gehalten."[81] Töne, denen wir im „Nathan" wieder begegnen werden.

In Livorno ist alles anders

Seltsam zu denken: Bevor Lessing nach Rom gekommen war, hatte er sich in Livorno aufgehalten, der Hafenstadt des Herzogtums Toscana. Bevor er im September Pius VI. begegnet, hatte er am 16. Juli eine Führung durch die Synagoge von Livorno mitgemacht und war dort großen Persönlichkeiten des städtischen Judentums begegnet. Hat er gewusst, dass Pius VI. in Artikel 28 seines Edikts verfügt hatte:

„dass die Juden keine Christen in ihre Synagogen einladen und noch viel weniger in dieselben hineinführen dürfen. Und wiederum, dass es den Christen niemals erlaubt ist, dieselben zu betreten, bei einer Strafe von 50 Scudi sowohl für die einen wie für die anderen."

50 Scudi Strafe für einen Christen, der eine Synagoge besucht! Die Reise hätte für den Mann aus Wolfenbüttel noch teurer werden können, als sie ohnehin schon war, hätten die Verhältnisse im Kirchenstaat auch im Herzogtum Toskana geherrscht …

Doch in der toskanischen Hafenstadt Livorno liegen die Dinge anders. Das hatte mit einer Verfassung zu tun, die Großherzog Ferdinand I., Sohn von Cosimo de' Medici, bereits 1551 erlassen hatte. Seine „Costituzione Livornina" hatte sich durch Freizügigkeit gerade in Sachen Religion ausgezeichnet. Was immer die Gründe gewesen sein mögen (ob in erster Linie ökonomische oder philosophische), Tatsache ist, dass diese Verfassung von Livorno nicht nur „alle Kaufleute jedweder Nation, Levantiner, Ponentiner, Spanier, Portugiesen, Griechen, Deutsche und Italiener", sondern auch solche jedweder Religion, „Juden, Türken, Mooren, Armenier, Perser und andere" einlädt, sich mit ihren Familien in Livorno niederzulassen.[82] Für Juden bedeutete dies nicht nur persönliche Freizügigkeit und Steuererleichterungen, sondern vor allem den Schutz vor der Inquisition. Die Verfassung gewährt ihnen ein eigenes Rechtswesen, eine Selbstverwaltung. Während anderswo jüdische Bücher verbrannt werden, ist es in Livorno Juden erlaubt, Bücher jeder Art in hebräischer Sprache zu drucken und zu besitzen, darunter sogar den Talmud. Juden ist gestattet, Christen in ihre Dienste zu nehmen und für sich arbeiten zu lassen. Christliche Ammen dürfen sie für ihre Kinder im Hause behalten und mit ihnen in einer Familiengemeinschaft leben. Gestattet ist ihnen, „Erde zu kaufen", um „ihre Toten zu begraben".

Die „Nazione Ebrea" wird denn auch im Verlauf des 17. Jahrhunderts wohlhabend, was sich im Umbau der Synagoge ausdrückt, die ab 1642 erheblich erweitert und prachtvoll ausgestattet wird. Ein Ghetto kennt man in dieser Stadt nicht. Öffentliche Segregation von Christen und Juden ist unbekannt. Dom und Synagoge stehen in Livorno direkt gegenüber, was das Selbstbewusstsein der dortigen Judenschaft ad oculos demonstriert. Vor allem Studium, Bildung und Ausbildung wird großgeschrieben und kann sich aufgrund der internen Freizügigkeit prächtig entwickeln. Das Rabbinat von Livorno mit seinen Tora-Talmud-Schulen und seinen mehr als 30 Rabbinern, Talmudisten und Schriftgelehrten erlangt nicht zufällig Autorität in großen Teilen der jüdischen Welt. Bei Streitfragen wird es immer wieder zur Friedensstiftung angerufen. Kein Zufall, dass man Livorno das „Paradies der Juden" nennt. Wahrzeichen die Synagoge, die man wegen ihrer gewaltigen Größe und Höhe schon vom Meer aus sehen kann.

Kirche, Synagoge und Moschee in einer Stadt

Als Lessing im Juli 1775 nach Livorno kommt, leben dort unter der nichtchristlichen Bevölkerung 7000 Juden, aber auch eine nicht unbedeutende Anzahl von „Türken", Sammelbezeichnung für alle Nicht-Christen muslimischen Glaubens. Wir haben es folglich mit der bemerkenswerten Tatsache zu tun, dass Lessing wohl zum ersten und letzten Mal in seinem Leben in Livorno auf einen Ort trifft, in dem nicht nur Kirche und Synagoge gleichzeitig existieren, sondern wohl auch eine Moschee. Nach einer zeitgenössischen Quelle hatten neben der Kathedrale nicht nur Juden, sondern auch Muslime ihre Wohnungen. Die Zuwanderung der verfolgten Juden aus Nordafrika sowie die Vertrautheit der aus Spanien und Portugal stammenden Juden mit der arabischen Sprache dürfte die Beziehung zu Muslimen begünstigt haben. „Alle Nationen, ja selbst die Türken", liest man in der Quelle, „erhielten einerley Freiheiten. Man räumte den letzteren so gar eine Moschee vermöge eines Tractats ein, wodurch den toskanischen Unterthanen ebenfalls in den türkischen Ländern eine ungehinderte Religionsausübung verstattet wurde".[83]

Kirche, Moschee und Synagoge in einer Stadt! Wenn Lessing irgendwo in der Realität des gelebten Lebens eine Anregung für seinen trialogisch strukturierten „Nathan" bekommen hat, dann hier. Mehr noch: Auch die Begegnung mit Repräsentanten des Judentums in Livorno dürfte sich inspirierend für die ersten Entwürfe des späteren „Nathan" ausgewirkt haben, die ja, wie wir hörten, unmittelbar nach der Rückkehr aus Italien entstehen werden. Ausgestattet mit Empfehlungsschreiben seines Freundes Moses Mendelssohn gelingt es Lessing, ausführliche Gespräche mit verschiedenen Hebraisten und Rabbinern zu führen, darunter wohl auch ein vielfach bewunderter Gelehrter wie *Abraham Isaak Castello*[84], aber auch *Chajim Joseph David Azulay*, ein großer Talmudist und Kabbalist. Er lebt in Jerusalem, ist aber zu dieser Zeit auch in Italien als Spendensammler unterwegs, ein Amt, das nur Männer von hoher Gelehrsamkeit, Frömmigkeit und Weisheit übertragen wird. Von den reichen jüdischen Familien der Diaspora werden solche Abgesandte denn auch als ehrenvolle Gäste aufgenommen, zumal sie aufgrund ihrer Rechtsautorität gerne auch als externe Schiedsrichter in Streitfällen herangezogen werden.

„Man wäre versucht", schreibt Lea Ritter-Santini, der wir eine bewundernswert materialreiche Rekonstruktion von Lessings Italien-Reise verdanken, „die Figur Azulays, sein literarisches Werk, seine exegetische Mühe um die heiligen Texte neben Moses Mendelssohn zu stellen, seine Weisheit, sein Wissen um die Bedeutung des Geldes, die sich mit der Wahrheit vermischt, auf Nathans Weisheit zu übertragen. Liest man seine Biographie und Teile seiner Bibelkommentare, entdeckt man die philologische Sorge um die Tradition der alten hebräischen Manuskripte, wäre man geneigt zu glauben, dass Chaijm Joseph David Azulay jener ,Gelehrte jüdischer Nation' sei, dessen ,sehr aufgeklärter Geist in der Philosophie und … dessen Unterredungen … mit einem Lessing über höhere Gegenstände menschlicher Weisheit' die ganze Bewunderung des Prinzen von Braunschweig auf sich zogen."[85] Die Judenschaft Livornos wird sich später bei Lessing bedanken und 1786 eine italienische Ausgabe von „Die Juden" unter dem Titel: „Gli Ebrei" erscheinen lassen.[86]

Welch ein Kontrast zu den Erfahrungen in Rom, die Lessing noch bevorstehen sollten. Nicht nur zur Audienz bei Pius VI. während des ersten Rom-Aufenthaltes, sondern auch zum schändlichen Schauspiel, dessen Zeuge Lessing bei seinem zweiten Rom-Aufenthalt werden sollte, als am 30. November 1775 Inthronisationsfeierlichkeiten für Pius VI. in der Lateran-Basilika abgehalten werden. Lessing beobachtet zusammen mit seinen Reisebegleitern das Defilé der Kirchenfürsten, die dem neuen Papst auf seinem Weg von St. Peter zur Basilika San Giovanni in Laterano das Geleit geben. Angekommen auf dem Forum Romanum, ziehen die Kardinäle und Kanoniker auf Eseln, die Fürsten und Prälaten zu Pferde durch den Titusbogen, der bekanntlich zum Gedächtnis an die Zerstörung Jerusalems durch den römischen Kaiser Titus im Jahre 70 n. Chr. errichtet wurde. Nicht zufällig wird der Papst dort von einer Abordnung römischer Juden erwartet, die zwischen Teppichen und Girlanden ihre Gelöbnisse und Glückwünsche in hebräischer Sprache angebracht haben.[87]

Das übliche Ritual für den „Stellvertreter Christi". Eine Delegation der Juden Roms reicht bei Einsetzungsfeierlichkeiten dem neuen Papst auf Knien den Pentateuch in einer Schale, die mit Gold- und Silbermünzen angefüllt ist. Der Papst berührt die Schale sowie Schultern oder Kopf des obersten Rabbiners mit dem Stab zum Zeichen, dass er die Ehrerbietung der Juden annimmt und ihnen den weiteren

Aufenthalt in der Stadt für die Dauer seines Pontifikats gestattet. Durchschaut dürfte Lessing diese demütigende Zeremonie haben. Sie symbolisiert Unterwerfung der Juden mit dem Ziel der Auslöschung ihres Glaubens durch Bekehrung zum Christentum. So hatte Pius VI. anordnen lassen, „dass die Juden Passagen aus dem Alten Testament auswählen und damit seinen Triumphzug schmücken sollten. Es musste sich um Stellen handeln, die – in katholisch subtiler Lesart – die Pflicht zum Gehorsam gegen den Stellvertreter Christi einforderten. Die Hoffnung der Bewohner des römischen Ghettos auf eine freiere Form der Koexistenz, wie sie Klemens XIV. noch geduldet hatte, wurde durch den finsteren Despotismus Pius VI. zerstört. Sein auf Bekehrung zielender, pädagogischer Anspruch kleidete die demütigende Härte, die zuvor auch andere Päpste während der Einsetzungsfeierlichkeiten den Juden gegenüber gezeigt hatten, in unbarmherzig-festliche Zeichen".[88]

Das inspiratorische Potential der Reise nach Italien für den „Nathan" wird man nach all dem sehr hoch einschätzen müssen. Kein Wunder, dass Lessing aus der Perspektive des November 1778 im zitierten Brief an seinen Bruder Karl dorthin zurückweisen kann:

„Mein Nathan, wie Professor Schmid und Eschenburg bezeugen können, ist ein Stück, welches ich schon vor drei Jahren, gleich nach meiner Zurückkunft von der Reise, vollends aufs Reine bringen und drucken lassen wollen. Ich habe es jetzt nur wieder vorgesucht …"

Die Frage bleibt noch: Hat es neben der sozialen Realität auch Vorbilder in der Literatur gegeben, die Lessing zu seinem „Nathan" inspiriert haben könnten?

4. Jerusalem-Texte um Christen und Muslime

Noch konkreter gefragt: Gibt es Stoffe, verarbeitet etwa in Dramen, Lessing bekannt, die ebenfalls den Schauplatz Jerusalem schon gewählt und an diesem Schauplatz Menschen verschiedener Religionen hatten auftreten lassen, wie dies im „Nathan" dann der Fall ist? Schaut man sich um in seinem Werk, so kommt man zu der erstaun-

lichen Feststellung: Lessing kennt mindestens drei literarische Dokumente mit Jerusalem als Schauplatz – im Zentrum ein epochaler Konflikt zwischen Christen und Muslimen.

Eine christliche Opfergeschichte: Torquato Tasso

Lessing kennt die Dichtungen des großen italienischen Renaissance-
Autors *Torquato Tasso* (1544–1595), insbesondere dessen Helden-
epos in zwanzig Gesängen rund um den ersten Kreuzzug (1099) mit
dem christlichen Feldherrn Gottfried von Bouillon: „Gerusalemme
liberata" („Das befreite Jerusalem"). Ein breites, handlungsreiches,
dramatisches Geschehen war von Tasso in unerhört berauschender,
sinnlicher, nuancenreicher Sprache vor seinen Lesern entfaltet worden, großen antiken Vorbildern im Epos wie Homer und Vergil nach-
eifernd. Die Handlung ist ausgespannt zwischen Himmel, Erde und
Hölle und konzentriert auf die Taten einiger großer Helden (Tankred
und Rinaldo auf christlicher, Soliman und Aladin auf muslimischer
Seite) sowie auf einige überragende Heldinnen: die junge Christin
Sophronia, die muslimische Amazone Clorinda, die Sarazenenprin-
zessin Erminia sowie die Magierin Armida. Entstanden war das alles
größtenteils zwischen 1570 und 1575, als Tasso im Dienste des Hofes
der Familie Este in Ferrara stand. 1581 war es in unautorisierter und
unvollständiger Form erstmals veröffentlicht worden und hatte dann
– der Dichter war in die Mühle der Inquisition geraten und hatte als
Geistesverwirrter bis 1586 acht Jahre in einem Irrenhaus-Gefängnis
zu verbringen – erst zwischen 1587 und 1592 seine Endgestalt gefunden. In ihr war aus ästhetischen und religiösen Skrupeln heraus das
Sinnliche und Diesseitige zugunsten des asketischen und religiösen
Aspektes zurückgedrängt worden, so dass die 1593 gedruckte Neu-
fassung nicht zufällig den verschärfenden Titel „Gerusalemme con-
quista", „Das eroberte Jerusalem" erhalten hatte.[89]

Im zweiten Gesang, in den Strophen 1-54, kann man eine in sich
geschlossene Episode nachlesen, die zugleich etwas über Tassos *Bild
von Christentum und Islam* in dieser Dichtung aussagt. Zum
geschichtlichen Hintergrund des Epos gehört die *Seeschlacht bei
Lepanto* am 7. Oktober 1571, bei der eingangs des Golfes von
Korinth eine (aus Spaniern und Venezianern gebildete) christliche

Flotte („Heilige Liga") unter Don Juan d'Austria eine überlegene türkische Flotte besiegen kann. Erstmals ist damit die Vorherrschaft der Türken über das Mittelmeer gebrochen, nachdem das osmanische Reich unter den Sultanen Mohammed II., dem „Eroberer" (1451–1481), sowie unter Suleiman II., „dem Prächtigen", eine beispiellose Ausdehnung erlebt hatte. Die Entstehung von Tassos Werk fällt also in die Zeit der „Türkenabwehr" und trifft eine Stimmung, in der sich Christen seit langem wieder einmal als Sieger über Muslime fühlen können. Nicht umsonst projiziert Tasso die Handlung seines Epos in die Zeit des ersten Kreuzzugs (1096–1099), der bekanntlich mit dem Sieg „christlicher" Heere über die muslimischen Eroberer und der Errichtung eines „Königreichs Jerusalem" unter Gottfried von Bouillon geendet hatte.

Für uns (wie für Lessing) von besonderem Interesse ist die im zweiten Gesang erzählte Geschichte deshalb, weil hier ein durchaus *differenziertes Bild vom Islam* gezeichnet wird. Es geht um fünf Personen, die in der Stadt Jerusalem während der Belagerung durch das Heer der Christen aufeinander treffen. Zwei sind Christen (Sophronia und Olind), zwei sind Muslime (Aladin, Clorinda), einer ist ein Mischling, ein Synkretist aus Christentum und Islam. Er heißt Ismen, war früher ein Christ, ist jetzt Muslim, mischt aber aus beiden Religionen sich sein eigenes Gebräu und agiert als verschlagener, bösartiger Magier. Da er Einfluss auf den muslimischen Herrscher in Jerusalem, Aladin, hat, rät er diesem, ein Madonnenbild aus einer Kirche zu rauben und in die Moschee zu bringen, um sich der angeblich magischen Kräfte des Bildes zu bedienen.

Am nächsten Tag aber ist das Objekt aus der Moschee verschwunden. Christen werden verdächtigt, und der Sultan droht der christlichen Gemeinde Jerusalems mit kollektivem Tod, wenn sich der Täter nicht offenbart. Da opfert sich die schöne junge Christin Sophronia, um ihrem Volk den Tod zu ersparen; gnadenloser Feuertod steht ihr bevor. Doch als sie auf dem Scheiterhaufen steht, springt ihr der junge Christ Olind bei. Aus Liebe zu Sophronia gibt er sich für den Täter aus und ist bereit, an ihrer Statt zu sterben. Beide werden jedoch in letzter Minute vom Scheiterhaufen gerettet. Die persisch-muslimische Amazone Clorinda ist von Mitleid für die Liebenden ergriffen und kann den Sultan gnädig stimmen, da sie bei ihm als große Kämpferin hohes Ansehen genießt. Olind und Sophronia werden vom

Sultan begnadigt und können aus Palästina fortziehen. Dennoch lässt der Sultan seinem Zorn freien Lauf und verbannt viele Christen aus Jerusalem.

Welches *Bild von Christentum und Islam* enthält diese Geschichte? Zunächst – ein *erster Aspekt* – kann kein Zweifel daran bestehen, dass Tasso unter dem Eindruck der historischen Ereignisse die Stereotypen des konfrontativ-negativen Islambildes mittelalterlich-reformatorischer Provenienz reproduziert hat. Die Moschee wird bei ihm als „ekler Raum" (Str. 9) bezeichnet, wo „der Wahnsinn/Des argen Kults den Himmel oft beleidigt" habe (Str. 7). Auch wird der oberste Muslim, Sultan Aladin, als rachsüchtiger Tyrann dargestellt, der in seinem Zorn auch vor Massentötung unschuldiger Menschen nicht zurückscheut. Umgekehrt erstrahlt das Christentum in glänzendstem Licht, wird es doch vertreten durch die schöne und opfermutige Sophronia sowie durch den nicht weniger tapferen und todesverachtenden Olind. Beider Liebe erweckt Bewunderung, ja Mitleid selbst im harten Herz des muslimischen Sultans (Str. 37).

Ebenfalls kann – ein *zweiter Aspekt* – kein Zweifel daran sein, dass das ganze Epos, konzipiert als *christliches* Gegenstück zu den antiken Vorbildern, letztlich darauf abzielt, den Sieg des Christentums über eine falsche Religion zu feiern und zu preisen. Jerusalem soll ja letztlich von muslimischer Herrschaft „befreit", soll christlich „erobert" werden. Geschichte wird hier wieder einmal für den Abwehrkampf des Christentums gegenüber dem Islam funktionalisiert. Selbst von Clorinda, der persischen Amazone, erfährt man schließlich, dass sie das Kind eines christlichen Äthiopierfürsten ist, ausgesetzt wurde und unter Muslimen aufgewachsen ist. Nachdem sie im Kampf von Tankred (irrtümlich) niedergestreckt worden war, kann dieser sie kurz vor ihrem Tod noch taufen, was weniger als „Wunder" denn als Rückkehr zu ihrem Ursprung gewertet werden soll (12. Gesang). Eine triumphale Sicht des Christentums gegenüber dem Islam – wir befinden uns zur Zeit der Gegenreformation unter dem Eindruck des Konzils von Trient – ist also durch das ganze Epos hindurch spürbar.

Zugleich aber ist unübersehbar, dass zumindest in unserer Episode, die aus der Frühphase der Werkgeschichte stammt, die persische Amazone Clorinda als Muslimin positiv gezeichnet ist. Der wahre Verbrecher ist Ismen, dessen Boshaftigkeit mit seiner religiösen Undefinierbarkeit erklärt wird:

„Er glaubt an Mohammed und war einst Christ.
Doch kann er nicht die ersten Bräuche lassen.
Er mischt zu Zwecken, gottlos und unheilig,
Die beiden Lehren, die ihm schlecht bekannt sind." (II, 2)

Umgekehrt steckt im Lob Clorindas auch ein *Lob des Islam*, wird
diese Frau doch als Muslimin wegen ihrer Gerechtigkeit im Urteil
und ihrer Ritterlichkeit im Verhalten eindrucksvoll herausgestellt.
Als Muslimin kritisiert sie sogar das Verhalten des muslimischen
Herrschers in der Sache des Bilder-Diebstahls, der eindeutig muslimischen Prinzipien widerspricht. Ja, durch ihre innermuslimische
Erklärung des Diebstahls nimmt sie die Schärfe aus der Anklage und
rettet auf diese Weise die Christen:

„Es war Missachtung unsrer heil'gen Lehre,
Dass ihr getan habt, was der Magier riet.
Sie duldet in dem Tempel keine Bilder,
Geschweige denn ein christliches Gemälde.

Ich bin geneigt, auf Mohammed das Wunder
Zurückzuführen. Er vollbrachte es
Um darzutun, er wolle seinen Tempel
Durch neue Bräuche nicht beflecken lassen.

Ismen versuchte all sein Heil mit Zauber,
Er, der die Waffen mit Magie vertauscht hat.
Uns Rittern ziemt allein, das Schwert zu führen.
Dies ist die Kunst, der wir Vertrauen schenken." (II, 50/51)

Diese dramaturgische Option also hätte Lessing gehabt: Wenn man
ein Stück *erstens* in Jerusalem spielen lässt und *zweitens* zur Kreuzzugszeit, dann hat man als Dramatiker die Möglichkeit, ein *Opfer-
stück* zu schreiben – und zwar im doppelten Sinn des Wortes. Man
kann Christen zu unfreiwilligen Opfern ihrer muslimischen Beherr-
scher machen und zugleich zeigen, dass sie durch freiwilligen Opfergang ihre innere Freiheit und Überlegenheit beweisen. Die dramati-
sche Spannung entsteht dann wie von selbst aus dem Konflikt, ob solche Christen denn auch standhaft genug sind, den Opfergang zu voll-
enden, oder ob dieser von außen nicht doch noch verhindert werden
kann. Genau so ist ja Tassos Geschichte angelegt: Jedem Leser drängt

sich sofort die Frage auf, ob die christliche Heldin ihren Schritt nicht bereut und ob sie am Ende gerettet werden kann. Und noch die glückliche Auflösung der Spannung bestätigt nur die inhaltliche Gesamtaussage der Episode: Christsein soll sich hier auszeichnen durch freiwilliges Selbstopfer, hingebende Liebe und Verachtung für den Tod. Und dieses Christsein kann umso heller strahlen, als der muslimische Hintergrund düster gezeichnet ist. Diese Option also hätte Lessing gehabt: ein christliches Opferdrama in muslimischem Kontext, wo eine Christin sich für ihr Volk, ein Christ sich für seine Geliebte opfert und beider christliches Glaubenszeugnis umso herrlicher strahlt, je schwärzer die muslimische Kulisse eingefärbt ist.

Aber Lessing hatte bereits, als er den „Nathan" zu schreiben beginnt, ein Beispiel dafür vor Augen, dass ein junger Schriftsteller seiner Generation diese Episode von Tasso aufgegriffen und ein ganzes „Trauerspiel" daraus gemacht hatte. Der Autor heißt Johann Friedrich von Cronegk. Hatte er – 200 Jahre nach Tasso – in Sachen Christentum und Islam den epischen Tasso-Stoff in ein überzeugendes Drama verwandelt?

Eine christliche Märtyrertragödie: J. F. von Cronegk

Johann Friedrich von Cronegk (1731–1757) ist in jeder Hinsicht eine unglückliche Figur. Altadeliger Familie entstammend, erhält er zunächst eine glänzende Bildung, erlernt viele Sprachen, studiert in Halle und Leipzig, knüpft Beziehungen bis in höchste Kreise, auch zu vielen Schriftstellern seiner Zeit, und kann auf Reisen „die Welt" kennenlernen, Italien und Frankreich vor allem. Und doch scheitert er als Schriftsteller, als der er sich versteht, sowohl als Lyriker wie als Dramatiker. Seine Lust- und Trauerspiele sowie seine Gedichte kommen über epigonale Nachahmungen französischer und englischer Vorbilder nicht hinaus. Früh fühlt er sich alt und müde, mischt Weltschmerz in seine Dichtungen, Vorahnungen des Todes. Mit nur 26 Jahren wird er in der Silvesternacht 1757 auf 1758 durch die Pocken dahingerafft. Unvollendet bleibt u. a. ein Trauerspiel mit dem Titel „Olint und Sophronia" (1760 posthum veröffentlicht), von dem Cronegk noch vier Akte abschließen kann, während ein fünfter Akt später durch den Wiener Archivar Kassian Anton von Roschmann (1739–1806) ergänzend hinzugefügt wurde, um das Stück spielbar zu machen.[90]

Lessing kennt Cronegks Arbeiten von Anfang an, und die Fügung will es, dass er ausgerechnet „Olint und Sophronia" als allererstes Stück im Hamburger Nationaltheater zu sehen bekommt, kaum dass er dort als Dramaturg und Kritiker seine Stelle angetreten hatte. Am 22. April 1767 ist er Zeuge einer Inszenierung, und die ersten sieben Abschnitte seiner „Hamburgischen Dramaturgie" handeln von nichts anderem als diesem Trauerspiel (VI, 187–221). Freilich: Lessings schonungslose Kritik wird zu einem Trauerspiel für Cronegk selber. Schon seine ersten Sätze lassen nichts Gutes für den Kollegen erahnen:

> „Der Stoff ist die bekannte Episode beim Tasso. Eine kleine rührende Erzehlung in ein rührendes Drama umzuschaffen, ist so leicht nicht." (VI, 187)

Denn als Dramatiker eigenen Rechts hatte Lessing sofort gemerkt: Dieser unglückliche Cronegk hatte aus der noch einigermaßen ausbalancierten christlichen Opfergeschichte bei Tasso ein *plumpes, plakatives christliches Märtyrerdrama* gemacht, das nicht mehr in die Zeit passt. Was bei Tasso noch glaubwürdig ist, hatte Cronegk in grobe Dualismen auseinander gerissen und so – 200 Jahre später – aller Glaubwürdigkeit beraubt. Bei ihm gibt es nur noch das einfältige Schwarz-Weiß-Schema, keine Zwischentöne mehr.

Dabei hatte sich auch Cronegk zunächst des gleichen dramaturgischen Ausgangspunkts bedient. Auch bei ihm wird aus einer christlichen Kirche ein Bild gestohlen (in seinem Fall sogar ein Kreuz) und in die Jerusalemer Moschee verbracht, woraus es noch einmal entwendet wird. Auch bei Cronegk droht ein Sultan namens Aladin der Jerusalemer Christengemeinde mit kollektivem Tod; auch bei ihm opfern sich Sophronia und dann Olint; auch bei ihm startet eine Perserin namens Chlorinde (Clorinda) einen Rettungsversuch … Und doch ist das alles bei Cronegk aus der Balance geraten, und zwar dadurch, dass dieser junge Dramatiker offensichtlich nicht bemerkt hatte, dass strukturelle Verschiebungen „alter" Figuren in einem neuen Stück schwerwiegende Folgen für die Glaubwürdigkeit haben können:
– Wird bei Tasso der Diebstahl bewusst – zur Entlastung der Christen – unaufgeklärt gelassen, ja auf ein mögliches Wunder (innermuslimisch plausibel) zurückgeführt, hat Cronegk *den Christen Olint* direkt zum Täter gemacht. Dadurch aber wird dessen Rettungstat aus

selbstloser Liebe für Sophronia unglaubwürdig. Er ist schließlich der allein Schuldige, der obendrein hätte wissen müssen, dass eine solche Wahnsinnstat in politisch-militärisch angespannter Lage schlimme Folgen haben würde.

– Ist bei Tasso *Clorinda* eine aus Gerechtigkeitsempfinden und Mitleid handelnde Figur, macht Cronegk aus ihr eine den Helden Olint liebende Frau. Dadurch aber ist auch ihr Rettungsversuch nicht mehr uneigennützig, sondern egoistisch: Sie möchte den Geliebten für sich gewinnen und ist zutiefst verletzt, als Olint sie zurückweist.

– Handeln bei Tasso *Sophronia und Olind* aus glaubwürdiger christlicher Opfergesinnung (Opfer für das Volk; Opfer für die Geliebte) und werden am Ende vor dem Martyrium verschont, setzt Cronegk alles daran, seine beiden Ideal-Christen zu leidensverliebten und todessüchtigen Märtyrern zu machen. Von der ersten bis zur letzten Szene (verstärkt durch die Hinzufügung des fünften Aktes) schwärmen Cronegks Haupthelden von nichts anderem als ihrem Märtyrertod. Schon in der ersten Szene gibt Olint seinem Vater Evander gegenüber Sätze wie diese von sich:

> „Mein Gott lehrt mich, dem Tod gelassen Trotz zu bieten.
> Erkenne deinen Sohn, der als ein wahrer Christ
> Für Gott und Vaterland bereit zu sterben ist." (I/2)

Später noch pathetischer:

> „Vergnügt eil' ich zur Marter hin;
> Ich sterb' und zittre nicht: und du fragst, wer ich bin?
> Das Christentum allein kann so viel Stärke geben;
> Nur dieses lehret uns so zu sterben, wie wir leben.
> Ich bin ein Christ." (III/2)

Ähnlich ist es bei Sophronia. Auch sie kann ihrer Freundin gegenüber schon bei ihrem ersten Auftritt sagen:

> „Wie süß sind Pein und Ketten,
> Wie süß ist selbst der Tod, das Vaterland zu retten! …
> Gelassen sterben, ist der Christen größte Pflicht." (II/1)

Ja, gegen Ende des Stückes ist sie es, die gerade den Schauplatz Jerusalem zu einem besondes glücklichen Todesplatz für Christen verklärt – das Leidensvorbild Christi vor Augen:

> „Hier redet jeder Stein, von Christenblut befleckt,
> Und dort ist Golgatha, das sich von hier entdeckt.
> Hier, wo bei Sterblichen der Ewige gewandelt,
> Wo er als Mensch erschien, und als ein Gott gehandelt;
> Dort, wo er siegend starb, der Höllen Macht bestritt,
> Die Sünden auf sich nahm, die größte Marter litt:
> Hier kann ein wahrer Christ vor Pein und Tod nicht beben:
> Wer gäbe nicht für den, der für uns starb, das Leben!
> Wer wollte zaghaft sein, wann alles um uns spricht:
> Hier starb der Ewige! Christ, denk an deine Pflicht!" (IV/4)

Kein Wunder, dass Lessing diese penetrante Martyriums-Sucht Cronegkscher Christen auf die Nerven geht. Ihm ist das alles deshalb unerträglich, weil ihm solche Figuren auf der Bühne völlig unglaubwürdig vorkommen: „Was in Olint und Sophronia Christ ist, das alles hält gemartert werden und sterben für ein Glas Wasser trinken", kommentiert er bissig in seiner „Hamburgischen Dramaturgie" (VI, 190). Ja, Lessing hält all dies in einer Zeit wie der seinen schlechterdings für abgeschmackt, in einer „Zeit, in welcher die Stimme der gesunden Vernunft zu laut erschallet, als dass jeder Rasender, der sich mutwillig, ohne Not, mit Verachtung aller seiner bürgerlichen Obliegenheiten, in den Tod stürzet, den Titel eines Märtyrers sich anmaßen dürfte" (VI, 190). Und mit dem Zeigefinger des erfahrenen Dramatikers fügt Lessing hinzu:

> „Wenn daher der Dichter einen Märtyrer zu seinem Helden wählet; dass er ihm ja die lautersten und triftigsten Beweggründe gebe! dass er ihn ja in die unumgängliche Notwendigkeit setze, den Schritt zu tun, durch den er sich der Gefahr bloß stellet! dass er ihn ja den Tod nicht freventlich suchen, nicht höhnisch ertrotzen lasse! Sonst wird uns sein frommer Held zum Abscheu und die Religion selbst, die er ehren wollte, kann darunter leiden." (VI, 190)

Deshalb zieht Lessing Tassos Behandlung des Themas „freiwilliger Tod" derjenigen Cronegks vor, weil bei Tasso das erotische Motiv eine größere Rolle gespielt hatte. Für Tasso werde die Liebe gerade nicht tragisch, meint Lessing und lobt den großen Italiener ausdrücklich dafür, dass dieser (ganz untragisch) sein Liebespaar am Ende hatte weiterleben lassen:

> „Beim Tasso lässt ihn (Olind) bloß die Liebe diesen Schritt tun; er will Sophronien retten, oder mit ihr sterben; mit ihr sterben, bloß um mit ihr zu sterben; kann er mit ihr nicht Ein Bette besteigen, so sei es Ein Scheiterhaufen." (VI, 189)

Und einmal in Fahrt, benutzt Lessing die Gelegenheit, einen generellen Ratschlag loszuwerden, überhaupt „alle bisherige christliche Trauerspiele unaufgeführt" zu lassen. Warum? Weil echte Christen ohnehin auf der Bühne kaum glaubwürdig darzustellen seien:

> „Ist ein solches Stück (in dem ‚einzig der Christ als Christ uns interessiret') aber auch wohl möglich? Ist der Charakter des wahren Christen nicht etwa ganz untheatralisch? Streiten nicht etwa die stille Gelassenheit, die unveränderliche Sanftmut, die seine wesentlichsten Züge sind, mit dem ganzen Geschäfte der Tragödie, welches Leidenschaften durch Leidenschaften zu reinigen sucht? Widerspricht nicht etwa seine Erwartung einer belohnenden Glückseligkeit nach diesem Leben, der Uneigennützigkeit, mit welcher wir alle große und gute Handlungen auf der Bühne unternommen und vollzogen zu sehen wünschen? Bis ein Werk des Genies, von dem man nur aus der Erfahrung lernen kann, wie viel Schwierigkeiten es zu übersteigen vermag, diese Bedenklichkeiten unwidersprechlich widerlegt, wäre also mein Rat: – man ließe alle bisherige christliche Trauerspiele unaufgeführt." (VI, 193)

Eine Märtyrer-Drama also war Lessing zuwider, ästhetisch wie theologisch. Ästhetisch, weil christliches Martyrium auf der Bühne kaum glaubwürdig darstellbar ist; theologisch, weil Märtyrer-Tragödien in der Regel *auf Kosten anderer Religionen* gehen, in diesem Fall auf Kosten des Islam. Denn Lessing hatte von Anfang an durchschaut, dass Cronegks „Olint und Sophronia" – im Gegensatz zu Tassos Epos – ein plump *antiislamisches Stück* ist. Keine Spur mehr von einem Lob des Islam, zu dem ein Renaissance-Mensch wie Tasso immerhin noch fähig war. In Sachen Religion hatte Cronegk dagegen alle Tassoschen Grautöne in tiefstes Schwarz verwandelt, und gegen ein solches Machwerk nimmt Lessing den Islam in Schutz:

– Ist bei Tasso der eigentliche Schurke im Stück ein *synkretistischer Magier* (Ismen), der weder das Christentum noch den Islam wirklich kennt, so ist bei Cronegk dieselbe Figur (mit Namen Ismenor) jetzt eindeutig ein Muslim, ein „mahommedanischer Priester", der an Verschlagenheit und Brutalität von niemandem übertroffen wird. Selbst hinter dem Rücken des Sultans will er seinen Hass durch Tötung der Jerusalemer Christengemeinde ausleben.

– Ist bei Tasso *Clorinda* eine glaubwürdige Muslimin (die erst in einem späteren Gesang kurz vor ihrem Tod ihre Herkunft erfährt und die Taufe empfängt), so macht Cronegk seine Chlorinde von Anfang an zu einer das *Christentum begehrenden Proselytin*, die am Ende des Stückes zur Muster-Christin Sophronia sagen kann: „O möcht' ich doch den Gott, den du verehrst, kennen! / Ach, darf ich ihn auch mein – darf ich ihn Vater nennen?" (IV/4)

– Gibt Tasso den Islam als streng monotheistische, das Bilderverbot beachtende Religion wieder, so verzerrt Cronegk aus Antipathie oder Ignoranz in seinem Stück *den Islam zu einem polytheistischen Aberglauben*. Olints Vater Evander kann sich schon in der ersten Szene über die Moschee erregen. Ausgerechnet sie bezeichnet er als Sitz der falschen „Götter", als sei die Moschee ein heidnischer Tempel:

> „Wir seufzen unterm Joch erzürnter Sarazenen.
> Was sonst am letzten fehlt, die Hoffnung fehlt uns fast!
> Hier herrschet Aladin, hier pranget sein Palast;
> Und hier ist die Moschee, der Sitz der falschen Götter!
> Bewaffne dich, o Herr, mit einem Donnerwetter,
> Und stürze diesen Bau, in dem man dich entweiht,
> In Schutt und Asche hin, zur ew'gen Dunkelheit." (I/1)

Bei Cronegk wird es denn auch nicht als anstößig empfunden, dass ein Bildnis überhaupt in einer Moschee aufgestellt werden kann. Lessing kommentiert auch dies bissig, indem er den *Islam gegen Cronegk verteidigt*:

> „Cronegk verrät sich in mehreren Stücken, dass ihm eine sehr unrichtige Vorstellung von dem mohammedanischen Glauben beigewohnt. Der gröbste Fehler aber ist, dass er eine Religion überall des Polytheismus schuldig macht, die fast mehr als jede andere auf die Einheit Gottes dringt. Die Moschee heißt ihm ‚ein Sitz der

falschen Götter', und den Priester selber lässt er ausrufen: ‚So wollt ihr euch noch nicht mit Rach und Strafe rüsten, / Ihr Götter? Blitzt, vertilgt, das freche Volk der Christen!'" (VI, 188f)

Ja, Lessing hatte gemerkt, dass Cronegk durch diese Akzentverlagerung beim Schurken des Stücks einen *religionsgeschichtlichen Kapitalfehler* begangen hatte. Kann bei Tasso ein synkretistischer Magier wie Ismen den besagten Rat noch glaubwürdig geben, verliert derselbe Rat bei Ismenor als „mohammedanischem Priester" jeden Sinn, wobei schon der Begriff „Priester" am Islam völlig vorbeigeht. Lessing deshalb kühl:

> „Beim Tasso ist es ein Zauberer, ein Kerl, der weder Christ noch Mahomedaner ist, sondern sich aus beiden Religionen einen eigenen Aberglauben zusammengesponnen hat, welcher dem Aladin den Rat giebt, das wundertätige Marienbild aus dem Tempel in die Moschee zu bringen. Warum machte Cronegk aus diesem Zauberer einen mahomedanischen Priester? Wenn dieser Priester in seiner Religion nicht eben so unwissend war, als es der Dichter zu sein scheinet, so konnte er einen solchen Rat unmöglich geben. Sie duldet durchaus keine Bilder in ihren Moscheen." (VI, 188)

Hinzu kommt der ganze *unerleuchtete Dualismus Christentum – Islam zur Kreuzzugszeit.* Cronegk hatte sich offensichtlich anders als Lessing nicht über die geschichtlichen Ursachen der Kreuzzüge informiert, vor allem nicht über den christlichen Schuldanteil an diesen blutigen Vorgängen. Auch hier ist Lessing unnachsichtig, indem er Cronegk Geschichtsfälschung vorwirft: Nicht die Muslime sind für die Kreuzzüge zu kritisieren, sondern zuallererst die Christen:

> „Es war zuvor von dem Hrn von Cronegk ein wenig unüberlegt, in einem Stücke, dessen Stoff aus den unglücklichen Zeiten der Kreuzzüge genommen ist, die Toleranz predigen, und die Abscheulichkeiten des Geistes der Verfolgung an den Bekennern der mahomedanischen Religion zeigen zu wollen. Denn diese Kreuzzüge selbst, die in ihrer Anlage ein politischer Kunstgriff der Päbste waren, wurden in ihrer Ausführung die unmenschlichsten Verfolgungen, deren sich der christliche Aberglaube jemals schuldig gemacht hat; die meisten und blutgierigsten Ismenors hatte damals die wahre Religion; und einzelne Personen, die eine Moschee

beraubet haben, zur Strafe ziehen, kömmt das wohl gegen die unselige Raserei, welche das rechtgläubige Europa entvölkerte, um das ungläubige Asien zu verwüsten?" (VI, 218)

Ja, das alles war wohl „ein wenig unüberlegt", und Lessing konnte an diesem Stück genau studieren, wie man ein Drama um Christen und Muslime in Jerusalem nicht würde schreiben dürfen.[91] Es konnte kein Drama sein, bei der sich eine Religion auf Kosten einer anderen profiliert; bei der Unwahrheiten über eine Religion verbreitet werden; bei der die Schwarz-Weiß-Malerei triumphiert, und bei der eine Figur bei der Vorstellung einer ehelichen Verbindung zwischen einem Christen und einer Muslimin vor Entsetzen ausrufen kann: „Ein Christ / Liebt eine Heidin – Gott!" (I/2). Hatte es da der viel bewunderte und viel kritisierte große Franzose Voltaire anders gemacht?

Ein unglückliches Liebesdrama: Voltaire

Auch Voltaire hatte eine Tragödie geschrieben, die zwischen Christen und Muslimen in Jerusalem spielt, und Lessing sieht eine Inszenierung dieses Stücks am 13. Mai 1767 im Hamburger Nationaltheater. Es trägt den Titel „Zaïre", war 1732 in Paris uraufgeführt und zu einem der größten Theatererfolge der Zeit geworden.[92] Für Voltaire hatte dieses Stück den endgültigen Durchbruch zum allseits bewunderten Tragödienschreiber bedeutet. Er hatte sich die größte Mühe gegeben, die entsprechende Wirkung zu erzielen:

„Ich will, dass es nichts Türkischeres, nichts Christlicheres, nichts Verliebteres, nichts Rasenderes geben soll ... Die Namen von Montmorency, dem Heiligen Ludwig, Saladins, Jesu und Mohammeds werden sich darin finden. Man wird von der Seine und vom Jordan, von Paris und Jerusalem sprechen. Man wird lieben, taufen und töten."[93]

Lessings Hamburger Kritik ist diesmal weniger inhaltlich als charakterpsychologisch und wirkungsgeschichtlich orientiert (VI, 255-265). Lang diskutiert er Übersetzungen und Rezeptionen des Stücks in verschiedenen europäischen Ländern, das Verhalten verschiedener Schauspieler und den Kontrast zwischen Voltaire und Shakespeare. Und im Vergleich zum großen Engländer schneidet Voltaire schlecht dabei ab. Zwar geht es auch in Voltaires Stück um Eifersucht und Liebe, aber die abgründige Tiefe von Tragödien wie „Othello" (zum Thema Eifersucht) oder „Romeo und Julia" (in Sachen Liebe) hatte der Franzose in Lessings Augen bei weitem nicht erreicht. Zu viel „Galanterie", zu viel „Kanzeleistil der Liebe" beim französischen Rivalen …

Deshalb kann es sich Lessing nicht verkneifen, einen Hinweis Voltaires auf die Entstehung des Stücks ironisch aufzugreifen und gegen den Franzosen auszuspielen. Dieser hatte mitgeteilt, „verschiedene Damen" hätten an seinen bisherigen Tragödien kritisiert, „nicht genug Liebe" zu enthalten, im neuen Stück „Zaïre" aber sei dies anders. Lessing kommentiert dies spöttisch, indem er gleich auch noch den Inhalt des Stückes so karikiert:

> „Den Damen haben wir also dieses Stück zu verdanken, und es wird noch lange das Lieblingsstück der Damen bleiben. Ein junger feuriger Monarch, nur der Liebe unterwürfig; ein stolzer Sieger, nur von der Schönheit besiegt; ein Sultan ohne Polygamie; ein Seraglio, in den freien zugänglichen Sitz einer unumschränkten Gebieterin verwandelt; ein verlassenes Mädchen, zur höchsten Staffel des Glücks, durch nichts als ihre schönen Augen, erhöhet; ein Herz, um das Zärtlichkeit und Religion streiten, das sich zwischen seinem Gott und seinem Abgott teilet, das gern fromm sein möchte, wenn es nur nicht aufhören sollte zu lieben; ein Eifersüchtiger, der sein Unrecht erkennet, und es an sich selbst rächet: wenn diese schmeichelnden Ideen das schöne Geschlecht nicht bestechen, durch was ließe es sich denn bestechen?" (VI, 255f)

Nehmen wir das Stichwort auf: *Sultan ohne Polygamie.* Auch Voltaire lässt sein Stück zur Kreuzzugszeit spielen, im Jahre 1249. Wieder haben Muslime (seit 1244 und damit endgültig) Jerusalem erobert, und auch ein erneuter Kreuzzug, diesmal durchgeführt durch den französischen König Ludwig IX. („den Heiligen"), kann das Geschehen nicht mehr rückgängig machen. Im Gegenteil, sein Kreuzzug (1248–1254) scheitert kläglich. Zwar kann er die Festung Damiette im ägyptischen Nildelta noch erobern, wird gleich darauf aber bei Mansura geschlagen und gerät mit seinem gesamten Heer in Gefangenschaft, aus der ihn nur ein hohes Lösegeld befreit. Nach der Befestigung von Akkon kehrt er nach Frankreich zurück.

Diese kriegerische Auseinandersetzung zwischen Christen und Muslimen wird im Stück immer wieder angesprochen. Und doch widersteht Voltaire der Versuchung, gerade diesen Konflikt ins Zentrum zu rücken. Das Bemerkenswerte ist gerade dies: Entgegen allen antagonistischen Klischees handelt seine muslimische Hauptfigur ebenso unerwartet wie seine christliche. Voltaire ist offensichtlich nicht daran interessiert, die eine Religion gegen die andere auszuspielen, sondern daran, zu zeigen, was Religionen mit Menschen machen, in welche Tragödien sie Menschen hineintreiben können. Deshalb zeigt er einen Sultan mit Namen Orosmane, Herrscher von Jerusalem, der eine junge Frau namens Zaïre liebt, die in seinem Harem aufgewachsen ist. Sie ist (was sie anfangs nicht weiß) die Tochter des letzten christlichen Verteidigers von Jerusalem, Lusignan, der jetzt schon 20 Jahre in einem Gefängnisloch verbringt, ohne um das Schicksal seiner Kinder zu wissen. Zaïres Mutter war einst in den Flammen Caesareas umgekommen, und auch zwei ihrer Brüder waren als Christen für ihren Glauben gestorben.

Orosmane nun liebt diese junge Frau, will sie heiraten, und auch sie ist diesem Muslimen zugetan. Insbesondere an dieser Stelle hat Voltaire alles typisch Muslimische von seinem Helden abgeschliffen, und darauf spielt Lessing an, wenn er Voltairs Osmanen ironisch einen „Sultan ohne Polygamie" nennt oder darauf hinweist, dass dessen „Seraglio" (dessen Serail) kein Harem mehr sei. Voltaire hatte hier offensichtlich Konzessionen an sein Pariser Publikum gemacht, das sich nur so vorstellen konnte, dass eine Europäerin sich in einen muslimischen Prinzen verliebt. Nur ein „Sultan ohne Polygamie" war für eine Europäerin offensichtlich liebes- und heiratsfähig …

Der tragische Konflikt ist also bei Voltaire nicht mehr länger identisch mit dem Religionskonflikt Christentum – Islam. Voltaire verlegt ihn *in* die Christin und *in* seinen Muslim. Denn zur Zuspitzung in seinem Stück kommt es erst in dem Moment, als Zaïre ihre Herkunft durch den christlichen Ritter Nerestan erfährt. Dieser war vom Sultan auf Ehrenwort zur Lösegeld-Beschaffung nach Europa entlassen worden, kehrt mit dem Geld zurück, um Zaïre und zehn Gefangene, darunter den jetzt fast blinden alten Lusignan, loszukaufen. Eine doppelte Enthüllung treibt den Konflikt auf die Spitze: Lusignan entdeckt, dass Zaïre und Nerestan seine längst verloren geglaubten Kinder sind, und Zaïre begreift plötzlich ihre christliche Herkunft.

Dadurch aber gerät sie unter einen schier unterträglichen Druck. Denn ihre christliche Umgebung, ihr Bruder allen voran, beschwört sie inständig, jetzt endlich die Taufe nachzuholen und ihre Heiratspläne mit einem Muslimen zu vergessen. Insbesondere in die Figur des Nerestan hat Voltaire alles an Glaubensfanatismus hineingelegt, was er in seiner eigenen Umgebung zu bekämpfen gedachte. Nerestan zeigt nicht das geringste Verständnis für die Sympathien seiner Schwester, nicht das geringste Mitgefühl für ihren Konflikt. Für ihn ist jedes Herauszögern der Taufe identisch mit Verrat am Christentum – zumal dies alles in einer Stadt geschieht, in der Christus schließlich am Kreuze gelitten hat, um alle Menschen zu erlösen ...

Dieses Verhalten eines fanatischen Christen steht bei Voltaire so ganz im *Kontrast zu der toleranten Haltung des Muslim.* Und gerade dieses kirchen- und religionskritische Moment des Stückes dürfte Lessing sympathisch gewesen sein. Denn in seiner Liebe ist Orosmane fähig, die Religionsgrenzen zu transzendieren und *so* zu beweisen, dass Liebe eine stärkere Kraft sein kann als Religion und dass ein Muslim menschlicher ist als bestimmte Christen. Kein Wunder, dass Friedrich der Große, der noch 1775 bei einer Wiederaufführung von „Zaïre" in Potsdam seine „Tränen" nicht „zurückhalten" konnte, so „anrührende Stellen" gäbe es in diesem Stück, mit dem Gedanken spielte, „tausend mohammedanische Familien" in Westpreußen anzusiedeln und ihnen so „Heimstätten und Moscheen zu geben".[94]

Und doch geht der *religionskritische Stachel* des Stückes diesmal tiefer. Er betrifft die Frage nach Gott grundsätzlich, schürt doch Voltaire den Konflikt so, dass sich jedem Zuhörer oder Leser die Frage aufdrängen muss: Was muss das für ein Gott sein, auf den Christen sich in ihrem Fanatismus berufen? Was muss das für ein Gott sein, der nicht zu verhindern weiß, dass gutwillige Christen wie Zaïre so tragisch scheitern? Voltaire erzählt denn auch seine Geschichte auf diese Weise zu Ende: Als Orosmane, durch das Zögern von Zaïre verwirrt, ein Verhältnis zwischen ihr und Nerestan argwöhnt und in einem Brief beider die Bestätigung seines Zweifels zu finden glaubt, tötet er Zaïre. Aber auch sich selber bringt er um, nicht ohne vorher seinen Irrtum erkannt und in einer letzten Geste des Großmuts den Christen die Freiheit geschenkt zu haben.

Diese Option also hätte Lessing ebenfalls gehabt, als er an den „Nathan" ging: Er hätte ein Stück schreiben können, das *erstens* in

Jerusalem angesiedelt ist, *zweitens* zur Kreuzzugszeit spielt, *drittens* Christen und Muslime zu Handlungsträgern macht und *viertens* Christen nicht länger auf Kosten von Muslimen profiliert, sondern in einen *tragischen Konflikt* stürzt, einen Konflikt, wie Lessing schreibt, zwischen Zärtlichkeit und Religion, Gott und Abgott, Frömmigkeit und Liebe. Auch er hätte zeigen können – in gotteskritischer Absicht: Wenn Menschen unterschiedlicher Religionen in Liebe zueinanderfinden, dann kann Religion zu einem tödlichen Hindernis für sie werden; dann kann es zu tragischen Missverständnissen, ja tödlichen Auflösungen kommen; dann kann der Religionskonflikt Menschen in Abgründe treiben. Tasso – Cronegk – Voltaire: Lessing kennt ihre Stücke. Er hatte die Wahl. Was wählt er?

II. WIDER DIE TRAGÖDIEN
IN SACHEN RELIGION

Auf den ersten Blick geht es auch in „Nathan der Weise" um Vertrautes. Es geht auch hier um Menschen verschiedener Religionen im Jerusalem der Kreuzzugszeit, es geht auch hier um die Macht der Liebe, welche die Handlung des Spiels vorantreibt.[95] Doch im „Nathan" ist alles anders. Denn Lessing hatte begriffen: Ein Kontrapunkt in Sachen Juden, Christen und Muslime zur bisherigen europäischen Dramatik ist fällig.

1. Lessings Kontrapunkt

Ein Kontrapunkt ist fällig, aber er fällt so aus, wie man ihn selbst als Lessing-Leser nicht hatte erwarten können. Zwei Dimensionen des Stückes sind überraschend originell, für die man im bisherigen Werk zwar Ansatzpunkte, aber keine direkte Parallele findet. Negativ heißt das: *Nicht überraschend* ist die Präsentierung eines Juden als eines „edlen Helden". Gewiss, der Jude Nathan unterscheidet sich von seinem jüdischen Bruder, dem „Reisenden", im frühen Stück „Die Juden" (1749) signifikant, was die Komplexität der Persönlichkeit betrifft. Aber von der literarischen Strategie her (Durchbrechung antijüdischer Stereotypen und Vorurteile durch gezielte Aufwertung eines Juden) unterscheiden sich beide Stücke nicht. Hier – in der „Judenfrage" – ist der „Nathan" werkgeschichtlich nicht originell. Nicht überraschend ist auch die scharfe Christentumskritik, die Kritik an einer unbarmherzigen christlichen Orthodoxie, die bestenfalls zur Duldung (im Sinne Theophil Lessings), aber weder zur Selbstkritik noch gar zur positiven Hochschätzung anderer Religionen fähig ist. Insbesondere in die Figur des Patriarchen ist viel an Goeze-Erfahrung eingeflossen, wenn Lessing diesen Christen sagen lässt: „Alle bürgerlichen Bande/Sind aufgelöst, sind zerrissen, wenn/Der Mensch nichts glauben darf" (IV/2). Auch in dieser Hinsicht also ist der „Nathan" thematisch keineswegs neu. Was also?

Die überraschende *Originalität* des Stückes liegt neben der ästhetischen und sprachlichen Form in zwei Dimensionen:

(1) *Zum einen* in der Präsentierung von Muslimen, die in bisher unerhörter Form strategisch aufgewertet werden. Zwar hatte sich Lessing schon vor rund 25 Jahren in seiner dialogischen Streitschrift zu „Cardanus" (1754), wie wir hörten, in die Rolle eines Muslim versetzt, jetzt aber, im „Nathan", bekommen Muslime ein so konkretes Profil, dass sie zu herausragenden Gestalten des Stückes werden. Mehr noch: Der Islam als die neben dem Christentum zweite religiöse „Großmacht" tritt in diesem Stück wie nie zuvor in Lessings Werk in den Vordergrund. Hier liegt der entscheidende Unterschied zum frühen Stück „Die Juden". Dieses spielte im deutschen Kontext und spiegelte das Gegenüber von Christen (Deutschen) und Juden – mit Juden in der Minderheit. Durch den Wechsel des Schauplatzes (Jerusalem zur Kreuzzugszeit) kommt die zweite, machtmäßig genauso starke Weltreligion erstmals mit ins Spiel: der Islam, mit der doppelten Folge, dass Juden zum zweiten Mal in eine Minderheitsposition geraten, aber auch in der Lage sind, Islam und Christentum nun gegeneinander auszuspielen. Beide Folgen werden im „Nathan" präsent sein.

(2) Entworfen wird *zum anderen* die Vision eines Zusammenlebens von Juden, Christen und Muslimen. Auch hier geht der „Nathan" über all das hinaus, was Lessing bisher in seinem Werk dazu zu sagen hatte. Zwar hatte er sich immer wieder zu Judentum, Christentum und Islam geäußert, im „Nathan" aber legt er erstmals die *Gesamtkonzeption einer inneren Verbindung von Menschen der drei abrahamischen Religionen* vor. Beide Dimensionen wollen wir im folgenden nun Stück für Stück entfalten.

Noch einmal geht es um Krieg und Liebe

Geschichtlicher Hintergrund ist bei Lessing der dritte Kreuzzug der Jahre 1189 bis 1192. Seit 1187 hatten muslimische Truppen unter Führung von Sultan Saladin Jerusalem zurückerobert, woran auch ein neues Kreuzfahrerheer nichts ändern kann, das unter der Führung des englischen Königs Richard Löwenherz und des französischen Königs Philipp II. (der deutsche König Friedrich Barbarossa stirbt auf dem Weg nach Jerusalem) in Palästina auf den Plan tritt. 1192 kommt es zum Waffenstillstand Saladins mit seinen christlichen Kontrahenten. Und genau zu diesem Zeitpunkt lässt Lessing seine erfundene Geschichte spielen. Sein Saladin hat einen jungen christlichen Ordensritter, im Stück der „Tempelherr" genannt, überraschend begnadigt, und während dieser in Jerusalem herumläuft, wie betäubt von so viel Gnade, entdeckt er ein brennendes Haus und rettet daraus ein junges Mädchen. Er erfährt: Das Mädchen heißt Recha, und das Haus gehört dem reichen jüdischen Kaufmann Nathan, der zur Zeit auf Geschäftsreise ist.

Seltsam freilich: Als die Gesellschafterin des jungen Mädchens, Daja, eine Christin, und später auch Nathan, der Vater, ihm Dank abstatten wollen, wehrt der junge Mann ab. Als ihm aber nur wenig später Recha selber entgegentritt (III/2), verliebt er sich sofort in sie und will sie auf der Stelle heiraten (III/9). Nathan zögert, wodurch der Tempelherr außer sich gerät, zumal er durch die intrigante Daja erfährt, dass Recha gar nicht Nathans Kind, sondern eine Christin ist (III/10). Der angebliche Vater hat damit ohnehin jedes Recht verwirkt, das „Christenkind" einem Christen vorzuenthalten. Wutentbrannt läuft der Tempelherr zum Patriarchen, dem obersten Christen in Jerusalem, um zu erkunden, was mit Juden geschieht, die Christenkinder von ihrem Glauben abgebracht haben. Dessen gnadenlose Auskunft (auf den Scheiterhaufen mit ihnen!) stößt ihn freilich so sehr ab, dass er den Fall nicht weiter enthüllt und zu Saladin geht.

Dieser hatte in der Zwischenzeit die Bekanntschaft des Juden Nathan gemacht. Denn Saladin ist in Geldverlegenheit, da seine Steuereinnahmen aus Ägypten seit Jahren ausbleiben. Seine Schwester Sittah, Partnerin und Beraterin in allen Fragen, muss ihm bereits finanziell aushelfen. Auf der Suche nach neuen Geldgebern hatte sie den Namen des reichen Juden Nathan ins Spiel gebracht, und obwohl Saladins Schatzmeister, der Derwisch Al-Hafi, abrät (als Freund Nathans weiß er um Saladins aussaugendes Finanzgebaren), hatte der Sultan den reichen Juden vorladen lassen. Es war zu einer folgenreichen ersten Begegnung gekommen, bei der Saladin sein „Opfer" zunächst mit der Frage nach der wahren Religion einzuschüchtern versucht hatte. Darauf erfolgt Nathans „Geschichtchen" von den drei

Ringen (III/7), und Saladin, betroffen von dieser Parabel, hatte Nathan die Freundschaft angeboten. Die ist auch bitter nötig, drängt sich doch aus der Tiefe der Zeit eine Wahrheit in den Vordergrund, welche die Personen im Stück bedrohlich gegeneinander aufhetzen könnte. Denn nachdem der Tempelherr aus Enttäuschung über Nathan und aus Entsetzen über den Patriarchen zum Sultan gegangen ist, wird ihm ein Geheimnis enthüllt, das ihn seine und die Geschichte aller anderen Figuren völlig neu sehen lässt. Dieses neue Sehen, dieses Offenbarwerden des Unerwarteten macht die ganze Spannung des Stückes aus. Darin unterscheidet sich Lessings „dramatisches Gedicht" strukturell nicht von dem Voltaires; aber Lessing verfolgt auch hier seine ganz eigene Konzeption. Zunächst die Einzelheiten.

Was an Wahrheit ans Licht kommt

Der *Tempelherr* glaubt, sein Name sei *Curd von Stauffen*, aber selbst sein Name lautet unerwartet anders. Vordergründig erscheint er als ein „plumper Schwab" (I/6), der in einem plumpen Antijudaismus gefangen ist: Das Haus eines Juden betritt er grundsätzlich nicht (I/5); deshalb sind ihm alle Dankesbezeugungen von dieser Seite eher peinlich. Dass er „nur" ein Judenmädchen aus dem Feuer rettete, tut diesem „Christen" fast schon leid. Denn Juden verachtet der Tempelherr so sehr („Jud' ist Jude"!), dass er nicht ausschließt, das nächste Mal ein Haus brennen zu lassen, wenn er weiß, dass sich darin ein Jude befindet (I/6). Erst in der Begegnung mit Nathan wird der Hintergrund für diese Verachtung angedeutet (II/5). Sie hat mit der Erfahrung der Kreuzzüge zu tun, denn diese haben für den Tempelherrn ihren tiefsten Grund in der „frommen Raserei, den besseren Gott" zu besitzen und diesen „besseren der ganzen Welt als besten aufzudringen" (II/5).

Dass es aber diese Vorstellung von einem „besseren Gott" überhaupt gibt, schiebt der junge Mann den Juden zu. Sie hätten zuerst diese „Menschenmäkelei" getrieben, hätten sich zuerst als „auserwähltes Volk" gesehen und diesen „Stolz" auf „Christ und Muselman vererbt". Das geschichtliche Ergebnis, ein Fiasko, hat der Tempelherr hier und jetzt vor Augen. Die „fromme Raserei" hat sich gerade in

Jerusalem „in ihrer schwärzesten Gestalt" gezeigt! Deshalb die Verachtung für ein Volk, mit dem das alles angeblich angefangen hat. Doch am Ende des Dramas stellt sich heraus: Curd von Stauffen, der nichts als ein treuer Christen zu sein schien, heißt in Wirklichkeit *Leu von Filnek* und ist der Sohn eines gewissen Wolf von Filnek. Hinter diesem Namen aber verbirgt sich niemand anderer als ein jüngerer Bruder Saladins, Assad (arab.: „Löwe"), der – 18 Jahre ist es her – bei einer Schlacht um die Stadt Askalon gefallen war. Vorher war er noch in Europa gewesen und hatte mit einer Christin aus der deutsch-schwäbischen Familie derer von Stauffen zwei Kinder gezeugt: einen Jungen und ein Mädchen. Nach dem Tod beider Eltern wächst der Junge in Schwaben bei der Familie von Stauffen heran und erhält den Namen Curd. Das Mädchen lebt anderswo.

Auch bei *Recha* vollzieht sich dasselbe Spiel mit Vordergrund und Hintergrund. Vordergründig ist sie die Tochter Nathans, eine Jüdin, in jüdischer Tradition erzogen. Hintergründig ist sie das zweite Kind aus der muslimisch-christlichen Verbindung Wolfs mit einer von Stauffen. Als getaufte Christin hieß sie ursprünglich einmal *Blanda von Filnek* und ist damit die Schwester von Leu („Curd"). Zu Nathan gekommen ist sie durch einen Klosterbruder, dem wir ebenfalls im Stück wieder begegnen und bei dem sich die gleiche Struktur wiederholt. Denn dieser *Bruder Bonafides* (IV/3) ist vordergründig lediglich ein Bote des obersten Christen, des Patriarchen. Aber aus dem Hintergrund wird bekannt, dass er 18 Jahre zuvor Reitknecht bei Wolf von Filnek gewesen war, dessen „Brevier" er retten konnte, in das Wolf seine und seiner Frau Familiengeschichte eingetragen hatte. In den Händen Nathans liefert dieses Buch die nötige Aufklärung der familiären Verknotungen. Nathan und der Klosterbruder kennen einander, denn dieser hatte jenem seinerzeit die junge Recha gebracht, da Nathan mit Wolf von Filnek befreundet war. Während der Junge also bei der Familie der Mutter in Deutschland aufwächst, wird das kleine Mädchen bei Nathan erzogen.

Auch für ihn, *Nathan*, gilt dieselbe Struktur. Vordergründig scheint er ein innerlich abgeklärter, jeder Situation gewachsener, souverän-erfolgreicher Geschäftsmann. Hintergründig aber ist Nathan ein zutiefst verletzter, traumatisierter Mensch. Vor 18 Jahren nämlich hatten Christen in der Stadt Gath „alle Juden mit Weib und Kind ermordet", darunter Nathans Frau und seine sieben Söhne im Kindesalter; sie waren im Hause seines Bruders verbrannt (IV/7). Drei Tage und Nächte hatte Nathan „in Asch' und Staub vor Gott gelegen und geweint", hatte mit Gott „gerechtet, gezürnt, getobt", hatte sich und die Welt „verwünscht". Und vor allem: Er hatte „der Christenheit den unversöhnlichsten Hass zugeschworen". Da war der nachmalige Klosterbruder in sein Haus gekommen und hatte ihm die kleine Recha anvertraut. Und an dieser seiner Recha hängt Nathans ganzes Herz. Seine größte Angst ist die vor nochmaligem Verlust eines geliebten Kindes durch ein Feuer ...

Damit sind die Figuren vorgestellt. Wie sind sie im Ganzen des Dramas zu gewichten und in welcher Gesamtkonzeption müssen sie gesehen werden?

2. Keine Idealisierung des Judentums

Vielfach ist noch die Meinung verbreitet, Lessings Nathan sei vor allem eine Idealisierung des Judentums. Eine präzise Textanalyse freilich ergibt ein höchst differenziertes Bild. Gewiss: Mit Nathan als Titelheld hat dieses Stück einem Repräsentanten des Judentums einzigartiges Profil gegeben. Einen Juden seines Formats hatte die deutsche Bühne bis dahin noch nicht gesehen – und wird sie auch später nicht mehr sehen.[96]

Schonungsloser Realismus

Aber schaut man genau hin, so wird Judentum in diesem Stück keineswegs idealisiert. Im Gegenteil. Auffallend ist, dass das *Bild vom gelebten Judentum* als sozialer Realität in diesem Stück *weitgehend negativ* ist. Wie schon in seinem Frühwerk („Die Juden") zeigt Lessing auch hier Juden wieder in einer Minderheitsposition (dieses Mal im Jerusalem der Kreuzfahrerzeit). Diese ist nach wie vor prekär und jederzeit gefährdet, wie das ganze Spektrum an Negativstereotypen zeigt, die Lessing den verschiedenen Figuren seines Stückes in den Mund legt. Realist, der er ist, lässt er fast alles noch einmal wach werden, was sich über eine jahrhundertealte antijüdische Tradition an so-

zial, psychologisch und theologisch motivierter Denunziation ange-
sammelt hat. Nicht um diese zu bekräftigen, sondern um sie durch
Aussprache durchschaubar zu machen.

Konkret: Eine gewisse Verachtung gegenüber Juden liegt in den
Worten von *Muslimen* wie Saladin und Sittah, als sie sich auf den
Empfang von Nathan vorbereiten. Sie grenzen den „guten", den
„weisen" Mann ab von dem „geizigen, besorglichen, furchtsamen
Juden" (III/4). Ja, Sittah macht ihrem Bruder durch Abwertung des
erwarteten Juden Mut: „ist's bloß / Ein Jude wie ein Jude: gegen den
wirst du dich doch nicht schämen" (III/4). Ein *Christ* wie der Tempelherr geht in seiner Kritik noch weiter: Sie ist zum ersten *sozial* bedingt („Seinem Volk ist reich und weise vielleicht das Nämliche":
I/6); sie ist zweitens *psychologisch* begründet: Aufgrund seiner persönlichen Enttäuschung entdeckt der Tempelherr auf einmal eine
Falschheit und Gemeinheit Nathans, die er – und das ist entscheidend
– für *typisch jüdisch* hält: „Wenn gleichwohl dieser Ausbund aller
Menschen / so ein gemeiner Jude wäre, dass / Er Christenkinder zu
bekommen suche, / Um sie als Juden aufzuziehn: / wie dann?" (IV/4),
wobei der Tiefpunkt der Entlarvung von Nathans angeblicher
Falschheit mit dem Satz erreicht ist: „Der tolerante Schwätzer ist entdeckt! / Ich werde hinter diesen jüd'schen Wolf / Im philosoph'schen
Schafspelz, Hunde schon / Zu bringen wissen, die ihn zerzausen
sollen!" (IV/4), ein ungeheurer Satz, der schonungslos zeigt, wie viel
Pogromstimmung erzeugende Verfolgungs- und Ausrottungsenergie
schon in diesem jungen Christen steckt (II/5).

Ja, Lessings Stück lässt keinen Zweifel daran, wie gefährdet jüdisches Leben als Minderheitenexistenz ist. Als Dramatiker durfte er
diese brutale Realität des „handfesten antisemitischen Schimpfs" (H.
Mayer[97]) nicht wegretuschieren oder moralisierend dementieren. Die
Gegensätze mussten im Stück hart aufeinander prallen. Wohl aber
konnte er als Dramatiker den „christlichen" Antijudaismus durch
seine Geschichte strukturell unterlaufen. Denn so wie Lessing jede
Blutideologie im Zusammenhang mit christlichem Martyrium verwirft, so verwirft seine Geschichte als ganze auch jede *Blutideologie
im Blick auf das Judentum.* In der neueren Kritik ist darauf zu Recht
hingewiesen worden.[98] Denn Lessing lässt ja noch erkennen, dass er
um den atavistischen Blutbeschuldigungswahn weiß, mit der Christen ihren Hass auf Juden auszuleben pflegten. In der Kritik des

Tempelherrn an Nathan blitzt die Infamie dieser antisemitischen Denunziation noch einmal auf. Noch einmal – gleichsam verlangsamt – sei der Satz zitiert:

„Wenn gleichwohl dieser Ausbund aller Menschen
So ein gemeiner Jude wäre, dass
Er Christenkinder zu bekommen suche,
Um sie als Juden aufzuziehen." (IV/4)

Hier wird das Stereotyp erkennbar, dass Juden nun einmal danach trachten, Christen etwas wegzunehmen, Christen etwas anzutun. In uralten Geschichten rauben Juden stets Christenkinder, um sie zu töten. Lessings Geschichte setzt den Kontrapunkt, indem er das bekannte Schema umdreht: Sein Jude Nathan adoptiert ein Christenkind, um es vor dem Tode zu retten, nachdem Christen an seinen eigenen Kindern ein Blutbad angerichtet hatten. Nathan durchbricht damit *als Jude* die Kette von Blut, Rache und neuem Blut und unterläuft damit jede Blut- und Todesideologie – und zwar durch Rekurs auf universale Kategorien wie Gottesglauben und Menschlichkeit:

„Sind Christ und Jude eher Christ und Jude,
Als Mensch? Ah! wenn ich einen mehr in Euch
Gefunden hätte, dem es gnügt, ein Mensch
Zu heißen!" (II/5)

Nirgendwo eindrücklicher als hier wird klar, wie sehr Lessings „Nathan" eine Geschichte gegen den Tod, eine Anti-Blut- und Opfer-Parabel ist. Die Struktur der Erzählung selber ist somit die schärfstmögliche antisemitische Ideologiekritik.

Daraus folgt: Lessings „Nathan" abstrahiert keineswegs von der sozialen Wirklichkeit des Judentums. Dies haben auch Juden „zionistischer" Provenienz nie bestritten, die zu Beginn unseres Jahrhunderts nicht gegen Lessing, wohl aber gegen das „blasse und blutlose Judenbild" (E. Simon) polemisierten, das allzu sehr auf Assimilation mit dem Deutschtum bedachte liberale Juden des 19. Jahrhunderts unter Verweis auf Lessings „Nathan" konstruiert hatten.[99] Dagegen hat Walter Jens in seiner „Nathan"-Analyse die richtigen Akzente gesetzt. Lessings Nathan ist, wie er schreibt, gerade kein „Schattenbild aus dem Lehrbuch der Philanthropie, keine erklügelte Märchenfigur und kein gesellschaftsferner homo humanus, sondern Jud aus Fleisch und Blut:

ein Kaufmann (wie Mendelssohn), der Zinsen eintreibt und nüchterne Handlung höher als die hehre Schwärmerei einschätzt – nicht zu seinem Nachteil übrigens: Ganz so weit entfernt von Shylock sind wir denn doch nicht bei diesem Reichen, dem seine Säckel schließlich nicht nur die Barmherzigkeit gefüllt haben dürfte, wohl aber jene *handfeste Rechtschaffenheit,* die er mit seinem alter ego Moses Mendelssohn teilt – er, dessen konkretes Judesein in keinem Augenblick vergessen wird: Aus christlicher Sicht (‚der reiche Jude war mir nie der bessere Jude‘) so wenig wie aus der Perspektive des Muselmanen: ‚Er bleibt ein Jude, der so ganz und gar nur Jude scheinen will.‘"[100]

Von daher ist es kein Zufall, dass das Wort „Jude" im Stück weithin negativ besetzt ist. Und wo es negativ gebraucht wird, signalisiert es Engherzigkeit, Egoismus, Fanatismus, signalisiert es Abgrenzung und Ausgrenzung. Nathans Wort vom „Stockjuden" meint diese negative Form jüdischer Selbstisolation und eingekapselter Orthodoxie. Eine Form der Religion, die vor allem darin konkret wird, dass sie andere zwingt, so zu werden, wie man selber ist. Nathan aber ist gerade darin für die Freunde vorbildlich, dass er dies nicht verlangt, wie es Saladin dem Tempelherrn gegenüber zum Ausdruck bringt: „Wird er (Nathan) denn von dir verlangen, / Dass du erst Jude werden sollst?" (IV/4).

Am deutlichsten wird diese Negativbesetzung des Wortes „Jude" in der Szene, in der Saladin Nathan zum ersten Mal empfängt. Solange Misstrauen und Entfremdung zwischen den beiden herrscht, nennt Saladin Nathan nicht bei seinem Namen, sondern kühl und leicht verächtlich bei seiner Religionsbezeichnung: „Tritt näher, Jude! / Näher! / Nur ganz her!" (III/5). Und im Verlauf des abtastenden Gesprächs bleibt es bei dieser distanzierenden Redeweise: „Aufrichtig, Jud', aufrichtig!" (III/5). Erst, als Nathan ihn durch das Gleichnis von den Ringen getroffen hat, wechselt Saladin seine Anrede. Von der Distanz geht er in Freundschaft über, von der Kälte in die Umarmung, von dem verächtlichen Kollektivstereotyp „Jude" zum persönlichen Namen:

„Nathan, lieber Nathan! –
Die tausend tausend Jahre deines Richters
Sind noch nicht um. – Sein Richterstuhl ist nicht
Der meine. – Geh! – Geh! – Aber sei mein Freund." (III/7)

Dieses negative Bild vom real existierenden Judentum wird gerade auch dadurch unterstrichen, dass Nathan selber (undementiert) immer wieder als *jüdischer Ausnahmefall* herausgestellt wird. Dadurch, dass Nathan anders ist als andere Juden, tritt die Realität des Antijudaismus im Stück eher noch hervor.[101] Ein *Muslim* wie Al-Hafi etwa nennt Nathan einen Juden, „wie's nicht viel Juden gibt" (II/2). Ein *Christ* wie der Tempelherr – als er noch von Nathan begeistert ist – kann es kaum glauben: „Welch ein Jude! – / Und der so ganz nur Jude scheinen will!" (III/8). Und ein Christ wie der Klosterbruder sieht in der Praxis Nathans, ein Christenkind aufzuziehen, obwohl sieben seiner Söhne durch Christen ermordet worden waren, spontan nicht etwas typisch Jüdisches, sondern Christliches: „Nathan! Nathan! / Ihr seid ein Christ! – Bei Gott, Ihr seid ein Christ! / Ein bessrer Christ war nie!" (IV/7), was im Fall des Klosterbruders besonders auffällt, da doch von ihm gleichzeitig die Einsicht artikuliert wird, dass „das ganze Christentum aufs Judentum gebaut" sei (IV/7). Die Voraussetzung dieses Enthusiasmus ist überall dieselbe: Eigentlich ist das Bild von Juden negativ; nur in Nathan hat man eine überraschende Sondergestalt vor sich. Diese Überraschung über Nathan aber zeigt gerade umgekehrt, wie negativ das Bild vom „typischen Juden" bei vielen Personen dieses Stückes sein muss.

Dies wird bestätigt durch die *Selbstwahrnehmung Nathans*. Auch er lässt nicht nur erkennen, dass er die Negativstereotypen kennt (Nathan zu Daja: „Und doch bin ich nur ein Jude – gelt, / Das willst du sagen?": I/1), sondern auch, dass er sich innerhalb seines Volkes als etwas Eigenes sieht. Zwar wird Nathan offensichtlich von seinem Volk wie ein „Fürst" verehrt und „der Weise" genannt (I/6); zwar tritt Nathan gegenüber dem Klosterbruder in aller Entschiedenheit als „Jude" auf und denkt nicht daran, alles Negative auf sein Judesein und alles Positive auf ein angebliches Christsein zurückzuführen: „Wohl uns! Denn was / Mich Euch zum Christen macht, macht Euch mir / Zum Juden!" (IV/7). Aber zugleich hat sich Nathan die innere Freiheit bewahrt, mit Formen des Judeseins ironisch zu spielen. So etwa kurz vor der Entfaltung der Ringparabel, als Nathan sein Vorgehen Saladin gegenüber abwägt:

„... So ganz
Stockjude sein zu wollen, geht schon nicht.
Und ganz und gar nicht Jude, geht noch minder." (III/6)

Im *Zwischenraum von „Stockjude" und „Nichtjude"* also ist Nathan
zu begreifen, der so seine Eigenständigkeit innerhalb seiner eigenen
Tradition unter Beweis stellt, sein subjektives Profil innerhalb einer
kollektiven Volksgemeinschaft. Von ihr kann er sich durchaus distan-
zieren, so etwa, als er merkt, dass der Tempelherr betroffen ist von der
„frommen Raserei", für die er den Auserwähltheitsglauben des jüdischen Volkes verantwortlich macht:

„... verachtet
Mein Volk so sehr Ihr wollt. Wir haben beide
Uns unser Volk nicht auserlesen. Sind
Wir unser Volk? Was heißt denn Volk?
Sind Christ und Jude eher Christ und Jude,
Als Mensch?" (II/5)

Dieses Eigenprofil Nathans wird dadurch noch verschärft, dass er der
einzige Jude ist, der in diesem Drama überhaupt vorkommt, was in
auffälligem Kontrast steht zu den anderen Religionen, die in mehreren Personen gespiegelt werden. Und vor uns steht weder ein Jude in
Gestalt eines orthodoxen Rabbiners aus talmudischer Tradition noch
ein Jude in Gestalt eines gelehrten Philosophen aus der Tradition
Philo – Maimonides, noch argumentiert Nathan wie eine dieser
Gestalten. Vor uns steht ein reich gewordener Geschäftsmann, der –
wie wir durch seine Tochter Recha erfahren – die „kalte Buchgelehr-
samkeit, die sich / Mit toten Zeichen ins Gehirn nur drückt" (V/6)
überhaupt nicht liebt, was eine deutliche Orthodoxie-Kritik mit ihrer
exklusiven Fixierung auf das Buch (Tora, Talmud) bedeutet.

Eine solche Figurenwahl allein unterstreicht schon Lessings bewusste Distanz zu allem „Offiziellen" und „Institutionellen" in den
Religionen, auch im Judentum. Mit Nathan sollte gerade kein offizi-
eller Religionsrepräsentant, sondern ein Bürger auftreten, ein Mensch
als Jude, ein Jude als Mensch. Dessen Weisheit ist Lebensklugheit,
nicht Buchwissen; kommt aus Lebenserfahrung, nicht aus halachi-
schen (religionsgesetzlichen) Entscheidungen. Erhellend dafür ist
eine Äußerung von Moses Mendelssohn, Urbild des Nathan, die Les-

sings Bruder Karl aus Berlin im Juli 1778 nach Wolfenbüttel zu übermitteln weiß, als er erstmals von der Zensur gegen seinen Bruder gehört hatte:

„Unser Freund Moses grüßt Dich, und bittet, wenn dieses Gerücht wahr ist, um Mitteilung einer Abschrift von der Untersagungs-Acte. Er wird darüber an Dich schreiben und den Brief drucken lassen, damit Du und Andere ihn besser lesen können. Er hat immer prophezeit, dass es so kommen würde. Er kennt, glaube ich, die christlichen Theologen gar zu gut aus seinen ohnmächtigen Rabbinen. Die Herren, die in der Welt um Anderer Seligkeit willen besoldet und beamtet werden, gleichen sich so sehr in ihrem Betragen, als sie sich in ihren dogmatischen Sätzen nicht gleichen."[102]

Das Zukunftsziel: Menschsein durch Judesein

Heißt dies aber, dass Religion in Lessings Konzeption abgestreift werden soll wie eine alte Haut, um dem rein Menschlichen ohne alle Religion Platz zu machen? Nein, die Grundkonzeption des „Nathan" ist weder identisch mit der Konzeption aller religiöser Orthodoxen: Menschsein ist halachisches Judesein (oder kirchliches Christsein und gesetzestreues Muslimsein). Noch ist sie identisch mit der Konzeption aller nichtreligiösen Humanisten: Menschsein gelingt nur ohne Judesein (Christsein, Muslimsein). Lessings Konzeption im Stück ist komplexer, weil dialektisch: Menschsein soll als Judesein (Christsein, Muslimsein) verwirklicht werden und umgekehrt. Nathans Behauptung lautet ja gerade nicht: Christen und Juden – sie sollen nichts als Menschen werden (also ihren Glauben völlig vergessen). Nathans Rückfrage („Sind Christ und Jude eher Christ und Jude als Mensch?") gibt dem *Humanum nicht Exklusivität, wohl aber Priorität vor dem Religiösen,* aber so, dass sich das Religiöse als Menschlichkeit verwirklicht und die Menschlichkeit im Religiösen begründet ist.

Daraus folgt: Judesein, Christsein und Muslimsein sollen nach der Konzeption des „Nathan" nicht überwunden werden. Vielmehr geht es darum, den Anteil des wahrhaft Menschlichen *in* allen Religionen freizulegen. Menschlichkeit ist in *allen* Religionen und Kulturen anzutreffen, gemäß dem Satz: „Ich weiß, wie gute Menschen denken; weiß / Dass alle Länder gute Menschen tragen" (II/5), eine Überzeugung, die der Muslim Al-Hafi bestätigt, wenn er über seinen Freund sagt: „Jud' und Christ / Und Muselmann und Parsi, alles ist / Ihm eins" (II/2). Später werden auch andere Schlüsselfiguren des Stückes (der Tempelherr und Saladin) dieses Gleichsein, dieses „Gleichviel", diese Gleichrangigkeit von Menschen aller Religionen zum Ausdruck bringen.

Eindrucksvoll illustriert wird dies an *Nathans Erziehungspraxis gegenüber Recha*. Schon dem Tempelherrn war aufgefallen, Nathan „habe / Das Mädchen nicht sowohl in seinem, als / Vielmehr in keinem Glauben auferzogen, / Und sie von Gott nicht mehr nicht weniger / Gelehrt, als der Vernunft genügt" (IV/2). Nathan bestätigt das, wenn er sie dem Klosterbruder gegenüber als ein Mädchen rühmt, das „jedes Haus, jedes Glaubens Zierde / Zu sein erschaffen und erzogen ward" (IV/7). Und Recha selbst legt mit nahezu allem, was sie äußert, für die Wahrheit dieser Aussage Zeugnis ab. Woraus folgt: Während Nathan, aufgezogen in der Tradition des Judentums, noch von sich sagen kann: „Ich bin ein Jud", vermag Recha, seine Tochter und Schülerin, sich weder als Jüdin noch als Christin im traditionellen Sinn zu fühlen. Was sie daran hindert, ist die von ihr zutiefst verinnerlichte Lehre Nathans, „dass Ergebenheit / In Gott von unserm Wähnen über Gott / So ganz und gar nicht abhängt" (III/1), eine Lehre, die das Wesentliche der Religion in radikalem Gott-Vertrauen erblickt, weniger in Einzelinhalten bestimmter Lehren. Nathan hat zu einem Judentum erzogen, das die Menschlichkeit des Menschen weder einschränkt oder gar unterdrückt, sondern zu einer Form des Glaubens, der die Menschlichkeit fördert. In Lessings Entwürfen zum „Nathan" steht ein Satz, der Nathans Erziehungspraxis in ihrer unabweisbaren Dialektik präzise beschreibt:

> „Er (Saladin) freuet sich zu finden, dass Nathan keine Jüdin aus einer Christin machen wollen, und ihr nur eine Erziehung gegeben, bei der sie in jeder Religion ein Muster der Vollkommenheit sein könne." (IX, 657)

Deshalb ist es kein Widerspruch, wenn auch das Wort „Jude" in diesem Stück positiv gefüllt sein kann. Das ist etwa dort der Fall, wo der Tempelherr emphatisch ausruft: „Welch ein Jude! – und der so ganz nur Jude scheinen will!" (III/9). Oder dann, wenn Nathan dem Tempelherrn antwortet: „Denn was mich Euch zum Christen macht, das macht Euch mir zum Juden!" Jedesmal ist damit gemeint, dass im Judesein Menschlichkeit aufgeleuchtet ist und dass sich so in jüdischer Glaubenspraxis der Geist vorurteilsfreier Liebe und „herzlicher Verträglichkeit" Bahn gebrochen hat.

3. Zwiespältiges Christentum

Ist Judentum als soziale Realität in Lessings „Nathan" weitgehend negativ akzentuiert, so kennt das Stück für die christliche Seite ein ganzes Spektrum von Verhaltens- und Reaktionsweisen: negative, positive und Zwischentöne.

Ein Patriarch als Schurke

Negativ dargestellt, ja satirisch wie keine andere Figur zur Lächerlichkeit verzerrt, ist der *Patriarch*, der oberste Christ in Jerusalem. Schon früh erfahren wir, und zwar durch seinen Gehilfen, den Klosterbruder, um welche Art von Christ es sich bei diesem Patriarchen offensichtlich handeln muss:

> „... Ich hab' mich oft gewundert
> Wie doch ein Heiliger, der sonst so ganz
> Im Himmel lebt, zugleich so unterrichtet
> Von Dingen dieser Welt zu sein, herab
> Sich lassen kann." (I/5)

Und zu diesen „Dingen" gehört für den Patriarchen die militärische Auseinandersetzung, die als Glaubenskampf die Dimension des Fanatischen hat. Ob u.a. die Rom-Erfahrung hier ihre Spuren hinterlassen hat? Pius' VI. Edikt und seine die Juden Roms demütigende Einsetzungszeremonie? Wie immer: Den Jerusalemer Kirchenführer lässt Lessing als selbstgefällige Inkarnation der „frommen Raserei" auftreten. Er stattet ihn nicht nur mit allem „geistlichen Pomp" aus, sondern lässt ihn auch von der Idee besessen sein, dass die ganze

nichtchristliche Menschheit in Christen umgewandelt werden muss,
Schwert und Scheiterhaufen inklusive. Dem Tempelherrn geht plötzlich auf, was der Patriarch mit seiner Recha machen würde, wenn er
ihren Fall weiter enthüllte. „Ins Kloster" werde er sie „schleppen"
lassen (V/5)! Diese mögliche „Schurkerei" (V/5) empört ihn zutiefst.
Der Patriarch ist von Stund an nicht mehr sein Mann.

Ein Klosterbruder mit Sehnsucht nach Gott

Als positives Gegenbild zum Patriarchen ist der Klosterbruder entworfen. Er ist mehr als ein schlauer Bursche, der die Nachrichten seines Herrn distanziert-ironisch zu überbringen weiß. Er ist mehr als
ein kluger Kopf, der die Machtspiele seines obersten Herrn durchschaut. Er ist vor allem ein Mann *religiöser Sehnsucht* und gläubiger
Tiefe. Lange Zeit, so erfahren wir (IV/7), hatte er in der Nähe der
Stadt Jericho als Eremit gelebt. Arabisches „Raubgesindel" hatte ihm
sein Gotteshäuschen und seine Zelle zerstört und ihn fortgeschleppt.
Zum Glück war er mit dem Leben davongekommen und hatte sich
zum Patriarchen durchgeschlagen. Doch statt dass ihm dieser ein
„ander Plätzchen" gewährte, wo der Klosterbruder seinem Gott wieder „in Einsamkeit" bis an sein „selig Ende" hätte dienen können,
macht ihn der Patriarch zu seinem Erfüllungsgehilfen. Die Sehnsucht
aber nach Gottesdienst in der Einsamkeit der Wüste glimmt noch
immer in diesem Bruder, fühlt er sich vom Patriarchen doch zu allerlei Machenschaften missbraucht, vor denen er „großen Ekel" hat.

Diesem Christen ist es vorbehalten, des Juden Nathan größte Sympathien zu erwecken. Und zwar deshalb, weil dieser – in kritischer
Situation – für Nathans Verhalten gegenüber Recha Verständnis auf-
bringt. Denn im Zentrum steht auch für diesen Mann die *Liebe*. Deshalb hat Nathan in seinen Augen recht daran getan, das ihm überge-
bene Kind als Jüdin aufzuziehen, weil er nur dadurch (indem er ganz
er selber ist) diesem Kind die größte Liebe hatte angedeihen lassen
können:

„Wenn Ihr die Christin durch die zweite Hand
Als Christin auferziehen lassen: aber
So hättet Ihr das Kindchen Eures Freunds

Auch nicht geliebt. Und Kinder brauchen Liebe,
Wärs eines wilden Tieres Lieb' auch nur,
In solchen Jahren mehr, als Christentum.
Zum Christentume hats noch immer Zeit.
Wenn nur das Mädchen sonst gesund und fromm
Vor Euern Augen aufgewachsen ist,
So bliebs vor Gottes Augen, was es war." (IV/7)

Und dann folgen bemerkenswerte Sätze über das *Verhältnis von
Christentum und Judentum* aus dem Munde eines Christen:

„Und ist denn nicht das ganze Christentum
Aufs Judentum gebaut? Es hat mich oft
Geärgert, hat mir Tränen gnug gekostet,
Wenn Christen gar so sehr vergessen konnten,
Dass unser Herr ja selbst ein Jude war." (IV/7)

Extremer also könnten die innerchristlichen Positionen in diesem
Stück nicht sein. Sie schwanken zwischen dem gnadenlosen „Tut
nichts! der Jude wird verbrannt!" bis zur demütig-liebenden Einsicht,
dass das ganze Christentum sein Fundament im Judentum hat und
der Herr aller Christen selbst „ein Jude" war. Zwischen diesen Extremen sind zwei Christen angesiedelt, die in ihrem Verhalten schwanken, weil ihr Charakter schillert.

Eine Amme als Fanatikerin

Da ist *Daja* (das persische Wort für „Amme"), von deren zwiespälti-
gem, intrigantem Verhalten wir gehört haben. Sie war mit ihrem
Mann, einem Schweizer, kreuzzugsbedingt nach Palästina gekommen; ihr Mann hatte das Schicksal seines Kaisers Friedrich Barbarossa
erlitten und war unterwegs ertrunken, so dass Daja ihren Lebensun-
terhalt in einer Rolle bestreiten muss, die ihr nicht eben „vor der
Wiege gesungen" worden war: „ein Judenmädchen zu erziehen"
(I/6), das eigentlich eine Christin ist. Diese zwiespältige Rolle geht
Daja gegen ihren „Wert als Christin" (I/6), weshalb sie schon in der
allerersten Szene Nathan damit in den Ohren liegt.

Niemand aber kennt diese Frau besser als ihr „Judenmädchen", und deshalb hat Rechas Urteil Gewicht, wenn sie diejenige Frau, die ihr von Kindesbeinen an vertraut ist, ihre „gute böse Daja" (V/6) nennt. Gut? Weil Recha nicht vergessen kann, dass Daja sie stets wie eine Mutter gepflegt hat; nichts musste sie entbehren; alles, was eine leibliche Mutter für ihr Kind getan hätte, hat Daja getan. Böse? Weil Recha die *innere Gespaltenheit Dajas* voll durchschaut hat. In ihren Augen ist Daja „eine Christin", die „aus Liebe" quälen muss; ist sie doch eine von den „Schwärmerinnen", die den „einzig wahren Weg" zu Gott zu kennen meinen. Und da solche Menschen nur ihren eigenen Weg als den allein selig machenden anerkennen, gehen alle Nichtchristen „ins Verderben", ins „ewige Verderben". Das aber kann Daja im Fall ihrer Recha nicht hinnehmen, im Fall eines Kindes, das sie liebt. Deshalb muss sie Recha „zur selben Zeit lieben und hassen", lieben als Kind und hassen als Jüdin, so dass bei Daja neben Liebesbezeugungen immer auch „ihr Seufzen, ihr Warnen, ihr Gebet, ihr Drohen" zu hören ist. Recha will sie „retten" wie einen überaus wertvollen Schatz, und deshalb fügt diese, die gar nicht auf Dajas Art „gerettet" werden will, ironisch hinzu:

> „… Und wem schmeichelts doch
> Im Grunde nicht, sich gar so wert und teuer,
> Von wems auch sei, gehalten fühlen, dass
> Er den Gedanken nicht ertragen kann,
> Er müss' einmal auf ewig uns entbehren!" (V/6)

Deshalb ist Daja für Recha eine „arme Frau": „Rettet" sie Recha, quält sie diese; rettet sie Recha nicht, quält sie sich selbst. Die Reihenfolge hier ist also genau umgekehrt wie beim Klosterbruder. Bei ihm kam die Menschenliebe zuerst, dann das „Christentum"; bei Daja führt ihr Christentum zu einem quälerisch-selbstquälerischen Liebenmüssen, zu einer Perversion von Liebe also.

Ein Tempelherr in der Krise

Und da ist schließlich der *Tempelherr* als Christ. Er macht die *radikalste Wandlung* von allen Figuren in diesem Stück durch. Keiner kennt solche Extremreaktionen wie er. Seine primitive Judenverachtung („Jud' ist Jude": I/6) kann plötzlich umschlagen in Judenenthusiasmus („Welch ein Jude!" III/9) und dieser wiederum in irrationalen Judenhass („Jüd'scher Wolf im philosophischen Schafspelz": IV/4). Kein Temperament in diesem Stück gerät so in Wallung wie das des Tempelherrn, dessen emotionale Überreaktion gegenüber Nathan die ganze Familiengeschichte erst ins Rollen bringt. Keiner außer dem Patriarchen versteht *Religion* zunächst so sehr *als Partei* gegen andere. So hatte er sich für seinen Gang zum Patriarchen, antijüdisch motiviert, diese Begründung gegeben:

> „Zudem, ich seh nun wohl,
> Religion ist auch Partei; und wer
> Sich drob auch noch so unparteiisch glaubt,
> Hält, ohn' es selbst zu wissen, doch nur seiner
> die Stange. Weil das einmal nun so ist:
> Wirds so wohl recht sein." (IV/1)

Keine Figur aber ist auch so in der *Krise* wie der Tempelherr, die mit der Begnadigung durch Saladin begann. Es spricht dabei für diesen jungen Mann, dass er sich bei Nathan nicht nur entschuldigt („Was sollt ich eines Fehls mich schämen? Hab' / Ich nicht den festen Vorsatz, ihn zu bessern?" V/5); es spricht vor allem für ihn, dass er sich zu einer *neuen Grundeinstellung* gegenüber anderen Religionen durchringen kann. Die Liebe hat auch in seinem Fall eine Schlüsselbedeutung. Denn die Liebe zu einem „Judenmädchen" wie Recha macht aus dem fanatischen Parteigänger seines Glaubens einen toleranten Menschen. Ja, die Begnadigung durch Saladin begreift er jetzt als Auferstehung aus dem Tod in ein neues Leben, in dem nur noch der *Primat der Liebe* zählt, was für den Angehörigen eines streitbaren christlichen Ritterordens doppelt schwer wiegen muss:

> „… Ist das nun Liebe:
> So – liebt der Tempelritter freilich, – liebt
> Der Christ das Judenmädchen freilich. – Hm!
> Was tuts? – Ich hab' in dem gelobten Lande, –
> Und drum auch mir *gelobt* auf immerdar! –
> Der Vorurteile mehr schon abgelegt. –
> Was will mein Orden auch? Ich Tempelherr
> Bin tot; war von dem Augenblick' ihm tot,

Der mich zu Saladins Gefangnen machte.
Der Kopf, den Saladin mir schenkte, wär'
Mein alter? – Ist ein neuer; der von allem
Nichts weiß, was jenem eingeplaudert ward,
Was jenen band. – Und ist ein bessrer; für
Den väterlichen Himmel mehr gemacht." (III/8)

Der Ausdruck „väterlicher Himmel" verweist dabei auf des Tempelherrn leiblichen Vater Assad. Und es ist in diesem entscheidenden Monolog aufregend zu beobachten, wie der Tempelherr in seiner Orientierungslosigkeit (von einem Muslim begnadigt, in eine Jüdin verliebt, der eigenen Glaubensgemeinschaft entfremdet) sich nun immer stärker seiner *muslimischen Herkunft vergewissert*. In seiner neuen Situation beginnt er sich nämlich seines Vaters zu erinnern, der schon einmal durch die Heirat mit einer Christin die Religionsparteien transzendierte:

„Das spür' ich ja. Denn erst mit ihm beginn'
Ich so zu denken, wie mein Vater hier
Gedacht muss haben; wenn man Märchen nicht
Von ihm mir vorgelogen. – Märchen? – doch
Ganz glaubliche; die glaublicher mir nie
Als itzt geschienen, da ich nur Gefahr
Zu straucheln laufe, wo er fiel. – Er fiel?
Ich will mit Männern lieber fallen, als
Mit Kindern stehen. – Sein Beispiel bürget mir
Für seinen Beifall." (III/8)

Geschickt verkoppelt ist hier Charakterpsychologie (ein unruhiger junger Mann) mit Familienarchäologie (Vergewisserung der eigenen Lebenswurzeln), und beides wird zum religionstheologischen Argument, treibt doch den Tempelherrn seine Unruhe auf der Suche nach den eigenen Wurzeln „vom Christentum … auf den Islam zu …, dem seine neue Identifikationsfigur Assad doch einst angehört hat".[103]

„Ich hab' in dem gelobten Lande …": Wichtig ist hier, dass Lessing eine seiner wichtigsten Figuren mit dem Topos des „gelobten Landes" spielen lässt, und zwar so, dass aus dem Indikativ ein Imperativ wird. Gerade im „gelobten Land" sollen sich Menschen etwas „geloben": zu neuen Menschen zu werden, die ihre Religion nicht gegeneinander aufhetzt, sondern zueinander bringt und miteinander leben und lieben lässt. Wie schwer diese vernünftige Einsicht auch gefühlsmäßig zu leben ist, zeigt gerade noch einmal der Tempelherr. Denn in seiner emotionalen Zerrissenheit ist er sich keineswegs sicher, ob sein Kopf wirklich „neu" ist und ob er wirklich überwunden hat, was ihm einstmals „eingeplaudert" worden. Aber es spricht noch einmal für ihn, dass er bei allem Zorn über Nathan selbst durchschaut, dass er in ein altes Rollenverhalten zurückzufallen droht. Zur Besinnung gekommen, fragt er sich, warum er eigentlich so empört ist über Nathan, und kleidet dies in die bezeichnende Frage:

„Wie? sollte wirklich wohl in mir der Christ
Noch tiefer nisten als in ihm der Jude? –
Wer kennt sich recht?" (V/3)

Dem Tempelherrn wird damit das gleiche Sprachspiel in den Mund gelegt, das wir auch schon bei der Rede vom „Juden" in diesem Stück entdeckt haben. Wenn er vom „Christen" in sich spricht, dann meint er Formen der Verengung und Verblendung, die verhindern, offen für das universal Menschliche im Christlichen zu sein. Zu dieser Offenheit aber gelangt der hitzige junge Mann schließlich doch:

„… Ach! Rechas wahrer Vater
Bleibt, Trotz dem Christen, der sie zeugte –, bleibt
In Ewigkeit der Jude." (V/3)

Jude sein – Mensch sein; Christ sein – Mensch sein: die Grundkonzeption Lessings wird auch hier wieder erkennbar. Deshalb kann es nicht überraschen, wenn auch der *Name Christ* in diesem Stück schillert. Meist ist er wie der Begriff „Jude" bewusst *negativ besetzt*. Und auch hier ist keine Szene sprechender als diejenige, in der Sultan Saladin den Tempelherrn von seiner Wut auf Nathan abzubringen sucht (IV/4). Diese Szene läuft gerade umgekehrt ab wie die erste Begegnung zwischen Saladin und Nathan. War dort ein Gefälle von der unpersonalen Distanz („Tritt näher *Jude*") zur personalen Nähe („*Nathan* ... mein *Freund*") erkennbar, ist es hier genau umgekehrt: Anfangs begegnet der Sultan seinem Gast mit größtem Wohlwollen, hat er ihn doch deshalb begnadigt, weil er ihn an seinen Bruder Assad erinnert. Er nennt ihn zärtlich einen „braven jungen Mann". Aber der Ton wechselt in dem Moment, als der Tempelherr seiner Verachtung für Nathan freien Lauf lässt („toleranter Schwätzer", „jüd'scher Wolf im philosophischen Schafspelz"). In diesem Moment wird Saladin ernst und reagiert mit dem bezeichnenden Satz: „Sei ruhig, *Christ*!". Und das Wort „Christ" bezeichnet in diesem Augenblick die Grundhaltung des Fanatischen, Verengten und Verrannten. Der Tempelherr bestätigt dies auch noch durch seine Reaktion:

> „Was? ruhig Christ? – Wenn Jud'
> Und Muselmann, auf Jud', auf Muselmann
> Bestehen: soll allein der Christ den Christen
> Nicht machen dürfen?" (IV/4)

Worauf Saladin ob dieser Unverschämtheit „noch ernster", fast drohend antwortet: „Ruhig, Christ!" und dem Tempelherrn eine Lektion in Freundschaft erteilt:

> „Indes, er ist mein Freund, und meiner Freunde
> Muss keiner mit dem anderen hadern. – Lass
> Dich weisen! Geh behutsam! Gieb ihn nicht
> Sofort den Schwärmern deines Pöbels preis!
> Verschweig, was deine Geistlichkeit, an ihm
> Zu rächen mir so nahe legen würde!
> Sei keinem Juden, keinem Muselmanne
> Zum Trotz ein Christ!" (IV/4)

Umgekehrt aber kann der Begriff „Christ" auch *positiv gebraucht* werden, dort nämlich, wo Christliches ganz authentisch zum Ausdruck kommt. Unmissverständlich geschieht dies dort, wo der Klosterbruder Nathan auf den Kopf zusagt: „Ihr seid ein Christ! – bei Gott, Ihr seid ein Christ! / Ein bessrer Christ war nie!", und damit Christsein mit dem Wert „schrankenlose Barmherzigkeit" verbindet. Unzweideutig auch dort, wo die Liebe über alle Ausgrenzungsideologien triumphiert wie im Fall des Tempelherrn. Denn im entscheidenden Gespräch mit Nathan gegen Ende des Stückes stellt dieser jetzt vollends die Liebe über alle abgegrenzte Religionsparteilichkeit. Sie macht ihn fähig zu einer Wende von der konfessionellen Verengung zu einer religiös-humanen Weite, genauer: macht ihn aus neuer christlicher Elementarität heraus („Liebe") frei zur Entdeckung des „Gleichviel" der konkreten Religionen. Der Tempelherr vollzieht damit diejenige Einsicht nach, die Nathan aus jüdischen Wurzeln heraus bereits vorlebt („Jude, Christ und Muselmann und Parsi, alles ist ihm eins"):

„Gebt sie mir; geschwind! – Sie sei
Nun Eure Tochter, oder sei es nicht!
Sei Christin oder Jüdin oder keines!
Gleich viel! gleich viel! Ich werd' Euch weder itzt
Noch jemals sonst in meinem Leben
Darum befragen. Sei, wie's sei!" (V/5)

Wir begreifen nun vollends die *Strategie des Antitragischen* in Lessings Stück. Dessen Handlung ist – wie wir sahen – strukturell so gefügt, dass am Ende eine radikale Absage an jede antijüdische Blutideologie steht. Jetzt können wir hinzufügen: Am Ende steht ebenso entschieden eine Absage an jede christliche Märtyrerideologie. Auch diese lebt ja vom verblendeten Anti gegen andere Religionen. Deshalb macht Lessing – gegen Cronegks Märtyrer-Heroismus („Vergnügt eil' ich zur Marter hin") – im eigenen Stück fast überdeutlich, was ein Flammentod für Menschen bedeutet; sein Nathan hatte ja seine ganze Familie auf diese Weise verloren, und auch die geliebte Recha wäre beinahe im Feuer umgekommen:

„Die arme Reche, die indes verbrannte! –
Fast, fast verbrannte! Fast nur. Schaudert nicht!
Es ist ein garst'ger Tod, verbrennen." (I/2)

Und die Muslime? Wie werden sie in diesem Stück gesehen?

III. EIN PRO-MUSLIMISCHES STÜCK

Generell gilt: Ist das Bild des real existierenden Judentums weitgehend negativ (mit Nathan als „Ausnahme"), ist das Bild des konkreten Christentums zwiespältig, so ist das Bild des Islam (wie es in den hier gezeigten Muslimen konkret gespiegelt wird) auf eine erstaunliche Weise positiv, genauer: auf kalkulierte, strategische Weise „idealisiert". Drei Figuren repräsentieren den Islam, und auch sie schauen wir uns genau an.

1. Al-Hafi: Toleranz im Geiste des Sufismus

Der *Derwisch Al-Hafi* hatte bei Kritikern des „Nathan" lange Zeit eine äußerst ungünstige „Presse". Meist wurde er als lächerliche Figur abgetan und wegen seines angeblich weltfremden Eskapismus gegen Nathan ausgespielt. Des Derwisch naiv-schwärmerische Weltflucht sollte umso strahlender Nathans Weltgewandtheit und Weltgestaltung zum Leuchten bringen. Neuere Arbeiten nehmen diese Gestalt ernster und erkennen in ihr „mehr Weisheit", als die Kritik bisher annahm.[104] Diese Neubewertung kann sich zweifellos auf die Tatsache stützen, dass Lessing ausgerechnet die Derwisch-Geschichte in einem „Nachspiel zum Nathan" weiterführen wollte. In Briefen an den Bruder ist öfter davon die Rede, zuerst am 15. Januar 1779:

> „Auch sollte, nach meinem ersten Anschlage, noch ein Nachspiel dazu kommen, genannt ‚Der Derwisch', welcher auf eine neue Art den Faden einer Episode des Stücks selbst wieder aufnähme und zu Ende brächte."[105]

Mehr als das Faktum der Absicht freilich haben wir aus Lessing-Dokumenten leider nicht. Nirgendwo lässt der Dramatiker erkennen, warum er ausgerechnet die Derwisch-Episode weiterschreiben wollte, noch gar, wie der „Faden" dieser Geschichte konkret hätte weitergesponnen werden sollen. Da nützt auch der Hinweis auf *Christoph Martin Wielands* „Geschichte des weisen Danischmend" (1775) wenig, die Lessing kennt und in der bereits die Figur eines muslimischen Mönchs mit Namen Al-Hafi vorkommt, zumal Wielands Geschichte inhaltlich ohnehin völlig anders orientiert ist. Spekulationen sind hier so abenteuerlich wie müßig.[106] Und statt über die ungeschriebene Zukunft des Derwisch zu räsonieren, sollte man besser seine geschriebene Gegenwart sorgfältig auswerten – und zwar auf der Basis der drei Szenen (I/3; II/2; II/9), in denen Al-Hafi auftritt.

Eine zwiespältige Rolle

Was die Person des Al-Hafi angeht, so trägt sie durchaus *komische Züge*. Schon beim ersten Auftritt führt er in kindlich-naiver Weise Nathan seine Kleider vor, die seine neue Stellung als Schatzmeister am Hof des Sultans zeigen sollen. In der zweiten Szene versucht er auf eine fast zum Lachen reizende Art, den Sultan von dessen Finanzschwierigkeiten zu überzeugen und auch davon, dass Saladin nicht auch noch seinen Freund Nathan in seine Geldgeschäfte verwickeln möge. Aber rasch wird deutlich, dass dieses Verhalten Teil eines Rollenspiels ist, einer Tarnung aus Angst vor der Autorität. Des Sultans widersprüchliches Finanzgebaren hat Al-Hafi vom ersten Augenblick an durchschaut. Da er aber sein Wissen einem Sultan nicht direkt auf den Kopf zusagen kann, spielt er diesem eine Rolle vor. Er selber nennt das „Mummerei" (II/2), die er aber je länger desto weniger noch mitzumachen bereit ist. So entsteht die Komik des Al-Hafi aus seiner Verlegenheit im Machtgefüge des Sultans. Dieser „Schatzmeister" muss sein Wissen tarnen, um sich selber und dann auch seinen Freund Nathan dem Zugriff des Sultans zu entziehen.

Was die *Geschichte* des Al-Hafi betrifft, so weist sie bemerkenswerte Parallelen zu der des Klosterbruders auf. Denn wie der Klosterbruder die Rolle des Boten für den Patriarchen, so spielt Al-Hafi die Rolle des Schatzmeisters für den Sultan. Seine Sehnsüchte aber liegen ganz woanders. So wie der Klosterbruder in seiner Einsiedelei, möchte Al-Hafi nach Indien, an den Ganges. Wozu? Um dort „leicht und barfuß den heiligen Sand mit meinen Lehrern" (I/3) zu treten.

Der Grund dafür ist nicht Eskapismus, sondern – angesichts des Machtgefüges am Sultan-Hof – Sehnsucht nach Freiheit und unverstellter Humanität, was Nathan seinem Freund Al-Hafi ausdrücklich bestätigt. Einbezogen in das finanzpolitische Spiel des Sultans, könnte Al-Hafi gerade unter Menschen das Menschsein „verlernen", meint Nathan und wünscht seinem Freund einzig aus diesem Grund, er möge wieder „in seine Wüste" kommen.

Im Gegensatz zum Klosterbruder aber gelingt Al-Hafi der Absprung. Er weiß: „Am Ganges am Ganges nur giebt's Menschen"; niemandes „Werkzeug" braucht er dort zu sein, niemandes „Sklave" (II/9). Ja, Al-Hafi fordert Nathan sogar auf, ihm nach Indien zu folgen als „der einzige", der „würdig wäre, dass er am Ganges lebte" (II/9). Zwar folgt Nathan diesem Ansinnen nicht (diese Art des Exodus ist in der Tat seine Sache nicht), aber einen tiefen Respekt kann er seinem Freund Al-Hafi nicht versagen. Er verabschiedet ihn mit den Worten:

> „Wilder, guter, edler –
> Wie nenn ich ihn? – Der wahre Bettler ist
> Doch einzig und allein der wahre König!" (II/9)

Ein Derwisch oder: Was ist Sufismus?

Was das religiöse Profil Al-Hafis betrifft, so bekommen wir im Text verschiedene Signale, welche diese Figur zu einer *komplexen Gestalt* werden lassen. Da ist *zum einen* der Hintergrund der *islamischen Mystik*, des *Sufismus*. Das Wort „Derwisch" stammt bekanntlich aus dem Persischen und meint „Bettler"; das Wort „Al-Hafi" ist das arabische Wort für „Barfüßer". Lessing hatte hier eine konkrete geschichtliche Figur vor Augen: *Bishr al-Hafi*, geboren ca. 767 im ostiranischen Marw, gestorben ca. 840 in Bagdad, der sich der sufischen Bewegung angeschlossen hatte. Zwar ist dieser Al-Hafi auch in Reiskes „Abulfedae Annales Moslemici" (Bd. I, 1754) erwähnt, wo Lessing ihn hätte finden können; wahrscheinlich aber ist seine Quelle auch hier die „Bibliothèque orientale", und der dort gedruckte Artikel Baschar al-Hafi. Und liest man, was die Geschichtsschreibung auch heute noch zu diesem Sufi zu sagen hat, so erkennt man Grundzüge, die bereits Lessings Figur aufweist. So heißt es in der heute maßgebenden „Encyclopaedia of Islam":

> „Angesichts der Wahl zwischen Gott und der Welt machte er (Al-Hafi) seine Wahl ohne Rückhalt zugunsten Gottes, und er verachtete alle Formen weltlicher Ambitionen und Selbstbezogenheit. Er predigte Armut, die einhergehen sollte mit Geduld und Nächstenliebe, und es wurde von ihm gesagt, dass er, als er eines Tages einen Mann traf, der unter der Kälte litt, er ihm nicht anders zu helfen wußte, als dass er sich selber auskleidete und auf diese Weise ihm sein Mitleid zeigte und ein Beispiel gab. Er starb in einem geliehenen Hemd, weil er sein eigenes für einen armen Mann weggegeben hatte ... Er setzte sogar das Almosengeben über die Pilgerfahrt nach Mekka und den Heiligen Krieg, weil man Almosen im Verborgenen geben kann, ohne dass andere Menschen davon wissen."[107]

Der Tübinger Islamkundler *Josef van Ess* fügt in seinem monumentalen sechsbändigen Werk über die frühe islamische Theologie solchen Informationen noch dies hinzu: Al-Hafi „litt an der Stadt, in der er lebte. ,Bagdad ist beklemmend für einen Gottesfürchtigen. Kein Gläubiger sollte in ihr verweilen', so wollte man von ihm gehört haben. Sein Lehrer, Iraner wie er, hat sich in der Tat nicht länger dort aufgehalten; er meinte, man könne dort nicht beten, weil der Boden auf illegale Weise enteignet sei. Daraus sprach jene Skrupelhaftigkeit, für die er wie Bishr und viele andere bekannt war; um nur gar nicht in Sünde zu fallen, musste man, so schien es, auch manches andere um sich herum für tabu halten. Nach Bishrs Ansicht gehörte dazu nicht so sehr die Stadt selber wie die Menschen, die in ihr lebten; er hielt sich vor ihnen zurück."[108] Informationen, die ebenfalls schon bei Lessing angeklungen waren.

Lessing also wollte mit der Figur des Derwisch Al-Hafi ganz offensichtlich die sehr populäre *mystische Tradition des Islam* in sein Stück integrieren, sind doch die Derwische Teil der großen mystischen Bewegung, die sich im Islam im 8. und 9. Jahrhundert als Alternative zum offiziellen Gesetzes-Islam herausgebildet hatte. Sufis verkörpern dabei in besonderer Weise „die Ideale der Toleranz und des Humanismus im Islam". Gottes- und Menschenliebe sowie die Wertschätzung der mystischen Erfahrung anderer Religionen haben sie

„zu einer liberalen und toleranten Einstellung gegenüber Nicht-Muslimen geführt".[109] In dieser Tradition steht auch das Derwischwesen. Idealtypisch gesprochen: Verfolgt der Sufi den mystischen Weg zu Gott mehr durch philosophisch-theoretische Betrachtung, so lebt und praktiziert der Derwisch ihn auch bis in den Lebensstil hinein, vor allem durch die Befolgung des Gebotes der Armut einschließlich der Bettelei. Gerade im Unterschied zum orthodoxen Sufismus ist das Derwischwesen somit stark von der Armut geprägt; Derwische sind *homines religiosi*, deren materielle Armut ihre Gottesbedürftigkeit und zugleich ihren Gottesreichtum widerspiegeln soll. Lessings Al-Hafi verkörpert genau diesen Typus: „Der wahre *Bettler* ist doch einzig und allein der wahre *König*!"

Dies wird erhärtet durch eine Beobachtung, die schon *Erich Schmidt* in seiner großen Lessing-Biographie Ende des 19. Jahrhunderts gemacht hat: „Bücher wie der bewährte Herbelot oder Saadis ‚Persianisches Rosenthal' im altfränkischen Deutsch des Olearius lagen auf Lessings Tisch aufgeschlagen … Da wimmelt es von sinnreichen Fabeln, die zum reflectirenden Redeschmuck aufgegriffen werden konnten, wie die Jagd des Löwen mit dem Fuchse, von scharfen Vergleichen, wie dass der Fürst lieber ein Geier unter Äsern als ein Aas unter Geiern sein solle, von bunten Beispielen der Lebensweisheit, der Sittlichkeit, des Witzes."[110] Und in der Tat war Lessing wohlvertraut mit dem bahnbrechenden Werk des *Adam Olearius* (lateinischer Name für Adam Ölschläger: 1599–1671), der 1647 die Beschreibung einer Orientreise vorgelegt hatte, die ihn im Rahmen einer Handelsmission durch den Herzog Friedrich III. von Holstein-Gottrop zunächst nach Russland und dann nach Persien geführt hatte. Des Olearius' *„Newe Orientalische Reise"* stellt denn auch eine der wichtigsten Quellen für die Kulturgeschichte Russlands und Persiens dar, ja diesem enzyklopädisch gebildeten Gelehrten ist es zu verdanken, dass auch das populärste Prosawerk der persischen Literatur, der „Golestan" („Der Rosengarten"), ebenfalls in Deutschland bekannt wird. 1654 hatte Olearius diese im Geiste des sufischen weisheitlichen Universalismus geschriebenen Texte des *persischen Dichters Sa'di* (rund 1215 bis 1292) in einer eigenen Schrift unter dem Titel „Persianisches Rosenthal" veröffentlicht. Später gab er beide Texte, die von der orientalischen Reise und die von Sa'di, in einer Gesamtausgabe heraus, die Lessing gekannt haben dürfte.

Für uns ist von Bedeutung, dass Sa'dis in Reimprosa abgefasstes Werk nicht nur die Lebensweise und die Moral der Könige, sondern auch das „Wesen der Derwische" behandelt, insbesondere Reflexionen über den „Wert der Genügsamkeit" anstellt. Man kann sich in der Tat vorstellen, dass Lessing, wenn er Sa'dis „Der Rosengarten" tatsächlich während der Arbeit am „Nathan" auf dem Tisch gehabt haben soll, von diesen Texten angeregt worden sein könnte:

„Einmal habe ich einen Derwisch gesehen, der im Feuer der Armut fast erstickte und Lappen auf Lappen zusammenflickte, der aber mit solchen Versen sich selbst tröstete:
Sei zufrieden, dass du
trockenes Brot und Lumpenkleider hast.
Besser ist es eignen Elends
als der fremden Wohltat Last!
Da fragte ihn einer: ‚Warum sitzt du da? wo es doch in dieser Stadt einen Mann gibt, der eine Seele voll großzügigem Edelmut und allumfassendem Großmut hat! Er hört auf die Worte der wohlgesinnten Menschen und sitzt als Diener an des Herzens Pforte. Wenn du diesem Mann deine Lage schilderst, so hält er es gewiss für seine Pflicht, einem anständigen Mann, wie du es bist, seine Unterstützung zu geben!' – ‚Still', erwiderte der Derwisch, ‚es ist besser, die Dürftigkeit bis zum Grabe tragen, als seine Hilfsbedürftigkeit einem andern klagen!'
Besser ist es, Bettelkleider
in des Elends Winkel flicken,
als um Kleider Bettelbriefe
reichen Herren überreichen!
O gewiss, es ist nicht schlimmer,
in der Hölle Strafe leiden
als mit eines Nachbarn Füßen
in das Paradies zu schleichen."[111]

Sehnsucht nach dem Ganges

Wichtig über all das hinaus ist, dass es bei Lessings Al-Hafi auch Hinweise auf die Tradition des Parsentums gibt. Denn es fällt auf, dass der

Derwisch bei der Beschreibung von Nathans Religionstoleranz nicht nur – wie im Stück üblich – Juden, Christen und Muslime erwähnt, sondern ausdrücklich und als einziger im Stück auch die Parsen: „Jud' und Christ / Und Muselmann und *Parsi*, alles ist / Ihm eins." (II/2). Mehr noch: In seiner Abschiedsszene (II/9) heißt es gegenüber Nathan:

> „Unter meinen Ghebern, an
> Dem Ganges, brauch ich beides nicht, und brauche
> Das Werkzeug beider nicht zu sein. Am Ganges,
> Am Ganges nur giebts Menschen." (II/9)

Parsen sind in Indien lebende Anhänger der Lehre des persischen Religionsstifters Zoroaster (Zarathustra). Dessen Religion war um 600 v. Chr. gegründet, aber nach der muslimischen Eroberung Persiens als nicht-monotheistische Religion bekämpft worden. Viele Anhänger des Zoroastrismus waren daraufhin nach Indien ausgewandert, und darauf dürfte Al-Hafi anspielen, wenn er von seinen „Ghebern" am „Ganges" spricht, denn „Gheber" ist nichts anderes als das persische Wort für eben diese Anhänger der zoroastrischen Lehre. Lessings Quelle dürfte hier vermutlich Voltaires dramatisches Gedicht „Les Guèbres ou la tolérance" („Die Gheber oder die Toleranz") aus dem Jahre 1769 gewesen sein.[112]

Aus all dem folgt, dass Al-Hafi einerseits als Muslim dargestellt wird (sein Ausruf „Beim Propheten!" ist nur einem Muslimen möglich: I/3), dessen Muslimsein aber durch die mystische Tradition auf andere Religionen hin geöffnet ist. Dieser Bettelmönch hat offensichtlich bei „seinen" Ghebern gelernt und sich so mit den Anschauungen des Parsentums vertraut gemacht, ohne dadurch sein Muslimsein aufzugeben. Auch Al-Hafi liegt damit auf der Linie der Religionstoleranz, um die es dem gesamten Stück geht. Auch seine religiöse Identität ist nicht starr, sondern offen. So, wie er durch die Tradition des Parsentums bereichert wurde, so hat dieser muslimische „Mystiker" auch keine Probleme, mit einem Juden in tiefer Freundschaft verbunden zu sein, wird er doch gleich zu Anfang als Nathans „Schachgesell" (I/2) vorgestellt.

Die Pointe dieser Al-Hafi-Szenen liegt somit auf der Hand: Lessing wollte offensichtlich neben Saladin und Sittah einen Muslim porträtieren, der authentische muslimische Spiritualität im Geiste des

Sufismus verkörpert: die Dialektik von Bettelei und Königtum und die daraus folgende universale Toleranz. Eine Dimension des Islam sollte zum Leuchten kommen (vergleichbar der eremitisch-spirituellen Dimension im Christlichen durch den Klosterbruder), bei der Menschen aus radikaler Gottergebenheit zu Machtkritik, Weltverzicht und universaler Menschlichkeit fähig sind. Und es ist ja genau diese Gottergebenheit, die es diesem Muslim möglich macht, das Machtspiel der Welt kritisch zu durchschauen und es zugleich durch Ausstieg zu überwinden.

2. Sittah als Partnerin und Muslimin

Mit dem Geschwisterpaar Saladin und Sittah haben wir – neben Nathan – die religionstheologisch und religionspolitisch aufregendsten Figuren des ganzen Stückes vor uns. Und zwar nicht deshalb, weil hier in einem deutschen Drama ideale Fürsten dargestellt wären, sondern weil diese idealen Fürsten *Muslime* sind. Darin dürfte eine zweite Herausforderung Lessings an seine christliche Umgebung gelegen haben, in der nicht nur über Jahrhunderte antijüdische, sondern auch antiislamische Stereotypen sich festgesetzt hatten: Neben einem „weisen" Juden steht das Idealbild von Muslimen, von „Ungläubigen", die zu überlegener Toleranz, gerechter Herrschaft und sympathischer Menschlichkeit fähig sind.

Die Dimension der Geschwisterlichkeit

Diese sympathische Menschlichkeit kommt im Stück schon dadurch zum Ausdruck, dass Lessing bei diesen Fürsten eher die private Dimension zeigt, weniger die Praxis öffentlicher Macht. Bewusst lässt der Dramatiker seine beiden wichtigsten Muslime stets *als Geschwister* auftreten; in 11 von 13 ihnen gewidmeten Szenen treten Saladin und Sittah gemeinsam auf. Selbst bei der entscheidenden Begegung Saladins mit Nathan (III/5-7) sitzt Sittah ausdrücklich im „Nebenzimmer" und dürfte so alles mitbekommen haben; in der entscheidenden Szene Saladins mit dem Tempelherrn (IV/4) wird Sittahs

Präsenz sogar ausdrücklich erwähnt, verschleiert „seitwärts auf einem Sofa" sitzend.

Gewiss: Der Dramatiker Lessing „brauchte" zweifellos einen Dialogpartner für Saladin, aber hinter der Wahl einer Schwester steckt mehr als dramaturgische Notwendigkeit. Sie unterstreicht zugleich die in diesem Stück so betonte Familiarität, die hier noch einmal als Geschwisterlichkeit konkretisiert ist. Und Geschwisterlichkeit bedeutet in diesem Fall *Dialogizität in Freundschaft und Zuneigung zueinander*. Ja, wie wichtig Lessings Saladin Geschwisterliebe ist, von der auch Nathan gehört hat (I/2), zeigen die anrührenden Erinnerungen, die im Sultan an die Zeit mit seinem geliebten Bruder Assad hochkommen, als er den Tempelherrn noch einmal wiedertrifft:

„Du bist
Mit Seel und Leib mein Assad. Sieh! ich könnte
Dich fragen: wo du denn die ganze Zeit
Gesteckt? in welcher Höhle du geschlafen?
In welchem Ginnistan, von welcher guten
Div diese Blume fort und fort so frisch
Erhalten worden? Sieh! ich könnte dich
Erinnern wollen, was wir dort und dort
Zusammen ausgeführt. Ich könnte mit
Dir zanken, dass du Ein Geheimnis doch
Vor mir gehabt! Ein Abenteuer mir
Doch unterschlagen: – Ja, das könnt' ich; wenn
Ich dich nur säh', und nicht auch mich. – Nun, mags!
Von dieser süßen Träumerei ist immer
Doch so viel wahr, dass mir in meinem Herbst
Ein Assad wieder blühen soll." (IV/4)

Eine ähnliche Zuneigung besteht auch zu Sittah. Nichts entscheidet Saladin, ohne vorher mit seiner Schwester-Freundin über alles gesprochen zu haben. Und Sittah erweist sich in diesen Gesprächen nicht nur als überaus intelligente und lebenskluge Frau, sondern auch als die aktivere, nach vorne denkende Partnerin. Deshalb verdient diese für eine deutsche Bühne ganz und gar ungewöhnliche Muslimin unsere besondere Aufmerksamkeit.

Eine politisch intelligente Frau

Eingeführt wird Sittah als geschickte und zugleich schlagfertige Schachpartnerin ihres Bruders und zugleich als taktvolle Frau, die ihren Bruder die finanzielle Verlegenheit nicht fühlen lässt, um die sie weiß. Selbst die Spielschulden, die ihr Bruder bei ihr hat, verschwieg sie bisher. Sie löst sie nicht nur nicht ein; sie bezahlt in jüngster Zeit sogar aus ihrem eigenen Vermögen die ganze Hofhaltung ihres Bruders. Mehr noch: Lebensklug, wie sie ist, bringt sie – als die Finanzkrise sich nicht länger verschweigen lässt – den Namen des reichen Juden Nathan ins Spiel. Über ihn ist sie – im Gegensatz zu ihrem Bruder – genau informiert, sowohl über Nathans Geschäftsverbindungen und Finanzquellen wie über seinen Charakter. Keine Sekunde zweifelt sie deshalb an Al-Hafis Bericht über Nathan, dessen Charakterisierung Rückschlüsse auf ihre eigenen Vorlieben zulässt:

„Hinzugefügt, wie frei von Vorurteilen
Sein Geist; sein Herz wie offen jeder Tugend,
Wie eingestimmt mit jeder Schönheit sei." (II/3)

Diese Frau mit dem „ruhigen und schnellen Blick" nicht nur beim Schachspiel also ist es, die ihren Bruder dazu bringt, sich Nathans zu bedienen. Hier geht sie mit allem Selbstbewusstsein einer Fürstin vor, die mit Untertanen nach Gutdünken zu verfahren pflegt, ohne freilich kalt und berechnend zu sein. Zwar horcht man als Leser auf, wenn der eigene Bruder gegenüber Sittah Gewaltlosigkeit im Vorgehen sicherstellen muss (was Rückschlüsse auf frühere Praktiken erlauben mag), aber Sittahs Reaktion auf diese Sicherstellung ist eher gelassen und souverän als menschenverachtend und skrupellos:

„Ja, was heißt
Bei dir Gewalt? Bei Feu'r und Schwert? Nein, nein,
Was braucht es mit den Schwachen für Gewalt,
Als ihre Schwäche? – Komm vor itzt nur mit
In meinen Haram, eine Sängerin
Zu hören, die ich gestern erst gekauft.
Es reift indes bei mir vielleicht ein Anschlag,
Den ich auf diesen Nathan habe. – Komm!" (II/3)

So geht es denn auch auf Sittahs Einfluss zurück, dass Saladin mit

Nathan in der entscheidenden Begegnung des 3. Aktes nicht plump fordernd, sondern klug vorgeht. Wieder ist Saladin der Unsichere, Sittah die Entschiedene, die ihrem Bruder „als Mann" eine Lektion in Menschenführung und geschickter Verhandlung erteilt:

> „Trau dir auch nur nicht zu wenig!
> Ich stehe dir für dich! Wenn du nur willst. –
> Dass uns die Männer deines gleichen doch
> So gern bereden möchten, nur ihr Schwert,
> ihr Schwert nur habe sie so weit gebracht.
> Der Löwe schämt sich freilich, wenn er mit
> dem Fuchse jagt: – des Fuchses, nicht der List." (III/4)

Worauf Saladin sich die „männliche" Antwort in diesem geistreichen Mann-Frau-Spiel der Geschwister nicht verkneifen kann:

> „Und dass die Weiber doch so gern den Mann
> Zu sich herunter hätten! – Geh nur geh! –
> Ich glaube meine Lection zu können." (III/4)

In alldem erweist sich Sittah gegenüber ihrem Bruder als die Aktivere, Drängendere, Planendere, kurz: als *politisch intelligente Frau*, als eine „ältere orientalische Minna" von Barnhelm (E. Schmidt). Im Gegensatz zu ihrem oft ahnungslosen und passiven Bruder hat sie Über- und Durchblick. Und nachdem sie des Tempelherrn Enthüllungen über Recha als „Christenkind" mitbekommen hat (IV/4), ist sie es, welche die Initiative ergreift, um Recha zu empfangen. Sie ahnt die Probleme und denkt eine Lösung voraus, die ihr Bruder dann tatsächlich anbieten wird: Recha möge ihn als geistigen Vater annehmen, nachdem ihre leibliche Vaterschaft so zweifelhaft geworden ist („Sobald der Väter zwei / Sich um dich streiten: lass sie beide; nimm / Den dritten! – Nimm dann mich zu deinem Vater!": V/7). In der Schlussszene des Stücks ist Sittah diejenige, die als erste begreift: Curd und Recha sind Geschwister. Spontan geht sie auf beide zu, um ihnen „ihre Teilnehmung zu bezeigen" (V/8). Und auch die Tatsache, dass Curd und Recha nicht nur Geschwister, sondern dass sie, Sittah, jetzt deren Tante ist, hat diese erstaunliche Frau geahnt. Ihre Reaktion ist bezeichnend: „Was hör' ich! – Konnts auch anders, anders sein! –" (V/8)

Erstaunlich ist auch Sittahs Profil als Muslimin. Gewiss: Von einer religiösen Praxis erfahren wir bei Sittah nichts, wohl aber von einer geistigen Prägung, wie sie klassischer muslimisch nicht sein könnte. Dabei zeugt es noch einmal von Lessings religionstheologischer Strategie, dass er das Verhältnis von Christsein und Menschsein gerade nicht Christen, sondern seine *Muslime* reflektieren lässt, konkret seine Muslimin. Christen wird auf diese Weise (ausgerechnet von den so verachteten Muslimen!) kritisch der Spiegel vorgehalten. Muslime werden ob ihrer klaren Sicht der Dinge aufgewertet. So lässt Lessing gleich zu Beginn ihres allerersten Auftritts (II/1) Saladin und Sittah über das Christentum nachdenken, und ihre Bilanz fällt zwiespältig aus. Wir haben von der Ausgangskonstellation gehört: Saladin hatte sich (was sogar historisch verbürgt ist) der Vorstellung hingegeben, er könne seinen Bruder Melek mit der Schwester des englischen Königs Richard (Johanna von Sizilien) vermählen und gleich auch noch seine Schwester Sittah mit einem Bruder Richards. Aus dieser Verbindung hätten „Menschen" entstehen können, phantasiert der Sultan – eine Sekunde lang. Es ist aber Sittah, welche die *religionstheologische Begründung* dafür liefert, warum diese Vorstellung nur ein „schöner Traum" bleiben kann. Ihre Argumente sind gut in der muslimischen Tradition begründet:

> „Du kennst die Christen nicht, willst sie nicht kennen.
> Ihr Stolz ist: Christen sein; nicht Menschen. Denn
> Selbst das, was, noch von ihrem Stifter her,
> Mit Menschlichkeit den Aberglauben würzt,
> Das lieben sie, nicht weil es menschlich ist:
> Weils Christus lehrt; weils Christus hat getan. –
> Wohl ihnen, dass er so ein guter Mensch
> Noch war! Wohl ihnen, dass sie seine Tugend
> Auf Treu und Glaube nehmen können! – Doch
> Was Tugend? – Seine Tugend nicht; sein Name
> Soll überall verbreitet werden; soll
> Die Namen aller guten Menschen schänden,
> Verschlingen. Um den Namen, um den Namen
> Ist ihnen nur zu tun." (II/1)

Klassisch muslimisch ist an diesen Aussagen die Diskrepanz von Lob Jesu und Kritik der Christen, wie sie im Koran breit bezeugt ist.[113] Klassisch muslimisch ist auch die Empfindlichkeit gegenüber christlichen Exklusivitätsansprüchen. Statt dass Christen die Tugend ihres Stifters leben, wollen sie Andersgläubigen ihren Glauben aufzwingen. Diese Praxis der „Verbreiterung" des christlichen Glaubens aber führt dazu, dass die Namen aller anderen „guten Menschen" geschändet, ja „verschlungen" würden. Nicht Liebe zu anderen Menschen im Geiste des Stifters, was ein Geltenlassen anderer Glaubensformen nebeneinander einschlösse, ist die Praxis der Christen, sondern ein Trachten nach Auslöschung anderer Glaubensexistenzen durch Bekehrung und Taufe und damit nach völliger Durchsetzung der christlichen als der exklusiv wahren Religion.

Klassisch muslimisch ist schließlich auch der Rekurs auf die Schöpfungsordnung Gottes im Gespräch Sittah – Saladin:

Saladin:
„Du meinst, warum
Sie sonst verlangen würden, dass auch ihr,
Auch du und Melek, Christen heißet, eh'
Als Ehgemahl ihr Christen lieben wolltet?
Sittah:
„Ja wohl! Als wär' von Christen nur, als Christen,
Die Liebe zu gewärtigen, womit
Der Schöpfer Mann und Männin ausgestattet!" (II/1)

Im Klartext: Gott, der Schöpfer, hat *alle* Menschen, Christen oder Nichtchristen, von Anfang an mit Liebesfähigkeit ausgestattet. Christen aber lassen die Liebe nur gelten, wenn sie zwischen Christen gelebt wird. Wer von Christen geliebt sein will, muss vorher Christ werden. Lessing also lässt seine Muslimin schöpfungstheologisch argumentieren und damit auf einen göttlichen Ursprung verweisen, der allen geschichtlichen Offenbarungsreligionen vorausliegt. Er wusste dabei selbstverständlich, was er tat. Dass er hier seine eigenen theologischen Interessen in muslimischem Gewande präsentiert, ist leicht durchschaut. Wer schöpfungstheologisch argumentiert, will bewusst das klassisch-christliche heilsgeschichtliche Argumentationsmuster unterlaufen, etwa den „(Erb-)Sünde-Gnade-Erlösungszusammenhang" (M. Fick), Grundlage der klassischen Christologie, die gerade auch von der lutherischen Theologie stark vertreten wurde und wird. Eine solche Erlösungstheologie aber führt in Lessings Verständnis:

(1) im Blick auf Nichtchristen zu einer heilsnotwendigen Bekehrungs- und Taufforderung, gehen Menschen aufgrund der Erbsünde bekanntlich „verloren", wenn sie nicht vorher diesen Makel durch die Taufe haben „abwaschen" lassen. Die nichtchristliche „Heidenwelt" war von daher (gut augustinisch-lutherisch) eine „massa damnata". Lessing spiegelt, wie wir hörten, diesen christlichen Bekehrungszwang an der Figur der Daja, der Gesellschafterin für Recha, die ihr Pflegekind „aus Liebe" quälen muss, von Angst getrieben, sie ginge als Judenkind sonst „verloren".

(2) im Blick auf Christen zu einer heilsgewissen Selbstzufriedenheit und Überlegenheit. Nicht von ungefähr fällt an dieser entscheidenden christenkritischen Stelle das Schlüsselwort *„Stolz"*. Hatte der Tempelherr als *Christ* den Juden Stolz vorgeworfen im Anspruch, nur ihr Gott sei „der rechte Gott" (II/5), so lässt Lessing nun seine Muslimin denselben Stolz Christen vorwerfen: nur „Christen" wollten sie sein, nicht „Menschen"! Während des „Fragmenten-Streits" mit seinen protestantischen Gegnern (um die Reimarus-Schriften) hatte Lessing selber einmal dieses Argument benutzt. In seiner „Duplik" gegen Johann Heinrich Ress in der ersten Runde des „Streits" hatte er geschrieben: „Der Besitz der Wahrheit macht ruhig, träge, stolz" (VIII, 510).

Diese grundlegende eigene Überzeugung legt Lessing hier einer Muslimin in den Mund. Ausgerechnet sie lässt er sagen: Religiöse Überzeugungen können Menschen zur Unmenschlichkeit verleiten. Konkret: Christusglauben vermag Menschen nicht menschlicher, sondern herzenshärter, unduldsamer, ja gewalttätiger zu machen. Was umgekehrt heißt: Nirgendwo deutlicher als hier dokumentiert Lessing seine Überzeugung, dass Muslime Anwälte von Vernunft und Menschlichkeit sein *können*. Nirgendwo aber auch deutlicher, dass für ihn das Zentrum des Christlichen nicht der „(Erb-)Sünde-Gnade-Erlösungszusammenhang" ist, sondern die „Tugend", sprich: Praxis der Liebe und Barmherzigkeit im Geist des Stifters Jesus selber.

Für die Einschätzung der originären dramaturgischen Leistung Lessings ist dabei wichtig zu wissen: Die Figur der Sittah war ihm weder durch literarische Vorbilder[114] noch durch seine historischen

Quellen in dieser Weise vorgegeben. Nur so viel gab die Hauptquelle Lessings, die „Histoire de Saladin" (1758) des französischen Historikers *Françoise Louis Claude Marin,* her:

> „Saladin ließ allen Armen, selbst den dürftigen Christen, die sich in der Stadt befanden, Almosen austeilen. Da er in seinem Leben alles vergeben und für sich nichts zurück behalten hatte, so war man (nach seinem Hinscheiden) genötigt, seine Juwelen und seinen Hausrath zu verkaufen. Eine von seinen Schwestern (sie hieß Sill-alscham oder Sillah Alscham), welcher dieses Werk der Liebe aufgetragen war, legte ihre eigenen Gerätschaften dazu, um diese Almosen desto reichlicher zu machen."[115]

Damit hatte Lessing wenigstens zwei Anhaltspunkte: *erstens* die Existenz einer Schwester Saladins und *zweitens* einen Schwester und Bruder offensichtlich vereinigenden Geist praktischer Barmherzigkeit, der sogar Religionsgrenzen überschritt. Alles andere ist Lessings Werk. Die Figur des Saladin konnte er in seinen Quellen weitgehend „finden", Sittah musste er er-finden.

3. Saladin als Sultan und Muslim

Könnte man Lessing bei der Figur der Sittah den Vorwurf der Geschichtsklitterung machen, so ist dies im Fall von Saladin schon von den *Quellen* her nicht möglich. Denn sowohl muslimische wie christliche Geschichtsschreiber loben schon früh diesen *Sultan Salah-ad-Din* (1138–1193) wegen seiner Ritterlichkeit im besten Sinne des Wortes. Auch heutige kritische Geschichtsschreibung hält daran im Prinzip fest.[116] Dieser einer kurdischen Familie entstammende Mann, Sohn des Aijub, war zu seiner Zeit im Raum zwischen Damaskus, Jerusalem und Kairo ein überlegener militärischer Stratege und Kämpfer, ein tatkräftiger Dynastiegründer (1171 Beendigung der Herrschaft der Fatimiden in Ägypten und Gründung der Aijubiden) und ein entschlossener Eroberer: 1174 Besetzung von Damaskus; 1183 von Aleppo; 1191 von Jerusalem. Wichtig auch: Saladin gilt schon früh in den Quellen bei allem Kritischen als ein Mann mit positiven Charaktereigenschaften wie Großzügigkeit und Gerechtigkeit.

Diesmal hatte Lessing seine orientalistischen Schulaufgaben besonders gründlich gemacht. Er studiert – neben der „Bibliothèque Orientale" – eine lateinische Ausgabe des Lebens Saladins, die der Leidener
Orientalist *Albert Schultens* 1732 aus der Weltgeschichte Abu'l-Fedas
herausgegeben hatte. Er studiert eine Orient-Beschreibung von
Olfert Dapper, die schon 1712 „zur Erläuterung der Heiligen Schrift"
herausgekommen war. Er zieht Voltaire heran, dessen Schrift über
Saladin und die Kreuzzüge er in jungen Jahren selber übersetzt
hatte.[117] *Voltaires Saladin-Bild* stand ganz im Zeichen der Großmut,
Religionstoleranz und sozialen Mildtätigkeit des Sultans gegenüber
Menschen anderer Religionen. Großes Lob hatte Voltaire diesem
Herrscher zu spenden gewusst: Er sei zugleich ein „Bezwinger, ein
Mensch und ein Philosoph" gewesen. Und dieses Lob war wie immer
bei Voltaire mit einer christentumskritischen Spitze versehen:

> „Aber ungeachtet seines Eifers für seine Religion, gab er doch den
> morgenländischen Christen die Kirche des heiligen Grabes wieder.
> Wenn man dieses Bezeigen mit der Christen ihrem, als sie Jerusa-
> lem einnahmen, in Vergleichung zieht, sieht man leider! wer die
> Barbaren seyn." (IX, 1158)

Damit zeichnet Voltaire das Saladin-Bild der Aufklärung vor. Mit diesem Herrscher hatte man offensichtlich das Musterbeispiel eines „um
religiöse Unparteilichkeit bemühten ‚edlen Heiden' " vor Augen, der
„in Darstellungen des 18. Jahrhunderts fast zu einer Vorwegnahme
des aufklärerischen Toleranzideals" wurde.[118]

Das wird bestätigt durch das Saladin-Porträt, das Lessing bei *Fran-
çois Louis Claude Marin* findet. Auf Einzelheiten ist hier nicht einzugehen (Texte: IX, 1160-1176), aber ein Grundzug ist bei diesem französischen Historiker erwähnenswert, den auch schon Voltaire angedeutet hatte: die Verbindung des Saladin-Lobs mit einer leidenschaft-
lichen *Kritik an allen Perversionen des Christentums* im Zeitalter der
Kreuzzüge. Immer wieder arbeitet auch Marin den Kontrast heraus
zwischen einem sittlich vorbildlichen Muslim wie Saladin und den
sittlich verwahrlosten Christen, die ausgerechnet in Palästina, der
Wiege ihrer Religion, durch die Art, wie sie das Christentum dort
verteidigten, „von dem Christentume abfielen, um es zu zerstören".

(IX, 1163). Dabei lässt Marin keinen Zweifel an seiner grundsätzlich negativen Einstellung gegenüber dem Islam. Wie für Voltaire ist auch für ihn Mohammed nach wie vor ein „Betrüger", und die Muslime sind „Anhänger eines Betrügers". Und doch kommt der Historiker nicht um die Feststellung herum: Wo Tugend gelebt wird, muss man sie Tugend nennen, praktiziert von wem immer. Schande bleibt Schande, auch wenn sie von einem Christen begangen; Tugend bleibt Tugend, auch wenn sie von einem Muslimen praktiziert wird. Marin wörtlich:

> „Ja: ich werde sagen, dass ein Patriarch, der öffentlich eine Maitresse unterhält, ein Mensch ohne Sitten ist; dass eine Nation, die sich ungescheuet den Schandthaten und den niederträchtigsten Lastern überlässt, eine verdorbene und boshafte Nation ist; dass Fürsten, die kein Gesetz, keinen Eidschwur, keinen Friedensschluss halten, meineidig und bundbrüchig sind; und dass Muhammedaner, sie mögen so muhammedanisch seyn als sie wollen, wenn sie große Tugenden üben, große Männer sind. Die erste Pflicht eines Geschichtsschreibers, sagt einer der scharfsinnigsten Schriftsteller der Alterthums, ist diese, dass er sich nicht scheuet, die Wahrheit zu sagen." (IX, 1162f)

Und zu dieser Wahrheit gehört nach Marin im Fall von Saladin: Dieser Mann ist einer der großmütigsten Herrscher seiner Zeit gewesen, fähig zum Mitleid gegenüber Gefangenen, zur Freigiebigkeit gegenüber Unterdrückten, zur Toleranz gegenüber Andersgläubigen, zur Gerechtigkeit ohne Ansehen der Person. Kurz: Zu Saladins „eigentümlichem Charakter" gehörten nach Marin „Milde, Wohltätigkeit, Menschenliebe, Religion, Gerechtigkeit, Freigiebigkeit" (IX, 1175). Religion? Ja, auch Religion.

Denn anders als Voltaire legt Marin größten Wert auf die Feststellung, dass Saladin ein *frommer Muslim* gewesen sei. Er habe die Vorschriften des Koran mit so viel Gewissenhaftigkeit beobachtet, dass die Muslime ihn unter die Zahl ihrer Heiligen versetzt hätten. Er habe gelebt und sei gestorben als ein „frommer und andächtiger Herr". Er habe Gelehrte, Redner und Dichter an seinen Hof kommen lassen, aber auch die berühmtesten Lehrer des muslimischen Gesetzes:

„er suchte nämlich alle muhammedanische Traditionen, die Erklärungen des Korans, den mannigfaltigen Sinn der Ausleger, die verschiedenen Meynungen der Schulen kennen zu lernen, und fand
ein Vergnügen daran, über diese Materien mit den Priestern und
Cadhis zu disputiren." (IX, 1176)

Getragen war dies bei Saladin offensichtlich von der religiösen Überzeugung, dass Gott selbst „die Quelle alles Guten" sei. Marin überliefert ein entsprechendes Mahnwort des Sultans an einen seiner Söhne.
In diesem „Fürstenspiegel" wird indirekt auch sein Anspruch an sich
selber lebendig:

> „Ich ermahne dich daher, mein Sohn, und dies soll mein letzter Wille
> seyn, liebe, ehre Gott, der die Quelle alles Guten ist, und halte die
> Gebote seines Gesetzes, denn darauf beruhet deine ganze Wohlfahrt.
> Schone des Menschenbluts, damit es nicht gegen dein eigenes Haupt
> sprütze: vergossenes Blut bleibt niemals ohne Rache. Bestrebe dich,
> das Herz und die Hochachtung deiner Unterthanen zu gewinnen;
> lass ihnen Gerechtigkeit widerfahren; sorge für ihren Nutzen, wie für
> deinen eigenen Nutzen. Du wirst dereinst Gott von diesem Pfande,
> welches ich dir heute in seinem Namen anvertraue, Rechenschaft
> geben müssen … Wir sind alle sterblich; o mein Sohn, lass daher kei-
> nen Groll, keinen Hass gegen jemanden, er mag seyn wer es will, in
> deiner Seele Wurzel schlagen. Hüte dich insonderheit niemals einen
> Menschen zu beleidigen. Die Menschen vergessen das erlittene
> Unrecht nicht, bis sie sich gerächet oder eine Genugthuung erhalten
> haben, da hingegen Gott uns auf eine bloße Reue unsere Fehler ver-
> giebt; denn er ist wohlthätig und barmherzig." (IX, 1172f)

Keine Idealisierung

Und Lessing? Gewiss: als Dramatiker nimmt er sich die Freiheit, sich
„über alle Chronologie hinweg" zu setzen (IX, 660). Aber bemerkenswert ist, dass Lessing in seinem Saladin-Bild mehr zu Marin als
zu Voltaire neigt. Bei seinen Vorarbeiten hatte er sich zum Beispiel
einen Satz von Marin über *Saladin als Muslim* aufgeschrieben:

> „Unter den Titlen, deren sich Saladin bediente, war auch ,Besserer
> der Welt u. des Gesetzes.'" (IX, 659)

Ebenso eine Bemerkung über Saladins Bescheidenheit:

„Saladin hatte nie mehr als *ein* Kleid, nie mehr als ein Pferd in seinem Stalle. Mitten unter Reichtümern u. Überfluss freute er sich einer willigen Armut. H.331. Ein Kleid, ein Pferd, einen Gott! Nach seinem Tode fand man in des Saladins Schatze mehr nicht als einen Ducaten u. 40 silberne Naserinen." (IX, 660)

Dem entspricht die bei Voltaire überlieferte Information, die in Lessings Übersetzung so lautet:

„Er hatte in seiner letzten Krankheit, statt der Fahne, die man vor seine Thüre zu pflanzen pflegte, das Tuch, darinnen man ihn begraben sollte, bringen lassen. Der, welcher die Todesfahne hielt, rufte mit lauter Stimme aus: ‚das ist alles, was Saladin, der Bezwinger des Orients, von seinen Siegen davonträgt'."[119]

Im Drama allerdings idealisiert Lessing den Sultan keineswegs. Ich fasse das Wichtigste knapp zusammen.

(1) *Negative Seiten von Saladins Praxis* werden nicht verschwiegen. Wir erfahren: Als oberster Feldherr pflegt der Sultan mit seinen christlichen Gegnern in der militärischen Auseinandersetzung durchaus grausam zu verfahren. Dass er den einen Tempelherrn verschont, ist eine Ausnahme, rein subjektiv bedingt. Zwar ist das negative Saladin-Bild des Patriarchen leicht als hasserfüllte Projektion zu durchschauen („Feind der Christenheit": I/5), aber auch für Nathan ist diese Begnadigung kein „geringes Wunder" (I/1), weiß er doch von der üblichen Praxis dieses Sultans: „Wer hat schon gehört, dass Saladin / Je eines Tempelherrn verschont?" (I/2).

(2) Auch in seiner *sozialen Aktivität* wird Saladin zwiespältig gesehen, und zwar von dessen eigenem Vertrauten Al-Hafi, wie wir gehört haben. Dieser hat Saladins „gutherzigen Wahn" durchschaut, Almosen in einem Maße zu verschenken, dass seine Kasse ständig leer ist, um dann diese defizitäre Freigiebigkeit durch Unterdrückung anderer zu kompensieren. Al-Hafi nennt das „Geckerei", was so viel wie Narretei, eitles Gebaren meint. Saladin spielt gern Gott, ohne dessen Ressourcen zu haben. Al-Hafis Saladin-Kritik könnte schonungsloser nicht sein:

„Bei Hunderttausenden die Menschen drücken,
Ausmärgeln, plündern, martern, würgen; und
Ein Menschenfreund an Einzeln scheinen wollen?
Es wär' nicht Geckerei, des Höchsten Milde,
Die sonder Auswahl über Bös' und Gute
Und Flur und Wüstenei, in Sonnenschein
Und Regen sich verbreitet, – nachzuäffen,
Und nicht des Höchsten immer volle Hand
Zu haben? Was? es wär' nicht Geckerei …" (I/3)

Selbstgenügsamkeit in Gottergebenheit

Diese Kritik an der militärischen und sozialen Praxis Saladins lässt
Lessing aber nicht durchschlagen auf die Ebene der Religion, auf
Saladins *Selbstverständnis als Muslim.*[120] Gewiss: Bei der Zeichnung
des religiösen Profils ist Lessing bei Saladin so sparsam wie bei
Nathan oder Sittah. Über dessen konkrete religiöse Praxis als Muslim
erfahren wir (im Gegensatz zu Marin) im Stück so gut wie nichts,
nichts vom Gesetzesislam (Sharia), nichts von konkreten Gelehrten
und Gesetzeslehren, nichts von privaten religiösen Übungen, nichts
von Koran-Lektüre. Aber das eine erfahren wir doch: Auch bei Lessing ist Saladins Leben tief in seinem Gottesglauben verwurzelt, und
dieser Gottesglaube führt auch bei ihm zu einer – für einen Herrscher
ungewöhnlichen – *Selbstgenügsamkeit, gegründet in Gottergebenheit.* So lässt der Autor auch im Stück seinen Saladin sagen:

„Ein Kleid, Ein Schwert, Ein Pferd, – Und Einen Gott!
Was brauch' ich mehr? (…) Mir, für mich
Fehlt nichts und kann nichts fehlen. (…)
Ein Pferd, Ein Kleid, Ein Schwert, muss ich doch haben.
Und meinem Gott ist auch nichts abzudingen.
Ihm gnügt schon so mit wenigen genug;
Mit meinem Herzen." (II/2)

Eine Aussage, die so ganz im Kontrast steht zur Prunkverliebtheit des
obersten Christen in Jerusalem, der selbst einen Krankenbesuch „mit
allem geistlichen Pomp" zu inszenieren pflegt.

Dieser Verbindung von Gottergebenheit und Selbstgenügsamkeit aber entspricht bei Lessings Saladin durchaus ein für Muslime typisches *religiöses Selbstbewusstsein* gegenüber Christen. Auch hier steht die Vernunftgemäßheit des Islam im Vordergrund, während an Christen der Vorwurf ergeht, einem „Aberglauben" nachzuhängen oder an „Armseligkeiten" zu glauben. Und wir wissen spätestens nach der „Cardanus"-Schrift (1754), dass diese Vernunftgemäßheit des Islam auch Lessings eigene Überzeugung war. Der Dramatiker betreibt somit auch hier ein Stück *Christenkritik*, wenn er seinen Muslim im Blick auf das christliche Liebesverständnis sagen lässt:

> „Die Christen glauben mehr Armseligkeiten,
> Als dass sie *die* nicht auch noch glauben könnten!" (II/1)

Und zugleich betreibt Lessings Muslim *Christenverteidigung*, nimmt doch Saladin seiner Schwester gegenüber Christen auch in Schutz:

> „Und gleichwohl irrst du dich. – Die Tempelherren,
> Die Christen nicht, sind Schuld: sind nicht, als Christen,
> Als Tempelherren Schuld. Durch die allein
> Wird aus der Sache nichts. Sie wollen Acca,
> Das Richards Schwester unserm Bruder Melek
> Zum Brautschatz bringen müsste, schlechterdings
> Nicht fahren lassen." (II/1)

Wichtig auch: Als entschiedener Muslim ist Lessings Saladin offensichtlich noch auf der *Suche nach der wahren Religion*, zumindest nach vernünftigen Gründen für seinen Glauben.[121] Nicht zufällig stellt er Nathan eine Frage dieser Art, die trotz allen Spiels auch persönlich ernst gemeint sein dürfte. Saladin will Einsicht – und dies nicht nur aus vorgeschobenen Gründen; er will Argumente. Und da er sie von Nathan bekommt, lässt er sich überzeugen, auch wenn sie anders ausfallen als erwartet. Mehr noch: Saladins religiöse Grundhaltung kommt auch dadurch zum Ausdruck, dass er es ablehnt, am Ende der Ringparabel der Richter zu sein, der über die wahre Religion entscheiden könnte, obwohl Nathan ihm diese Rolle durchaus anbietet. Saladin aber nimmt sich zurück:

> „Ich Staub? Ich Nichts?
> O Gott! …

Nathan, lieber Nathan! –
Die tausend tausend Jahre deines Richters
Sind noch nicht um. – Sein Richterstuhl ist nicht
Der meine. – Geh! – Geh! – Aber sei mein Freund." (III/7)

Distanz zum Islam der Imame

Diesem Muslimsein aus der Grundhaltung der Gottergebenheit und
Selbstbescheidung, dieser Gläubigkeit des Fragens und Suchens entspricht auch bei Lessings Saladin eine gewisse *Distanz zum institutio-*
nalisierten Islam der Geistlichkeit. Wir erinnern uns, dass es Saladin
war, der den Tempelherrn nicht nur vor den „Schwärmern" des
christlichen „Pöbels", sondern auch vor einer bestimmten „Geistlichkeit" gewarnt hatte (IV/4). An einer einzigen Stelle blitzt diese Distanz auch bei Saladin selber innermuslimisch auf. Als der Sultan
schon in seiner ersten Auftrittsszene (II/1) sein Schachspiel vorzeitig
verloren gibt, liefert er neben seiner Zerstreutheit auch diesen seltsa-
men Grund:

„Und dann: wer giebt uns denn die glatten Steine
Beständig? die an nichts erinnern, nichts
Bezeichnen. Hab' ich mit dem Imam denn
Gespielt?" (II/1)

Diese der Forschung lange Zeit „dunkle" Stelle lässt sich durch
eine Passage in George Sales „Discourse" zu seiner Koran-Übersät-
zung erhellen.[122] Sie dürfte Lessing bei dieser Szene vor Augen
gestanden haben:

„Spielen ist durch den Koran verboten … wie Würfel, Karten und
Brettspiele usw. … Schach ist fast das einzige Spiel, das die muslimischen Gelehrten gesetzlich erlauben …, weil es völlig von den
Fähigkeiten und den Übungen abhängt und nicht von Zufällen.
Aber Schach ist nur unter bestimmten Einschränkungen erlaubt:
dass es kein Hindernis darstellt bei den regulären Frömmigkeits-
übungen und dass weder für Geld noch für andere Dinge gespielt
oder gewettet wird. Das Letztere beachten die Türken und Sunniten streng religiös; die Perser und Mogulen dagegen nicht. Was
aber Mohammed offensichtlich hauptsächlich missfiel beim

Schachspiel, waren die geschnitzten Steine oder Figuren, mit denen die heidnischen Araber gespielt hatten: seien es kleine Menschenfiguren oder Elefanten, Pferde oder Dromedare … Deshalb erklären die muslimischen Gelehrten, dass das Spiel nur wegen der Abbilder verworfen wurde. Aus diesem Grunde spielen die Sunniten stets mit glatten Steinen aus Holz oder Elfenbein; die Perser und Inder dagegen machen weiterhin von geschnitzten Figuren Gebrauch."[123]

Damit ist Lessings Text so zu verstehen: Mit Sittah hatte Saladin Schach gespielt, als hätte er den Imam vor sich, den offiziellen Religionsrepräsentanten des Islam. Mit diesem pflegt er nur mit den offiziell erlaubten, abbildlosen Steinen zu spielen. Kein Wunder, dass er verliert, denn die offiziellen Schachsteine, die meist nur eine Wertbezeichnung tragen, sind schwieriger zu handhaben; bei Unkonzentriertheit verliert man noch leichter. Zugleich aber deutet Saladin an, dass er selber im privaten Gebrauch so religiös skrupulös nicht ist oder sein müsste. Gegenüber dem Imam muss die Form gewahrt werden; man selber fühlt sich frei.

Das Zukunftsziel: Menschsein durch Muslimsein

So entspricht Saladins Grundhaltung (Analoges gilt für Sittah) exakt der des idealen Juden und des idealen Christen in diesem Stück. So wie Nathan mehr auf das „Menschsein" des Menschen denn auf das Jude- oder Christsein setzt (II/5); so wie der Klosterbruder und der Tempelherr vor „Jude" und „Christ" der Liebe Priorität geben (V/5), so wird aus der Kritik Sittahs an den Christen („ihr Stolz ist: Christen sein; nicht Menschen": II/1) sowie der Selbstzurücknahme in die Demut und der Betonung innerer Freiheit gegenüber dem Gesetzesislam die religiöse Grundhaltung der beiden Muslime erschließbar. Saladin ist ähnlich wie der Tempelherr und Nathan vom „Gleichviel" der Religionen überzeugt:

„Als Christ, als Muselmann: gleich viel!
Im weißen Mantel, oder Jamerlonk;
Im Tulban, oder deinem Filze: wie

Du willst! Gleich viel! Ich habe nie verlangt,
Dass allen Bäumen Eine Rinde wachse." (IV/4)

Auch die beiden Muslime lassen somit eine Menschlichkeit erkennen, die sie in und durch ihr Muslimsein leben. Beide verkörpern eine *muslimisch geprägte Humanität*. Schon früh erkannt hat dies Elise, die Tochter von Hermann Samuel Reimarus, Hamburger Freundin Lessings gerade in den schweren letzten Jahren. Im Mai 1779 schreibt sie nach Wolfenbüttel:

> „Tausend Gotteslohn für Ihren *Nathan*, lieber Lessing! Lange, lange muss kein Trunk Wassers in einer dürren Sandwüste so verschluckt worden sein, so gelabt haben als dieser uns. – Ob wir zufrieden sind? … So ein Jude, so ein Sultan, so ein Tempelherr, so eine Recha, Sittah – was für Menschen! Gott! wenn es deren viele von ordentlichen Vätern geboren gäbe, wer möchte nicht so lieb auf Erden als im Himmel leben, da, wie Sie ganz recht bemerken, der Mensch dem Menschen doch immer lieber bleibt als der Engel. Sie haben Wort gehalten; eins Ihrer rührendsten Stücke ist *Nathan* geworden."[124]

4. Strategische Aufwertung des Islam

Vergegenwärtigt man sich noch einmal die innere Gewichtung der Figuren, spricht vieles für unsere Grundthese: Zwar vollzieht das Drama – in radikaler Kritik am gesellschaftlichen und kirchlichen Antijudaismus – eine strategische Aufwertung eines Juden als „edlen Helden" und damit des jüdischen Humanismus als einer legitimen religiösen Grundoption, aber nicht hier liegt seine Originalität. Sie liegt in der strategischen Aufwertung von Muslimen und damit eines islamischen Humanismus als religiöser Grundhaltung.

Keine naive Idealisierung

Ich erinnere an das Wort „kalkulierte" oder „strategische Aufwertung" des Verachteten – als Gegensatz zu einer naiven Idealisierung, die auf geschichtlicher Ahnungslosigkeit, sachlicher Inkompetenz und mangelndem komplexen Denken beruht. Noch einmal sei es gesagt: Wer Personen, Religionen oder Kulturen strategisch aufwertet, muss nicht alle Dimensionen dieser Phänomene präsentieren noch sich mit den betreffenden Personen, Religionen oder Kulturen identifizieren. Er muss nicht – z. B. in unserem Fall – den ganzen Islam behandeln, alle Bereiche und Komplexe. Er muss sich nicht zum Islam bekennen. Der will in einem Negativ-Kontext durch bewusste Hervorhebung des Positiven kritisch wirken; will Stereotypen durchbrechen, Vorurteile überwinden, Gerechtigkeit im Urteil herstellen. Der sieht eine gängige Praxis verurteilender Abqualifizierung und setzt ihr gezielt ein positives Bild gegenüber, nicht weil er die Wirklichkeit (hier des Islam) nur rosig oder ideal sähe und nicht wüsste, dass es Negatives, Missbräuchliches, Inhumanes, Vernunftwidriges auch in dieser Religion gibt. Er tut dies, weil er in seinem Negativ-Kontext Fingerzeige auf empirisch genauso vorhandene, aber oft ausgeblendete positive Züge geben will. In diesem Sinne – kontextabhängig und damit notwendig selektiv – präsentiert Lessing das Judentum – und dann auch den Islam. Nirgendwo vollzieht er eine Identifikation mit anderen Religionen, aber sein ganzes Werk hindurch streitet er für Komplexität im Denken und Gerechtigkeit im Urteil auch gegenüber Menschen nichtchristlicher Religionen.

Wider den „christlichen Pöbel"

Gegen welchen Kontext Lessing anschreiben musste, macht seine *geplante Vorrede* zum „Nathan" überdeutlich. Sie enthält zwei Aussagen zur Religionsproblematik, die konträr erscheinen, in der Sache aber verbunden sind. Zunächst die negative Aussage:

> „Nathans Gesinnung gegen *alle* positive Religion ist von jeher die *meinige* gewesen. Aber hier ist nicht der Ort, sie zu rechtfertigen."

Und dann folgt gleich im nächsten Abschnitt die Differenzierung:

> „Wenn man sagen wird, dieses Stück lehre, dass es nicht erst von gestern her unter allerlei Volke Leute gegeben, die sich über alle geoffenbarte Religion hinweggesetzt hätten, und doch gute Leute gewesen wären; wenn man hinzufügen wird, dass ganz sichtbar

meine Absicht dahin gegangen sei, dergleichen Leute in einem
weniger abscheulichen Lichte vorzustellen, als in welchem der
christliche Pöbel sie gemeiniglich erblickt: so werde ich nicht viel
dagegen einzuwenden haben.
Denn beides kann auch ein Mensch lehren und zur Absicht haben
wollen, der nicht jede geoffenbarte Religion, nicht jede ganz verwirft. Mich als einen solchen zu stellen, bin ich nicht verschlagen
genug: doch dreist genug, mich als einen solchen nicht zu verstellen.
Wenn man aber sagen wird, dass ich wider die poetische Schicklichkeit gehandelt, und jenerlei Leute unter Juden und Muselmännern wolle gefunden haben: so werde ich zu bedenken geben, dass
Juden und Muselmänner damals die einzigen Gelehrten waren;
dass der Nachteil, welchen geoffenbarte Religionen dem menschlichen Geschlechte bringen, zu keiner Zeit einem vernünftigen
Manne müsse auffallender gewesen sein, als zu den Zeiten der
Kreuzzüge, und dass es an Winken bei den Geschichtsschreibern
nicht fehlt, ein solcher vernünftiger Mann habe sich nun eben in
einem Sultane gefunden." (IX, 665f)

Das also ist der Kontext: Ein „christlicher Pöbel" pflegt Menschen
anderen Glaubens in „abscheulichem Licht" darzustellen. Bereits der
Großvater Theophilus zwei Generationen früher hatte dies beklagt.
Schon er hatte angeschrieben gegen eine Praxis, Andersgläubige „sofort mit Geldbußen, Vertreibung, Schwert, Krieg und anderen Strafen" zu verfolgen, und für Duldung um des Friedens willen plädiert.
Sein Enkel freilich geht einen entscheidenden Schritt weiter: von der
bloßen Duldung zur kalkulierten Aufwertung Andersglaubender
und zur Selbstkritik an der Wirkung des eigenen Glaubens. Deshalb
die Betonung kultureller Leistungen von Menschen anderer Religionen (immer wieder der Hinweis auf Gelehrte), auf Gewissensfreiheit,
auf religiöse und philosophische Tiefe bei anderen. Und genauso kalkuliert verweist Lessing innerchristlich immer wieder auf die Kreuzzüge, die nun einmal ein nicht zu leugnender Schandfleck in der
Geschichte des Christentums sind. Er betont dies, nicht weil er
Christentum darauf reduziert, sondern weil er Christen zur Demut
und Bescheidenheit im Urteil über andere „erziehen" will. Ein *Lern-
prozess* soll in Gang kommen, veranstaltet durch einen Mann, der
nicht jede geoffenbarte Religion und nicht jede *ganz* verwirft!

Diese christentumskritische Dimension des „Nathan" ist im Fall von Lessing zweifellos auch persönlich begründet. Sein Stück ist *auch* ein Versuch privater Abrechnung mit einer Herrschaftspraxis im Zusammenspiel von Kirche und Staat, die er soeben am eigenen Leib verspürt hatte. „Ärger" kann man denn auch kaum offiziellen Kirchenvertretern „ein Possen spielen": Nachdem man mit einem Vertreter der christlichen Orthodoxie in heftigsten Streit geraten und dafür sogar von seinem „Patriarchen" in Braunschweig abgestraft worden war, hält man eben dieser christlich-kirchlichen Gesellschaft als ideale Bürger und Herrscher ausgerechnet einen Juden und zwei Muslime entgegen, die in ihrer Wachheit für den Religionsdisput und in ihrer offenen Humanität das Gegenbild verkörpern zu den kirchlichen und staatlichen Autoritäten, deren inquisitorisches Gehabe und autoritären Zwang man soeben noch persönlich verspürt hatte. „Nathan" ist die getarnte Rache an der Zensur. Lessing wird sie ausgekostet haben mit unerhörten Sätzen wie diesen, die er seinem Muslim Saladin über dessen Freund, den Juden Nathan, in den Mund legt – zur Abwehr des Fanatismus eines Christen:

> „Indes, er ist mein Freund, und meiner Freunde
> Muss keiner mit dem anderen hadern. – Lass
> Dich weisen! Geh behutsam! Gieb ihn nicht
> Sofort den Schwärmern deines Pöbels preis!
> Verschweig, was deine Geistlichkeit, an ihm
> Zu rächen mir so nahe legen würde!
> Sei keinem Juden, keinem Muselmanne
> Zum Trotz ein Christ!" (IV/4)

Toleranz im Zeichen des Islam

Zur kalkulierten Aufwertung des Islam gehört *zum einen* die Tatsache, dass Lessing seinen „Nathan" in einem *muslimischen Herrschaftsraum* spielen lässt. Hier liegt ja der Hauptunterschied zum frühen Stück „Die Juden". Erstmals in Lessings Werk ist der Islam ja als Faktor der Weltpolitik hier mit im Spiel, und Juden, zum zweiten Mal, sind in einer Minderheitsposition, stehen aber unter der Herrschaft der Muslime nicht schlecht da. Man vergleiche nur die Äuße-

rung des obersten Christen („Tut nichts, der Jude wird verbrannt")
mit der des obersten Muslim („Nathan – mein Freund"). Lessing
nützt also die „trialogische" Situation, um den Islam als religionspolitischen Faktor günstiger als das Christentum zu zeigen.

Zur kalkulierten Aufwertung gehört *zum zweiten* die Wahl *Jerusalems zur Zeit der Kreuzzüge*. Dies ist – bei allem bemühten „orientalischen Ton" und allen milieugetreuen arabischen Details[125] – mehr
als orientalisches Dekor, mehr als Theater-Orient. Wieder ist ein
Symbolraum eröffnet, wie er schon bei Tasso, Cronegk und Voltaire
zu finden gewesen war. Aber anders als seine drei Vorgänger verstärkt
Lessing nicht den religionspolitischen Antagonismus, sondern lässt
ein Miteinander von Menschen verschiedener Religionen aufblitzen.
Tassos und Cronegks Jerusalemer Sultane waren zwar Muslime, aber
auch grausame Herrscher; Voltaires Orosmane war zwar ein edler
Sultan, aber kaum noch Muslim. Lessings Saladin ist beides: ein
gerechter Herrscher als Muslim, ein Muslim als gerechter Herrscher,
in dessen Herrschaftsraum Zeichen der Versöhnung gesetzt werden
können.

Die Muslime als die eigentlichen „Gewinner"

Zur kalkulierten Aufwertung gehört aber auch die Tatsache, dass am
Ende die *Muslime die eigentlichen „Gewinner"* des Stücks sind. Zwar
fallen sich am Ende *alle*, ob Jude, Christ oder Muslim, in die Arme
und können ihr Glück kaum fassen. Aber Tatsache ist auch: Im enge-
ren Familiensinn „verlieren" Nathan und der Tempelherr ihre Recha
(als Vater bzw. als potentieller Ehemann); Saladin und Sittah aber
gewinnen einen Neffen und eine Nichte hinzu. Das ist nicht überzu-
interpretieren (Blutsverwandtschaft wird durch das Stück gerade
transzendiert!), dürfte aber in promuslimischer Absicht eine will-
kommene zusätzliche Symbolik gewesen sein.

Diese promuslimische Tendenz des „Nathan" ist in der neuern
Forschung vereinzelt bereits gesehen worden. So hat der Wolfenbütteler Philosophiehistoriker *Friedrich Niewöhner* vom „Nathan" direkt als einem „proislamischen Stück" gesprochen.[126] Der Freiburger
Literaturwissenschaftler *Gerhard Kaiser* hat – den Zeitkontext be-
denkend – auf die „hohe Wertschätzung" aufmerksam gemacht, die

Lessing seinen Muslimen habe zuteil werden lassen: Die „Feindschaft gegen den Islam war doch durch Jahrhunderte eine Leitlinie der europäischen Geschichte, vor allem seit dessen erfolgreicher Offensive im mittleren und östlichen Mittelmeerraum, der zur Zerstörung des christlichen Byzanz, zur Eroberung des Balkans und zur zeitweiligen Seeherrschaft im Mittelmeer führte. 1683 standen die muslimischen Türken vor Wien – nicht zum ersten Mal –, und blutrünstige, Angst erregende Muselmanen waren ein kulturelles Klischee. Lessings ‚Nathan' ist – ähnlich wie 1782 *Mozarts* ‚Entführung aus dem Serail' – das Zeugnis einer Wende, die gewiss auch auf das Nachlassen der Türkengefahr im 18. Jahrhundert zurückgeht."[127]

Die Aachener Literaturwissenschaftlerin *Monika Fick* hat überdies in ihrem 2000 erschienenen eindrucksvollen „Lessing-Handbuch" darauf aufmerksam gemacht, dass auch Lessings Wahl eines Angehörigen des Templerordens im Stück ein „Fingerzeig" gewesen sein könnte: „Die Tempelritter gelten als Vorläufer der Freimaurer; sie seien, schreibt Lessing in ‚Ernst und Falk' die ‚Freimäurer' ihrer Zeit gewesen. Freimaurerei steht im 18. Jahrhundert für die Toleranzidee. Worin waren die Tempelritter tolerant? Nicolai gibt in dem ‚Versuch über die Beschuldigungen, welche dem Templerherrnorden gemacht worden' (1782) einen Hinweis: Die Tempelritter hätten die zunächst verachteten Muslime als Leute kennen gelernt, die einen würdigen Begriff von Gott, eine eindrucksvolle Gottesvorstellung gehabt hätten, woraufhin sie einen Geheimkult mit einem analogen Gottesbild entwickelten. Vielleicht hat Lessing an diese Zusammenhänge gedacht, wenn er seinen Tempelherrn in Glaubenszweifel stürzen lässt. Im Augenblick der höchsten Intoleranz, im Zeitalter der Kreuzzüge, so lautet dann die geschichtsphilosophische Botschaft, seien die Keime der Toleranz gesät worden: in dem Orden gesät, der am hitzigsten sich für das Christentum einsetzte."[128] Schließlich kann man auch in einem wichtigen neueren Kommentar zum „Nathan" den Satz lesen: „Lessing steht mit seiner historischen Sicht in der Tradition eines Jahrhunderts, das dem ‚Morgenland' erhöhte Aufmerksamkeit schenkt und in der islamischen Welt Werte zu erblicken bereit ist, die dem ‚Abendland' in kulturkritischer Sicht als moralischer Spiegel vorgehalten werden können." (IX, 1138f) So ist es, und wir werden im nächsten Kapitel herausarbeiten, welche Folgen dies für das Miteinander von Menschen verschiedener Religionen haben kann.

IV. DAS MODELL EINES MITEINANDER VON JUDEN, CHRISTEN UND MUSLIMEN: DIE RINGGESCHICHTEN

Wir hatten von einer zweiten Originalität von Lessings „Nathan" gesprochen. Sie liegt darin, dass dieser Dramatiker Religionen wie Judentum, Christentum und Islam nicht isoliert betrachtet, sondern ein Modell vorlegt, wie das Zu- und Miteinander von Menschen dieser Religionen konzeptionell begründet werden kann.

1. Juden, Christen und Muslime als Schicksalsgemeinschaft

Auch im „Nathan" treibt die Kraft der Liebe alles voran. Sie verwickelt die Figuren miteinander und führt sie zueinander. Genauso war es bei Tasso, Cronegk und Voltaire gewesen. Aber Lessing mutet seinen Figuren weder einen Opfergang zu, noch treibt er sie zum Martyrium oder in die Tragödie. Im Gegenteil. Lessing entscheidet sich bewusst für den glücklichen Ausgang seiner Geschichte, nicht weil der aufklärerisch „naiv" wäre, sondern weil er nur auf diese Weise etwas Zukünftiges zeigen kann. Er braucht die Nicht-Tragödie – im Bewusstsein aller Tragödien des Lebens. Er braucht das Untragische in Sachen Religion, weil er einen Kontrapunkt setzen, eine Gegenkonzeption liefern will. Zu dieser Konzeption gehört die im „Nathan" erzählte *Geschichte einer Familie*. Der Literaturwissenschaftler *Peter Demetz* hat deshalb zu Recht von einem „genialen Kunstgriff" Lessings gesprochen, und zwar dort, „wo er die Familiengeschichte ins Metaphysische projiziert und in den familiären Umarmungen des Schlussbildes auf die Utopie einer Menschheitsfamilie, ohne Zwist und Hader, vorausweist."[129]

In der Tat: Es ist das Modell Familie, das hier als Gleichnis für das Verhältnis von Juden, Christen und Muslimen herangezogen wird. Genauer: Das Sich-Entdecken *als Familie* im Stück ist auf der Gleichnisebene die entscheidende religionstheologische Aussage. Denn die Figuren sind so geführt und gefügt, dass sich jedem Leser oder Zuschauer die Einsicht aufdrängen soll: Nichts ist so, wie es auf den ersten Blick erscheint; erst der Tiefenblick in die Hintergründe macht Zusammenhänge sichtbar. Was auf den ersten Blick getrennten Welten anzugehören scheint, gehört in Wirklichkeit auf eine wundersam gefügte Weise zusammen. Juden, Christen und Muslime scheinen auf den ersten Blick separaten, ja antagonistischen Welten anzugehören. In Wahrheit bilden sie eine *Schicksalsgemeinschaft*, in der alle auf gnadenhafte Weise zu gegenseitigem Wohl zueinander gefügt und geführt sind. Machen wir uns noch einmal klar:

(1) Der *Tempelherr.* Aufgewachsen ist er als Christ; militant kämpft er als junger Mann für „seinen Gott". Aber zugleich steckt in ihm muslimisches Erbe; einem Muslim verdankt er sein Leben, und in eine „Jüdin" ist er unsterblich verliebt. Man beachte auch: Bevor er Recha zum ersten Mal sieht, ist der Tempelherr – als Begleiter von Pilgern – auf dem Berge Sinai gewesen (III/2), dem heiligen Berg, auf dem der Lehrer des jüdischen Volkes, Mose, die Gesetzestafeln empfing und der auch für Christen und Muslime eine tiefe religiöse Bedeutung hat. Bringt er bewusst oder unbewusst von dort eine neue „Offenbarung" mit? Wie immer: Der vermeintliche Christ und Judenhasser ist in Wirklichkeit ein über die „fromme Raserei" empörter Mensch, von der familiären Wurzel her zur Hälfte Christ, zur Hälfte Muslim. Klar soll werden: Sein Glück findet dieser Christ nur noch im Miteinander, nicht mehr im Gegeneinander zu Juden und Muslimen. Er ist Teil der jüdisch-christlich-muslimischen Schicksalsgemeinschaft.

(2) *Recha.* Getauft ist sie als Christin, aufgewachsen als Jüdin, einem Juden verdankt sie alles, was sie geworden ist. Zugleich steckt väterlicherseits muslimisches Erbe in ihr, von einem Christen wird sie vor dem sicheren Tod bewahrt. In diesen Christen verliebt sie sich obendrein. Auch sie ist damit Teil dieser jüdisch-christlich-muslimischen Schicksalsgemeinschaft. Dass sie überhaupt lebt, dann überlebt

und schließlich weiterlebt, verdankt sie einem Muslimen, einem Juden, einem Christen. Und da ein Muslim ihr leiblicher Erzeuger, eine Christin ihre leibliche Mutter, ein Jude ihr geistiger Vater ist, ist sie wie keine andere Figur im Stück mit den *Anteilen aller Religionen* ausgestattet. Hier liegt auch der Grund, warum Recha gegenüber der Vereinnahmung Gottes für eine der Religionen von vornherein resistent ist. Als Daja ihr einmal weismachen will, der Tempelherr kämpfe doch für „seinen" Gott, weist sie diese Rede liebenswürdig, aber entschieden zurück:

> „Du hast doch wahrlich deine sonderbaren
> Begriffe! ‚Sein, sein Gott! für den er kämpft.'
> Wem eignet Gott? was ist das für ein Gott,
> Der einem Menschen eignet? der für sich
> Muss kämpfen lassen? –" (III/1)

In seinen Entwürfen zum „Nathan" hatte sich Lessing für Recha eigens Stichworte notiert wie „ohne alle geoffenbarte Religion" oder „in jeder Religion ein Muster der Vollkommenheit":

> „Im Seraglio der Sittah: *Sittah* u. *Rahel* (ursprünglicher Name für Recha). Sittah findet an Rahel nichts, als ein unschuldiges Mädchen ohne alle geoffenbarte Religion, wovon sie kaum den Namen kennt, aber voll Gefühl des Guten u. Furcht vor Gott.
> *Saladin* zu ihnen: Er freuet sich zu finden, dass Nathan keine Jüdin aus einer Christin machen wollen, und ihr nur eine Erziehung gegeben, bei der sie in jeder Religion ein Muster der Vollkommenheit sein könne. Nathan wird gemeldet." (IX, 657)

(3) *Saladin, Sittah, Assad.* Souverän scheinen Saladin und Sittah als muslimische Herrscher über allen Parteien zu stehen, von niemandem abhängig und betroffen. Aber: Ein Christ wird durch Saladin begnadigt, und seine Familie hätte er am liebsten mit einer von ihm sehr bewunderten christlichen Herrscherfamilie verbunden: seine Schwester Sittah mit einem Bruder des englischen Königs und Kreuzzugsgegners Richard Löwenherz und seinen Bruder Melek mit dessen Schwester (II/1). Und was im Fall von Melek und Sittah ein „schöner Traum" blieb, hat Bruder Assad – ohne Saladins Wissen – bereits erreicht: eine muslimisch-christliche Familienverbindung. Gerade Assad, der Bruder, ist bereits ein *Wanderer zwischen den Wel-*

127

ten, stellt er doch nicht nur Verbindungen zu Christen, sondern auch zu Juden her, wie wir von Nathan hören werden. Aber auch für Saladin gilt: Dass er seine finanziellen Engpässe überwinden kann, bevor seine ägyptischen Steuereinnahmen tatsächlich eintreffen (V/1), verdankt er einem Juden, dem er dann auch Freundschaft anbietet. Woraus folgt: Auch die Muslime sind familiär und freundschaftlich eingebunden in dieselbe Schicksalsgemeinschaft mit Juden und Christen.

(4) *Nathan.* Er ist Jude von Geburt und Tradition, der besten einer. Doch in Unglück (Pogrom) und Glück (Rettung Rechas) ist sein Schicksal mit dem von Christen verflochten. Mit Muslimen wie dem Derwisch Al-Hafi verbindet ihn Schachpartnerschaft und große Zuneigung; mit Saladin später Freundschaft und Geschäft, ja einem Muslim, Saladins Bruder Assad, verdankt Nathan nach eigenen Angaben mehr als einmal sein Leben (IV/7). Und was die Christen angeht: Niemand steht ihm näher als der Klosterbruder, für dessen „fromme Einfalt" Nathan so viel Sympathie empfindet, dass er diesem Christen als einzigem unter Tränen sein persönliches Schicksal enthüllt:

> „Ihr, guter Bruder, müsst mein Fürsprach sein,
> Wenn Hass und Gleißnerei sich gegen mich
> Erheben sollten, – wegen einer Tat –
> Ah, wegen einer Tat! – Nur Ihr, Ihr sollt
> Sie wissen! – Nehmt sie aber mit ins Grab!
> Noch hat mich nie die Eitelkeit versucht,
> Sie jemand andern zu erzählen. Euch
> Allein erzähl' ich sie. Der frommen Einfalt
> Allein erzähl' ich sie. Weil die allein
> Versteht, was sich der gottergebne Mensch
> Für Taten abgewinnen kann." (IV/7)

Außerhalb dieser besonderen Schicksalsgemeinschaft steht nur ein einziger in diesem Stück: der oberste Kirchenführer in Jerusalem, der *Patriarch.* Er aber hat sich als Verkörperung eines gewalttätigen religiösen Fanatismus, als „Todfeind jeglicher Gesprächskultur" selbst „außerhalb jedes Humanität stiftenden Kommunikationszusammenhangs"[130] gestellt. Zwei Szenen charakterisieren ihn:
– Kaum hatte sich die Nachricht von des Tempelherrn wundersamer Begnadigung durch Saladin herumgesprochen, schickt der Patriarch

den Klosterbruder, um den Tempelherrn als Spion, ja als Attentäter gegen Saladin zu gewinnen. Die Vertrauensstellung eines Christen beim muslimischen Herrscher könnte für die „christliche" Sache militärisch von Nutzen sein. Der Tempelherr lehnt empört ab (I/5). – Als der Patriarch durch den Tempelherrn hypothetisch den Fall eines Juden, der ein Christenkind aufzieht, vorgetragen bekommt, reagiert er gnadenlos. Unbekümmert um den konkreten Einzelfall und die genauen Umstände dekretiert er dreimal schneidend: „Tut nichts! der Jude wird verbrannt!" (IV/2).

Alle sind Teil einer Familie

Gegen diese Form unbarmherzigen religiösen Fanatismus schreibt dieses Stück an, gegen die Patriarchen, Ismenors und Nerestans aller Provenienzen und aller Zeiten. Genauer: Der gnadenlosen Rechthaberei, welche die eine Religion von der anderen isoliert und die Menschen der verschiedenen Religionen entzweit, stellt Lessing mit seinem „Nathan" den Glauben an die gnadenhafte Fügung gegenüber, die Menschen verschiedener Religionen zusammenbringt und *gegenseitig zu Verdankten und Dankenden* macht. Zwischen dem *Gnaden- und dem Toleranzverständnis* besteht bei Lessing ein innerer Zusammenhang, den der evangelische Theologe *Johannes von Lüpke* treffend so beschrieben hat: „Der ‚Fluss der Gnade' (III/7) verläuft somit nicht in den Bahnen institutioneller Religiosität. Er lässt sich nicht der immer schon in Besitz genommenen ‚positiven' Religion zurechnen, er begegnet vielmehr als unverdientes Geschenk von außen, vermittelt durch den Vertreter einer anderen Religion. In solcher Erfahrung universeller Gnade wurzelt die Lessingsche Toleranz. Der Einzelne weiß sich von dem individuellen oder kollektiven Selbstbehauptungswillen befreit, kraft dessen er das vermeintlich Eigene gegen andere zu verteidigen und durchzusetzen bestrebt war. So wie er alles ‚Eigene' der Liebe eines anderen verdankt, so kann er es nun auch zugunsten anderer einsetzen."[131]

An dieser Stelle wird vollends offenbar, warum Lessing für sein Drama einen christlichen Opfergang wie bei Tasso, ein Märtyrertum à la Cronegk oder eine Tragödie im Stile Voltaires nicht gebrauchen konnte. Sein Stück sollte programmatisch das Gegenteil zeigen: Menschen verschiedener Religionen sollen sich weder ausgrenzen (und sei es aus noch so idealistischen Motiven) noch gar in die Katastrophe geraten. Menschen sollen sich auf ihre gemeinsamen Wurzeln besinnen, auf ihre ursprüngliche Einheit und Zusammengehörigkeit. In diesem Sinn ist Lessings Fügungsgeschichte bewusst ein Kontrapunkt zur Tradition des Märtyrer-Dramas und der Glaubens-Tragödien, in denen bisher das Aufeinandertreffen von Menschen verschiedener Religionen literarisch gespiegelt wurde. Für Lessings „Nathan" gilt, dass die Gnade die Beziehung zwischen den Menschen positiv verändern kann. „Das Leben, das / Ich leb, ist sein Geschenk" erkennt der Christ (der Tempelherr) im Blick auf den Muslim (den Sultan), und Nathan antwortet ihm:

> „Durch das er mir
> Ein doppelt, dreifach Leben schenkte.
> Dies hat alles zwischen uns verändert; hat
> Mit eins ein Seil mir umgeworfen, das
> Mich seinem Dienst auf ewig fesselt." (II/7)

Daraus folgt: Statt des ausgrenzenden und abgrenzenden Denkens wagt Lessing in Sachen Theologie der Religionen vernetztes Denken, Beziehungsdenken. Gegen die Selbstisolation einer Religion gegenüber anderen wagt er es, die Verbindung aller miteinander herauszustellen. Gegen die Überhebung einer Religion über andere zeigt er die Abhängigkeit aller gläubigen Menschen voneinander zu gegenseitigem Wohl – als glückhafte Führung und Fügung.

Wie konzeptionell bewusst sich Lessing für eine *Familien-Parabel als Religionenparabel* entschied, zeigt noch einmal ein Blick in die Entwürfe zum Stück (IX, 631-658). Denn ursprünglich hatte Lessing an Eheverbindungen zwischen Saladin und Recha einerseits sowie zwischen Sittah und dem Tempelherrn andererseits gedacht, nicht an Familien-Bindungen. Das Stück sollte in der letzten Szene so enden:

> „Curd dazu, u. die Entdeckung geschieht. Als Curd herein kömmt, schlug Sittah den Schleier herab. Sie schlägt ihn wieder auf führt ihrem Bruder die Rahel zu. Ihr Bruder führt ihr Curden zu, den er zum Fürsten von Antiochien macht, von deren Geschlechte er abstammt. Sittah errötet, u. lässt den Schleier wieder fallen." (IX, 658)

Der ursprüngliche Gedanke war also, den Junggesellen Saladin und die unverheiratete Recha zusammenzubringen und zugleich Sittah mit dem Tempelherrn zu verbinden. Dieser sollte gleich auch noch zum „Fürsten von Antiochien" gemacht werden, „von deren Geschlecht (als Staufer) er abstammt" (IX, 658), eine Anspielung darauf, dass Kurt, der Schwabe und Staufer, aus demselben Geschlecht stammt wie ein Fürst von Antiochien, Friedrich, der natürliche Sohn Kaiser Friedrichs II., des Staufers. Diese Heirats-Konzeption wurde – zum Glück – zugunsten einer Familiengemeinschaft aufgegeben. Lessing hatte offensichtlich begriffen: „Familiarität" ist für die hier verhandelten Religionen ganz anders gleichnisfähig, sind doch schon religionshistorisch Judentum, Christentum und Islam voneinander abhängig und miteinander verflochten. Bei Eheverbindungen hätte die Gefahr des Exklusivismus von Zweierbeziehungen bestanden. So aber bleibt ein Netz familiärer Strukturen erhalten, das der Verflochtenheit der drei abrahamischen Religionen untereinander kongenial entspricht.

Altes Blut und neuer Geist

„Familiarität" steht dabei ohnehin nicht (wie wir hörten) im engen Sinn für Blutsverwandtschaft allein, zeigt doch das Stück geradezu programmatisch, dass es neben Blutsverwandtschaft (Saladin – Sittah – Curd – Recha) auch noch andere Beziehungen des Miteinander geben kann und soll: freiwillige Adoption (Nathan – Recha) und sympathische Freundschaft (Nathan – Al Hafi; Nathan – Klosterbruder). Diese anderen Formen der Verbindung müssen ja im Verlauf der Geschichte einmal ausdrücklich gegen einen Rückfall in enges Blut-Denken verteidigt werden – nach dem Wort von Recha, das sie in höchst kritischer Situation dem Sultan gegenüber hervorstößt: „Aber macht denn nur das Blut/Den Vater? nur das Blut?" (V/7). Das Stück tritt somit für eine *Familiarität im weiteren Sinne* ein. Treffend hat dies der Literaturwissenschaftler *Thomas Koebner* einmal so beschrieben: „Dem alten Modell der Familie, bestimmt durch Elternautorität und Kindesgehorsam, durch Machtstrukturen und Erbgesetz, überlagert sich ein neues Familienmodell, zustande gekommen und ausgezeichnet durch liebende Fürsorge und die Verständigung zwischen Gleichberechtigten. Lessings Drama vollzieht eine für das Verständnis der Zeit doch recht ungewöhnliche und aufregende Verschiebung von traditionellem Rechtsdenken zu einer in die Zukunft weisenden Vorstellung egalitärer und ‚brüderlicher' Verhältnisse."[132]

Zur Lessingschen Familie also gehört man gerade nicht bloß durch altes Blut, sondern vor allem durch neuen Geist. Damit ist religionstheologisch ein doppelter Gedanke fruchtbar gemacht:

– der Grundgedanke der *ursprünglichen Einheit* vor aller Zersplitterung und damit der Gedanke der Einheit der Menschheit vor allem Auseinanderfallen in und durch die Religionen.

– der Grundgedanke der *Verwiesenheit aufeinander*, der Abhängigkeit voneinander, Zuneigung füreinander und Solidarität miteinander.

Beides ist für das „Nathan"-Drama konstitutiv. Schon zuvor in seinem Werk („Cardanus" 1754) hatte Lessing – wie wir sahen – eine Zuordnung der Religionen ohne Kategorien offenbarungsgeschichtlicher Überordnung und moralischer Überlegenheit entworfen. Im „Nathan" geht er einen wichtigen Schritt weiter: Jetzt denkt er eine Verbindung von Juden, Christen und Muslimen in Kategorien struktureller *Verflochtenheit*, gegenseitiger *Verwiesenheit* und solidarischem *Miteinander von Menschen*. Nicht abstrakte theologische Fragen interessieren Lessing in diesem Stück, sondern das Verhalten von Menschen unterschiedlicher religiöser Herkunft in konkreten Situationen. Die Spitze gegen Voltaire ist damit unüberhörbar. Zeigt Voltaire in „Zaïre", dass Religion Menschen in Abgründe führt, entwirft Lessing das Gleichnis eines gelingenden Miteinanders von Menschen verschiedener Religionen. Führt bei Voltaire das *literarische Motiv des Wiedersehens und Wiederfindens* von Angehörigen einer Familie (Lusignan findet seine Kinder; Zaïre und Nerestan erkennen sich als Geschwister) in die Katastrophe (weil die Religion jetzt alle entzweit), so führt bei Lessing dasselbe Motiv ins Glück neuer Familiarität, die alle Religionen integriert. Führt bei Voltaire die Liebe zwischen einem Muslimen und einer Christin in den Tod, so kann bei Lessing die Macht der Liebe die Religionsparteien überschreiten und Menschen zueinander bringen. Denn diese Liebe ist bei Lessing theozentrisch und schöpfungstheologisch verankert: Gott will in seiner Liebe die Aufhebung der Hierarchien zwischen den Religionen (so wird die Botschaft der „Ringparabel" lauten); und Gott hat „Mann und Männin" von Anfang der Schöpfung an mit Liebesenergie ausgestattet, die durch die Praxis der Religionen nicht wieder unterdrückt werden sollte, durch die „Herren, die um Anderer Seligkeit willen besoldet und beamtet werden" (K. Lessing).

2. Wenn Christen eine Ring-Geschichte erzählten

Es ist nun an der Zeit, auch die Parabel von den drei Ringen ins Spiel zu bringen.[133] Sie steht zwar gezielt in der Mitte des Stückes, aber nicht als isolierter philosophischer Höhepunkt einer ansonsten relativ trivialen und rührseligen Familiengeschichte, sondern als komprimierte Summe dessen, was auf der Ebene der Figurenkonstellation und der Handlungsstruktur inhaltlich ebenfalls ausgesagt ist. Die Ringparabel ist somit als Parabel innerhalb eines Parabelstücks zu lesen, die das Miteinander von Juden, Christen und Muslimen konzeptionell noch tiefer begründet.

Auch hier dürfte eine genaue Rekonstruktion der Motiv-Geschichte nützlich sein, um der Lessingschen Fassung scharfes Profil zu geben. Der Dramatiker selber hatte ja nie einen Zweifel daran gelassen, wem er die Ring-Geschichte verdankte. Noch als die Ausarbeitung des Dramas kaum mehr als ein „närrischer Einfall" war, hatte Lessing seinem Bruder Karl gegenüber schon durchblicken lassen:

„Ich möchte zwar nicht gern, dass der eigentliche Inhalt meines anzukündigenden Stücks allzu früh bekannt würde; aber doch, wenn Ihr, Du oder Moses, ihn wissen wollt, so schlagt das Decamerone des Bocaccio auf: Giornata I. Nov. III. Melchisedech Giudio."[134]

Die erste Spur also führt ins italienische 14. Jahrhundert, und zwar zu Giovanni Boccaccios Geschichte von einem Juden namens Melchisedek, nachzulesen in seiner Novellensammlung „Il Decamerone". Wir werden mehr davon hören. Doch die Ring-Geschichte ist viel älter und in Europa viel weiter verbreitet. Auch Boccaccio hatte nur gefunden, nicht erfunden. Und die Geschichte der Geschichte zu erzählen, heißt ein Stück europäischer Mentalitätsgeschicht rekonstruieren, die gepolt ist auf Antijudaismus und Antiislamismus.

Kundige Lessing-Forscher insbesondere reformjüdischer Tradition (A. Wünsche, M. Landau) haben schon vor gut hundert Jahren das meiste Material aufgespürt und dabei eine europäische Geschichte des Ring-Motivs (oder Ring-analoger Motive) zutage gefördert. Wesentlich Neues ist seither nicht dazugekommen.[135] Überblickt man die weitverstreuten Quellen, so gilt dies eine grundsätzlich: Wo immer solche Geschichten erzählt werden, ist es bitter ernst in Sachen Wahrheit und Religion, riecht es nach Glaubenskrieg, Lebensgefahr, Intoleranz, Inquisition und Vertreibung. Der europäische Lebenskontext der „Ring"-Geschichten ist alles andere als harmlos, vor allem dann nicht, wenn Christen eine solche Geschichte erzählen. Im Frankreich des 13. Jahrhunderts müssen zwei Versionen kursiert sein.

Die eine hat der Dominikaner *Étienne de Bourbon* (gest. um 1261) überliefert. In seiner Geschichte geht es um einen reichen Mann, dessen *wertvoller Ring* die Kraft besitzt, alle Krankheiten zu heilen. Mit seiner Frau hat er eine legitime Tochter. Später bricht die Frau die Ehe und bringt illegitim zwei weitere Töchter zur Welt. Als es ans Sterben geht, setzt der Mann ein Testament auf, in dem er nur die legitime Tochter begünstigt. Die beiden Schwestern merken dies und lassen sich ähnliche Ringe anfertigen. Als nach dem Tod des Mannes das Testament vor einem Richter geöffnet wird, kann jede der Töchter einen Ring vorzeigen und damit behaupten, die legitime zu sein. Was tut der Richter? Er lässt die Ringe auf ihre Heilkraft prüfen, und da die Heilkraft nur im Ring der legitimen Tochter steckt, spricht er ihr das väterliche Erbe zu. Die anderen Töchter werden endgültig verabschiedet. *Moral* von der Geschichte? Sie besteht für den christlichen Mönch ausdrücklich im „Nachweis des wahren Glaubens". Das Ganze ist nach der Devise erzählt: Ein Gott – eine legitime Religion, und diese legitime ist ganz selbstverständlich das Christentum.[136] Keine gute Nachricht also für Juden und Muslime in dieser Geschichte. Sie gelten als Angehörige illegitimer Religionen; sie dürfen sich als religiöse Bastarde denunziert sehen.

Die andere Version ist in der *altfranzösischen Erzählung „Vom echten Ring"* (ca. 1270–1294) überliefert. Weit holt der Erzähler zunächst hier aus, baut einen Rahmen der Belehrung in Lebensklugheit und Weisheit auf, um darin seine Geschichte von *drei Ringen* zu platzieren. Sie spielt bemerkenswerterweise bereits im Nahen Osten, in *Ägypten*, wo ein Mann einen Ring besitzt, der nicht nur zu heilen, sondern selbst Tote aufzuwecken vermag. Großzügig benutzt dieser Mann seinen Ring und verbreitet dadurch überall Werke der Barmherzigkeit. Er hat drei Söhne, von denen aber nur der jüngste tugendhaft ist; die beiden anderen sind Schurken. So überrascht es nicht, dass der Vater seinen Ring dem Jüngsten vermachen will. Da er aber die Reaktion der beiden älteren Söhne fürchtet, lässt er zwei weitere Ringe anfertigen und übergibt jedem der Söhne auf dem Sterbebett einen Ring. Nur dem Jüngsten offenbart er, dass sein Ring der echte ist, die beiden anderen Söhne sind getäuscht.

Nach dem Tod des Vaters wird die Sache rasch ruchbar. Denn wirksam ist nun einmal nur der Ring des jüngsten Bruders, und die beiden älteren, die dies merken, jagen ihren Bruder aus dem Land. Aber auch der echte Ring wird vernachlässigt und verliert seine Kraft. Erst als eine Streitmacht von außen eingreift, die beiden Brüder bekämpft und ihrerseits aus dem Lande treibt, kommt der Ring wieder zutage und kann seine Kraft aufs Neue entfalten. *Symbolik?* Die zwei verdorbenen Söhne stehen für Islam und Judentum; der jüngste mit dem echten Ring für das Christentum. Das Land steht für das Heilige Land, aus dem Muslime und Juden die Christen vertrieben haben. *Strategie?* Erzählt wird mit der politischen Absicht, drei Schlüsselfiguren der damaligen Geschichte Frankreichs, den König, den Grafen von Artois und den Grafen von Flandern, zur Befreiung des Heiligen Landes, sprich zum Kreuzzug, zu motivieren. An der Geschichte des jüngsten Bruders, der von den schurkischen Geschwistern aus dem Lande vertrieben worden war und in Not ist, sollen die feudalen Herrschaften erkennen, dass das Christentum im Heiligen Land dringend der Hilfe bedarf. *Moral?* So wie eine Streitmacht von außen die beiden schurkischen Brüder vertrieb, damit der jüngste mit seinem echten Ring wieder Lebenskraft hat, so soll nun auch durch einen Kreuzzug die Kraft des Christentums im Heiligen Land wiederhergestellt werden:

> „Durch sie würde die Vorherrschaft
> Dem jüngsten wieder leicht errungen,
> Wie's dem, von dem ich sprach, gelungen;
> Vom Ring würde mit Lob gesprochen,

Den man beschädigt und gebrochen,
Von unserm Glauben, hoch an Ruhm,
Von unserm hehren Christentum,
Das lang nun leidet bittre Not!"[137]

Nur das Christentum heilt: die „Gesta Romanorum"

Ebenfalls zugunsten des Christentums erzählt ist eine Ring-
Geschichte, die in der weit verbreiteten mittelalterlichen Exempel-
Sammlung „Gesta Romanorum" (wörtl.: „Taten der Römer") überliefert ist. Es handelt sich um eine – vermutlich in England und
Deutschland entstandene – Sammlung von Novellen, Anekdoten und
kürzeren Texten aus mittelalterlichem Erzählgut griechischer, römischer und orientalischer Provenienz. Geschichten aus den Büchern
des Alten und Neuen Testamentes sind hier ebenso zu finden wie aus
der Legenden- und Mirakel-Literatur, aus Chroniken, Sagen und
Mythologien, aus Tierfabeln und Naturgeschichte – zusammengestellt zu moralisierenden Exempeln. Nicht um ihrer selbst, sondern
um ihrer moralischen Anwendung willen (in Predigten, katecheti-
schen Unterweisungen) sind diese Texte hier aufgenommen. Älteste
lateinische Manuskripte gehen auf die Mitte des 14. Jahrhunderts zurück, was umgekehrt heißt: Die Geschichten, die man hier findet, sind
noch um vieles älter. Lessing jedenfalls hat die „Gesta Romanorum",
von denen sich einige Exemplare in Wolfenbüttel befanden, bestens
gekannt.[138] Die uns interessierende Geschichte von einem kostbaren
Ring lautet in hochdeutscher Übertragung so:

„Es gab einst einen Ritter, der drei Söhne hatte, und als er sterben
sollte, er dem Erstgeborenen ein Erbgut, dem zweiten aber einen
gesammelten Schatz aussetzte. Dem dritten Sohne aber gab er
einen kostbaren Ring, der mehr wert war, als alles das, was er den
ersten beiden vermacht hatte. Übrigens gab er auch den beiden ersteren Söhnen zwei, aber nicht so kostbare Ringe, allein alle hatten
dasselbe Aussehen. Wie nun der Vater gestorben war, sprach der
erste Sohn: ich habe den kostbaren Ring meines Vaters. Darauf der
zweite: nicht du hast ihn, sondern ich. Der dritte aber sagte: es ist
nicht recht, dass ihr ihn haben solltet, weil aber der ältere von Euch

ein Erbgut, der andere aber einen Schatz erhalten hat: also lehret die Vernunft, dass ich jenen köstlichen Ring haben muss. Da rief der erste Sohn aus: lasst uns durch die Tat beweisen, welcher Ring der kostbarere und bessere ist. Jeder aber entgegnete: also gefällt es mir auch. Alsbald wurden verschiedene Kranke herbeigebracht, welche an verschiedenen Gebresten litten, aber die ersten beiden Ringe waren ganz ohne Wirkung, der Ring des Jüngeren aber heilte alle Krankheiten.

[Ihr sehr Lieben, dieser Ritter ist unser Herr Jesus Christus, der drei Söhne besaß, d.h. die Juden, Sarazenen, und Christen. Den Juden gab er das gelobte Land, den Sarazenen den Schatz dieser Welt, sofern er Macht und Reichtum betrifft, den Christen den edlen Ring, d.h. den Glauben, denn durch den Glauben vermögen die Christen verschiedene Krankheiten und Erschlaffungen der Seele zu heilen, wie geschrieben steht: Dem Glaubenden ist alles möglich. Desgleichen: der Glaube ist wie ein Senfkorn, etc. Desgleichen: Es ist unmöglich, Gott ohne Glauben angenehm zu sein.][139]

Geschichten wider Juden und Muslime

Deutlich wird das *Gemeinsame* all dieser Ring-Geschichten: Sie wurden von Christen erzählt, um das Christentum als die wahre Religion, als den einzig heilsamen und wirksamen Glauben zu behaupten. Geschichtlicher Kontext ist eine religiöse Legitimationskrise des Christlichen, da Judentum und Islam als konkurrierende Religionen Herausforderungen geworden sind. Und auf diese Herausforderung reagierte man:

– Wie der Dominikaner *Etiénne de Bourbon* im Ungeist *„gehässiger Unduldsamkeit"*:[140] Islam und Judentum werden als „illegitim" bloßgestellt und damit als Bastarde der Religionsgeschichte disqualifiziert.

– Mit *militärischer Selbstfanatisierung*: In der altfranzösischen Erzählung werden Islam und Judentum wie lasterhafte, gewalttätige Verbrecher hingestellt, die man nur noch gewaltsam vertreiben könne.

– Mit *trotziger Wahrheitsbehauptung*: Wie in den „Gesta Romanorum" haben nur Christen das, worauf es vor Gott einzig und allein ankommt: den echten und wirksamen Glauben, der es ihnen allein ermöglicht, „verschiedene Krankheiten und Erschlaffungen der Seele zu heilen".

Zwischenfazit: Wenn Christen die Geschichte von den Ringen erzählten, dann taten sie dies *gegen* Juden und Muslime. Und wie ist es im umgekehrten Fall?

3. Wenn Juden eine Ring-Geschichte erzählten

Zunächst gilt es zu konstatieren, dass es auch im Jüdischen eine Parallele zur christlichen Unduldsamkeit gibt. Hingewiesen wurde in der Forschung auf *Abraham Abulafia* (1240 bis ca. 1291) einen jüdischen Mystiker (Kabbalisten), der eine abenteuerliche Lebensgeschichte aufzuweisen hat. Schon früh überzeugt von prophetischen Inspirationen und göttlichen Kräften in sich, wusste dieser Mann auf seinen abenteuerlichen Wanderungen zwischen Spanien, Italien und Griechenland immer wieder eine kleine Schar von Anhängern um sich zu scharen, die in ihm eine neue messianische Figur erblickten. Sein prophetisches Selbstbewusstsein war so weit gegangen, dass er im Jahre 1280 selbst den damals regierenden Papst (Nikolaus III.) zum Judentum zu bekehren versuchte, was Abulafia beinahe mit dem Tod bezahlt hätte.

Jüdische Unduldsamkeit – und der kleine Unterschied

Nicht die zahlreichen mystischen Schriften von Abulafia sind für uns von Interesse,[141] sondern folgendes Gleichnis, in dem es zwar um eine Perle geht, in der aber alles so erzählt wird, dass sich Analogien zur Ring-Geschichte geradezu aufdrängen. Abulafias Erzählung geht dabei von der Tatsache aus, dass das jüdische Volk von Gott einst mit besonderen Vorzügen ausgestattet wurde, jetzt aber in einem beklagenswerten Zustand lebt, ohne dass aber die ursprüngliche Bevorzugung von Gott widerrufen wäre. Mit einem *Gleichnis von einer Perle* wird diese Situation so gedeutet:

> „Ein Vater besitzt *eine wertvolle Perle*, die er seinem Sohne als Erbe zugedacht. Während der Vater seinen Sohn belehrt, die Perle zu

schätzen und sie edel zu finden, wie der Vater sie edel findet, erzürnt der Sohn den Vater. Was tut dieser? Jemand anderem möchte er die Perle nicht überlassen, damit der Sohn, falls er reuig seinen Vater versöhnt, sein Erbteil nicht einbüße. Er wirft sie in eine Grube, denn er denkt: Bessert sich mein Sohn nicht, so wünsche ich nicht, dass die Perle ihm zufalle; kehrt er um, so will ich nicht, dass er sie verliere; so bleibe sie denn in der Grube verborgen, und sobald er Reue bekundet, hole ich sie ihm sofort hervor. Während nun der Sohn in seiner Schuld verharrt, reizen ihn die Knechte seines Vaters, indem sich ein jeder rühmt, er habe die Perle erhalten. Anfangs kehrte sich der Sohn nicht daran, doch sie erregten ihn so sehr, dass er endlich reuig umkehrte. Da vergibt ihm der Vater, holt die Perle aus der Grube herauf und übergibt sie ihm. Als dies die Knechte sehen, fallen sie auf ihr Antlitz, stehen beschämt ob ihrer Falschheit vor dem Sohn und haben große Mühe, ihn zu versöhnen. –
Ganz so ergeht es uns (Juden) mit den Völkern, die da behaupten, Gott habe sie an unsere Stelle gesetzt. Wir sind sprachlos, finden keine Antwort, solange wir von Gott nicht Verzeihung für unsere Sünden erwirken. Dereinst, wenn wir reuig umkehren und Gott unsere Verbannten heimführt, dann werden beschämt, die uns jetzt beschämen. Da wir leider die erhoffte Stufe noch nicht erklommen haben, bleibt noch immer der Streit aufrecht, wessen der Wert, wessen die Wahrheit, ob unser oder unser Bedränger. Bis endlich der Schiedsrichter kommt, die Perle aus der Grube holt, sie dem Sohne zurückerstattet. Dann wird klar die Wahrheit, dann kommt der Schatz an seinen rechtmäßigen Herrn, genannt das Volk des Ewigen; Neid und Hader verstummen; in jedem Fremden sieht man einen Genossen, in jedem Genossen sich selbst."[142]

Auch dieses Gleichnis ist Ergebnis einer Selbstbeschwörungsstrategie, diesmal jüdisch gewendet. Abraham Abulafia ist Zeitgenosse von Étienne de Bourbon! Wie der Christ arbeitet auch der Jude hier mit der Überzeugung: Es gibt nur eine göttliche Wahrheit, und diese Wahrheit ist identisch mit der jüdischen Religion. Diese ist zwar gegenwärtig verdunkelt, aber nicht aufgehoben. Gott hat kein Volk an die Stelle Israels gesetzt! Der gegenwärtig beklagenswerte Zustand des jüdischen Volkes ist Ergebnis seiner Sünden und Sündenstrafen, aber nicht einer Zurücknahme von Gottes Erwählung. Es werden

Zeiten kommen, wo ein „Schiedsrichter" das jüdische Volk wieder voll in seine Rechte einsetzt. Die Kritik hat zu dieser Geschichte angemerkt: „Das Gleichnis von der verlorenen Perle beweist, dass auch der jüdische Glaubensstolz seine Parabel prägte. Unduldsam erscheint sie, weil sie von einem Sohn des Hauses und mehreren Dienern, also nicht von Brüdern spricht. Doch sie klingt in einer versöhnlichen messianischen Schlusserwartung aus."[143]

Und doch ist schon bei Abulafias Geschichte ein entscheidender Unterschied zu der des Dominikaners zu beachten. Als Jude geht Abulafia davon aus, dass das Judentum sich in einem miserablen Zustand befindet; sein Festhalten an der Auserwähltheit des jüdischen Volkes geschieht also gewissermaßen aus Trotz, gegen die Empire. Sein jüdischer „Glaubensstolz" kommt aus einer Situation der Schwäche, der diskriminierten Minderheit, des sozialen Elends. Der Christ ist grundsätzlich in einer anderen Situation. Bei ihm ist das Christentum nur in einem Winkel der Erde, in Palästina, in Bedrängnis, ansonsten in einer Position der Stärke. Die Unduldsamkeit des Christen kommt somit aus einem Gefühl des Triumphes, der prinzipiellen Überlegenheit des Christentums als Mehrheitsreligion über alle anderen Religionen. Christlicher und jüdischer „Glaubensstolz" haben also einen völlig verschiedenen Hintergrund. Juden, wo immer diese Geschichte erzählt wird, sind in einer grundsätzlich anderen Situation als Christen. Und niemand hat dafür ein eindrücklicheres Zeugnis geliefert als Rabbi Ibn Verga aus der zweiten Hälfte des 15. Jahrhunderts. Gerade seine Geschichte steht im Zeichen von Inquisition, Vertreibung, Zwangstaufen, im Zeichen von Terror und Angst.

Die älteste jüdische Fassung der Ringparabel

In Sevilla geboren, hatte *Salomon Ibn Verga* eine einflussreiche Stellung bei den christlichen Herrschern Kastiliens einnehmen und auch bei der jüdischen Gemeinde dort hohes Ansehen genießen können. Doch sein Leben wird überschattet von der beginnenden Vertreibung der Juden aus Spanien. 1492 muss auch Ibn Verga fliehen, und zwar nach Portugal, wo er noch einmal – vermutlich zum Glaubenswechsel gezwungen – Zeuge und Opfer unsäglicher Leiden wird.[144]

Erst 1507 öffnen sich die Tore Portugals für Juden wieder, und Ibn Verga kann sich in Neapel niederlassen, wo er sein Hauptwerk „Schevet Jehuda" (wörtl.: „Die Zuchtrute für Juda") abschließt. Grundthema: Was ist der Sinn jüdischer Existenz in dieser Zeit? Warum müssen Juden immer wieder durch Perioden entsetzlichen Leids, schändlicher Verleumdung und grausamer Verfolgung hindurch? Diese Fragen werden von Ibn Verga in Religionsgesprächen abgehandelt, in denen Könige mit hohen Geistlichen oder mit jüdischen Schriftgelehrten, Päpste mit jüdischen oder christlichen städtischen Volksgruppen diskutieren. Insbesondere die Aufdeckung des Judenhasses der breiten Volksmassen überträgt Ibn Verga einem König namens Alfonso und einem hohen Geistlichen namens Thomas. Beide erweisen sich dabei als Anwälte der Juden, die sich bemühen, der jüdischen Existenz Gerechtigkeit widerfahren zu lassen.

In diesem Zusammenhang wird nun auch im 32. Kapitel des Buches *eine Geschichte von zwei Brüdern und zwei Edelsteinen* erzählt, die eine Analogie zu unserer Ring-Geschichte aufweist. Zurückprojiziert wird sie in die Herrschaftszeit Don Pedros, des christlichen Königs von Aragonien (1094–1104). Diesem wird von seinem Berater Nicolaus von Valencia empfohlen, die Juden in seinem Land zu bekämpfen, da deren Hass gegen die Christen groß sei und sie, wie es in jüdischen Schriften heiße, die Christen nicht grüßen dürften. Im Übrigen schmerze ihn die Unverschämtheit der jüdischen Behauptung, das christliche Bekenntnis sei irrig. Da aber der König sich selber überzeugen will, lässt er einen jüdischen Weisen namens Ephraim Sancho kommen und will von ihm wissen, ob für ihn das jüdische oder das christliche „Gesetz" das bessere sei. Der Jude versucht sich zunächst mit einer pragmatischen Auskunft aus der Affäre zu ziehen: Für den König sei gewiss sein Gesetz das bessere, so wie für ihn das seine. Doch der König will mehr. Und so erbittet der Jude drei Tage Bedenkzeit, um dann mit diesem Gleichnis zurückzukommen:

„Vor einem Monat reiste mein Nachbar in die Ferne, und um seine beiden Söhne zu trösten, ließ er ihnen zwei Edelsteine zurück. Nun kamen die beiden Brüder zu mir und verlangten von mir, ich sollte sie von der Eigentümlichkeit der Steine und deren Unterschied in Kenntnis setzen. Als ich ihnen bemerkte, dass dazu nie-

141

mand geeigneter sei, als ihr Vater, der ja eine große Meisterschaft in der Kenntnis der Steine nach Wert und Form besitze, da er Juwelier sei, sie also an ihn sich wenden möchten, schlugen sie mich und schmähten mich wegen dieses Bescheides. – Da haben sie Unrecht getan, sprach der König, sie verdienen bestraft zu werden. – Der Weise versetzt darauf: So möchten denn deine Ohren, oh König, vernehmen, was soeben dein Mund gesprochen! Siehe, auch Esau und Jakob sind Brüder, von denen jeder einen Edelstein erhielt, und unser Herr fragt nun, welches der bessere sei. Möge unser Herr doch einen Boten an den Vater im Himmel senden, denn das ist der größte Juwelier, er wird den Unterschied der Steine schon angeben.

Da sprach der König: Siehst du, Nicolaus, die Klugheit der Juden? Wahrlich ein solcher Weise verdient beschenkt und geehrt zu werden. Du aber müsstest Strafe erhalten, da du Falsches geredet hast wider die gesamten Juden. Da sprach Nicolaus: Wie dem auch sei, es war immer bei den heiligen Königen Brauch, alle Religionen der ihren zu unterwerfen; warum unterwirfst du diese nicht? Der König: Ich habe nie einen Erfolg bei einer Sache gesehen, die durch Zwang geschieht, denn so wie der Bezwinger nachlässt, kehrt sie zu ihrem früheren Zustande zurück, wie der in die Höhe geschleuderte Stein sofort, wenn die Kraft der Hand aufhört, wieder nach dem Mittelpunkte der Erde zurückfällt, oder der im Innern der Erde eingeschlossene Wind bald diese auseinander reißt und zu seinem Elemente zurückkehrt. Darum rate ich dir, Nicolaus, verfahre mit diesem Volke nicht zwangsweise. Vielleicht aber vermagst du etwas über sie durch milde Belehrung und anhaltende tägliche Ermahnung, denn wenn schon der herabfließende Tropfen ungeachtet seiner Schwäche auf dem Marmor trotz aller seiner Härte einen Eindruck macht, einen um wie tieferen Eindruck müssen dann milde Zungen auf das weiche Herz von Fleisch machen?"[145]

Geschichten aus Existenzangst

Inhaltlich bemerkenswert ist an Ibn Vergas Geschichte dreierlei: (1) Sie reflektiert den *gesellschaftlichen Status von Juden* und zeigt, wie unausrottbar das Misstrauen ihnen gegenüber im christlichen Kontext ist. Zugleich macht sie auf politisch kluge Weise klar, wie falsch eine Strategie der Gewalt gegenüber Juden wäre. Denn gegen seinen Berater entscheidet sich hier der *christliche* König dafür, den Juden Zwang und Gewalt zu ersparen und stattdessen „auf milde Belehrung und anhaltende tägliche Ermahnung" zu vertrauen. Man kann dies – negativ interpretiert – „ein Beispiel für die Ablösung der Juden*verfolgung* durch penetrante Juden*mission*" nennen,[146] oder – positiv – „ein Toleranzdenken, das, im kirchlich fanatisierten Spanien des 15. Jahrhunderts, im Spanien der Inquisitionsgerichte verkündet, unzeitgemäß erscheinen" muss.[147]

(2) Erkennbar ist eine Verschiebung von der Pragmatik in die *Theozentrik* bei der *Begründung der Toleranz*. Denn die ursprüngliche pragmatische Antwort des Juden (Dein Gesetz für dich, mein Gesetz für mich) wird abgelöst durch eine theozentrische. Zur Lösung der Wahrheitsfrage wird ausdrücklich und ausschließlich auf Gott allein verwiesen. Er, nicht Menschen, kennt die Wahrheit. Äußerlich gesehen sind die Religionen – wie Edelsteine – gleich, gleichwertig; nur der himmlische Juwelier kann die Steine wirklich beurteilen. Daraus folgt für die Toleranzfrage *auf Erden:* Da niemand einen Boten zu Gott senden kann, bleibt allen die göttliche Antwort unbekannt. Unter Menschen verschiedener Religionen kann es *deshalb* nur gegenseitige Akzeptanz geben. Der Verweis auf das „Gott allein" dient also nicht einem Wahrheitsrelativismus, sondern der Milderung einer absolutistischen Wahrheitsverbissenheit unter Menschen. Diese Wahrheitsverbissenheit – Ibn Verga weiß, wovon er redet – ist schuld an Hunderten von Toten, Tausenden von Vertriebenen und Abertausenden von Zwangskonvertierten.

(3) Erkennbar ist eine *Strategie der Tarnung des eigenen Wahrheitsanspruchs*. Will ein Jude in einem repressiven christlichen Kontext den Wahrheitstest überleben, kann er den Anspruch seiner eigenen Religion nicht offensiv vortragen. Das würde zur Auslöschung seiner Existenz führen. Die äußerste Möglichkeit, die einem Juden in diesem Kontext verbleibt, ist die Unentschiedenheit der Wahrheitsfrage durch Verweis auf Gott selbst. Dass aber selbst dieses Unentschieden schwer zu erreichen ist, macht die Reaktion des christlichen Beraters von Don Pedro überdeutlich. Er denkt gar nicht daran, diesen Appell an Gott plausibel zu finden. Im Gegenteil insistiert er

darauf, dass es „immer bei den heiligen Königen Brauch" gewesen sei, „alle Religionen der ihrigen zu unterwerfen". Theophil Lessing wusste in seiner Leipziger Disputation schon, worum es ging, als er wider die aggressive Unduldsamkeit von Christen gegenüber Nichtchristen argumentierte ...

Hier liegt auch der entscheidende Unterschied beider Überlieferungsstränge: Wenn Christen die Geschichte von den Ringen erzählten, dann taten sie dies aus triumphalistischem Wahrheitsbesitz heraus – *gegen* Juden und Muslime. Wenn Juden eine solche (oder eine ähnliche) Geschichte erzählten, dann mussten sie in der Regel ihren eigenen Wahrheitsanspruch tarnen, dann herrschte in solchen Geschichten die Angst vor Repression oder Existenzauslöschung, dann konnten Juden bestenfalls ein „Unentschieden" erreichen, ein Geltenlassen ihrer Religion auf Erden durch Appell an Gott im Himmel. Deshalb ist es kein Zufall, dass eine Gleichnisgeschichte (ob Ring, ob Perle oder Edelsteine) zugunsten der Toleranz erstmals jüdischer Imagination, besser: jüdischem Überlebenswillen entsprang. Es waren Juden, die sich gezwungen sahen, mit Hilfe solcher Gleichnisse ihr Existenzrecht im christlichen Kontext zu sichern und die existenzbedrohende Unduldsamkeit mit einer theozentrischen Toleranzgeschichte zu unterlaufen. Insofern wird man Ibn Vergas Edelstein-Gleichnis als älteste der Forschung bisher bekannte *jüdische Fassung der späteren Ringparabel* bezeichnen dürfen. Eine Quelle für Lessing ist Ibn Verga nicht. Die ist – wie wir hörten – Boccaccio, der ein Jahrhundert *vor* Ibn Verga lebt und den der spanische Jude nicht kennt. Möglicherweise aber liegen beiden, dem Italiener und dem Spanier, noch ältere Ring- oder Ring-analoge Erzählungen zugrunde. Gibt es vielleicht eine gemeinsame Quelle für beide Versionen?

Geographisch werden wir mit Ibn Verga verwiesen auf ein Land, in dem das Zusammenleben von Juden, Christen und Muslimen reflektiert werden musste. *Spanien* dürfte der Wurzelboden von Gleichnisgeschichten zugunsten der Toleranz gewesen sein. Schon 1874 hatte der Literaturwissenschaftler Wilhelm Scherer geschrieben: „In Spanien trafen Christentum, Judentum und Islam in so naher Berührung zusammen wie nirgends sonst. Man trat sich geistig näher, ein Culturaustausch fand statt, intimere Beziehungen im Leben waren nicht unerhört; spanische Christen, Prinzen und Edelleute, traten in arabische Dienste. In Spanien konnte man die Religionen am bequemsten vergleichen, und vergleichen ist anerkennen. In Spanien entstand daher das Buch Khozari, dessen Verfasser die Theologen der drei Religionen und einen Philosophen gegeneinander argumentieren lässt. In Spanien war der Jude *Moses Maimonides* zuhause, dessen halb rationalistische Philosophie sich geeignet erwies, den Wunderglauben zu untergraben und die Schöpfung aus Nichts zu bestreiten, und Moses Maimonides traf mit dem schärfsten Tadel seine Glaubensgenossen, welche sich erlaubten, den Islam als Götzendienst zu bezeichnen."[148]

Wenn dies aber so ist, hat dann nicht auch der Islam an Gleichnisgeschichten zugunsten der Toleranz seinen Anteil? Gibt es möglicherweise auch in der Welt des Islam Parallelen zur Ringparabel, zumal schon die altfranzösische Ring-Erzählung des 13. Jahrhunderts ins muslimische Ägypten verwies?

4. Parallelen in der Welt des Islam?

Weder in der Literaturwissenschaft noch in der Islamkunde ist – meines Wissens – je umfassend genug untersucht worden, ob es solche Parallelen in der Welt des Islam gibt, analoge Geschichten, die möglicherweise untergründig den Wurzelboden mitgenährt haben könnten, auf dem in Spanien Toleranz-Geschichten erwuchsen. Oder ist die in der Ringparabel narrativ verdichtete Konzeption völlig unislamisch? Die gründliche Erforschung eines möglichen muslimischen Anteils also ist ein dringendes und zugleich spannendes Desiderat der Forschung.

Ich selber bin bei meinen Recherchen vor allem den Spuren gefolgt, die der Tübinger Islamologe *Josef van Ess* in seinen Schriften aufgewiesen hat.[149] Drei Texte sind dabei von besonderem Interesse, die zumindest Anklänge an Lessings Ringparabel verraten. Einer entstammt dem spanisch-muslimischen Raum, zwei der großen Stadt Bagdad, die bekanntlich unter dem Kalifen Al-Mansur (754–775), dem zweiten Kalifen der Abbasiden-Dynastie, gegründet worden war und bald der syrischen Hauptstadt Damaskus den Rang als politisches, religiöses und kulturelles Zentrum des Islam ablaufen sollte. Ja, Bagdad – mit möglicherweise 1½ Millionen Einwohnern schon im

10. Jahrhundert größer als selbst Konstantinopel – wird für Jahrhunderte die Metropole der muslimischen Welt schlechthin, in der Menschen verschiedener Regionen, Klassen, Kulturen und auch Religionen zusammenlebten. Kein Wunder, dass in einer solchen Weltstadt auch Fragen des religiösen Pluralismus diskutiert werden, Fragen somit, welche Religion die wahre sei und wie man sich zur Wahrheitsfrage angesichts der Vielfalt der Religionen verhalten soll.

Ein Religionsgespräch mit unerwartetem Ausgang: das Perlengleichnis

Al-Mansur wurde als Kalif durch seinen Sohn *Al-Mahdi* (775–785) abgelöst, der u.a. dadurch bekannt ist, dass er innermuslimisch Ketzerverfolgungen (vor allem gegen iranische Manichäer) betrieb und sogar das Amt eines Ketzerrichters einrichtete. Er soll auch – als erster, wie man sagt – die islamischen Theologen dazu angehalten haben, sich mit den „Ketzern" auseinander zu setzen, hatte er doch als Kalif die Aufgabe, die Religion rein zu erhalten. Das hindert Al-Mahdi offensichtlich nicht, mit einem führenden Christen seiner Zeit ein intensives Religionsgespräch zu führen, nach außen also – gemäß den Weisungen des Koran – mit Christen „dialogisch" umzugehen. Im Jahre 781 dürfte dieses nachmals berühmte Gespräch mit dem geistlichen Oberhaupt der ostsyrischen Kirche, dem nestorianischen *Patriarchen Timotheus I.*, stattgefunden haben. Es besticht noch heute durch ein hohes Maß an Respekt und Verständnis, um das sich die beiden Gesprächspartner bemühen, zumal die gesamte Palette der zwischen Christen und Muslimen seit jeher umstrittenen theologischen Sachfragen zur Sprache kommt.[150] Zur Einschätzung aber ist wichtig, dass der Christ in diesem Gespräch politisch gegenüber dem muslimischen Herrscher in der Defensive ist; er muss vorsichtig argumentieren, um seine Person nicht zu gefährden. Und auch dies muss man wissen: Der Text, den wir über dieses Religionsgespräch haben, stammt aus christlicher Überlieferung. Da aber die Mitteilungen über den muslimischen Partner kaum erfunden sein dürften, lässt diese christliche Quelle durchaus Rückschlüsse auf damals im Islam vertretene Positionen zu.

Das Religionsgespräch weist einen bemerkenswerten Schluss auf: ebenfalls ein *Gleichnis von einer Perle*. Es scheint, als ob die Gesprächspartner sich im Verlauf ihrer langen Auseinandersetzung erschöpft hätten. Am Ende steht Argument gegen Argument, Überzeugung gegen Überzeugung. Alles hebt sich gegenseitig auf. Die eine Wahrheit kann sich nicht gegen die andere durchsetzen. Durch das Perlen-Gleichnis wird etwas von dieser Ermüdung des Streites, diesem Unentschieden in der Wahrheitsfrage, verdeutlicht. Denn der Patriarch lässt den Kalifen wissen:

„Unser siegreicher König, in dieser Welt sind wir alle wie in einem dunklen Haus in der Mitte der Nacht. Wenn des Nachts und in dem dunklen Haus zufällig eine kostbare Perle mitten unter die Menschen fällt und alle sich ihrer Existenz bewusst werden, wird jeder danach trachten, diese Perle aufzuheben. Sie wird nicht jedermann zufallen, sondern nur einem. Während aber einer die Perle selbst bekommen wird, wird ein anderer ein Stück Glas, ein Dritter ein Stück Stein oder ein Stück Erde bekommen, aber jeder wird glücklich und stolz sein, dass er der wirkliche Besitzer der Perle ist. Wenn jedoch Nacht und Dunkelheit verschwinden und Licht und Tag heraufziehen, dann wird jeder, der glaubte, dass er die Perle habe, seine Hand nach dem Licht ausstrecken, das alleine zeigen kann, was jeder in der Hand hat. Der, welcher die Perle besitzt, wird triumphieren und glücklich und befriedigt mit ihr sein, während die, die ein Stück Glas oder ein bisschen Stein in der Hand halten, weinen und traurig sein werden. Sie werden seufzen und Tränen vergießen.

In der gleichen Weise sind wir Menschenkinder in dieser vergänglichen Welt wie in Finsternis. Die Perle des wahren Glaubens fiel mitten unter uns alle, und sie ist zweifellos in der Hand von einem von uns, während alle von uns nur glauben, dass wir dieses kostbare Objekt besitzen. In der Welt jedoch, die kommt, vergeht die Dunkelheit der Sterblichkeit, der Nebel der Unwissenheit löst sich auf, da es das wahre und wirkliche Licht ist, das dem Nebel der Unwissenheit absolut fremd ist. Dann werden die Besitzer der Perle triumphieren, glücklich und befriedigt sein, und die Besitzer bloßer Stücke von Steinen werden weinen, seufzen und Tränen vergießen, wie wir vorher gesagt haben.

Und unser siegreicher König sagte: ‚Die Besitzer der Perle sind in dieser Welt unbekannt, oh Katholikos.‘ Und ich antwortete: ‚Sie sind teilweise bekannt, oh unser siegreicher König.' Und unser siegreicher und sehr weiser König sagte: ‚Was meinst du mit ‚teilweise bekannt', und wodurch sind sie als solche bekannt?' – Und ich antwortete: ‚Durch gute Werke, oh unser siegreicher König, und fromme Taten'."[151]

Zwar führt der christliche Patriarch im Folgenden doch noch einmal das Christentum als bestes Zeugnis für die Existenz der echten Perle an. Den muslimischen Kalifen aber beeindruckt er auch damit nicht. Dieser verabschiedet sich vielmehr aus dem Gespräch mit der eher skeptisch-zurückhaltenden Wendung: „Wir haben Hoffnung in Gott, dass wir die Besitzer dieser Perle sind, und dass wir sie in unseren Händen halten." Hoffnung! Aber Hoffnung ist nicht Sicherheit, ist nicht Beweis.

Josef van Ess sieht hier den Einfluss der antiken Skepsis im Raum des Islam. Schon sie kannte die Denkfigur der „isostheneia ton logon", der „Gleichwertigkeit aller Meinungen". Schon ihr war die Vorstellung vertraut, dass im Streit um die Wahrheit These und Gegenthese, Beweis und Gegenbeweis subjektiv vom gleichen Wert sein können. Menschen haben nun einmal kein objektives Kriterium in der Hand, um selber über die Wahrheit ein für allemal zu entscheiden. Satz und Gegensatz heben sich oft genug auf. Ein solcher Skeptizismus ist seinerseits Reaktion auf die Erfahrung pluralistischer Zersplitterung der Wahrheit in die verschiedenen Religionen, ein Prozess, dessen Einfluss offensichtlich noch in der Zeit des Islam spürbar ist. Das Perlen-Gleichnis ist ein Beispiel dafür. Der rechte Glaube ist wie eine wertvolle Perle, die jeder zu besitzen *meint*, deren Echtheit aber erst im Jenseits erkannt wird, im Diesseits höchstens in einer Andeutung durch die guten Werke seiner Anhänger. van Ess kann hier einen „Vorläufer der Ringparabel"[152] erkennen, und in der Tat liegen die Analogien auf der Hand. Wir werden hören: Auch in Lessings Parabel gibt es den echten Ring noch, aber er ist von Menschen unter irdischen Bedingungen nicht mehr erkennbar. Seine Echtheit wirkt sich bestenfalls in künftigen guten Taten aus. Erst in der Zukunft, in „tausend, tausend Jahren", mag ein Richter die Existenz des wahren Rings verifizieren oder falsifizieren. Erst dann, wenn das „Licht" angezündet ist, wird offenbar, bei wem der wahre Ring möglicherweise noch existiert.

Noch einmal radikalisiert ist diese Skepsis auf muslimischem Boden zweihundert Jahre später im Bagdad des 10. Jahrhunderts unter Intellektuellen einer überfeinerten Stadtkultur. Hier gab es kurz vor der Jahrtausendwende einen Mann namens *Abu Sulaiman*, der „Logiker" genannt, Initiator und Mittelpunkt eines schöngeistigen philosophischen Zirkels. Von ihm ist die Geschichte eines Skeptikers aus dem nordostiranischen Sidschistan überliefert, an den die Frage gerichtet wurde, wie er beweisen wolle, dass seine Grundüberzeugung von der Skepsis die richtige sei. Dieser habe geantwortet:

„Durch die Nachricht aus den (heiligen) ‚Büchern'. Da aber konnte ich nicht finden, dass die Anhänger der einen Religion darauf größeren Anspruch hätten als die einer andern, noch auch fand ich Möglichkeiten, ihnen allen (zugleich) zu glauben. Einer Gruppe vor der andern zu glauben, wäre Unrecht; denn (alle) kommen sie einander gleich in Anspruch und Argument, Apologie und Anwaltschaft."

Da habe man den Skeptiker gefragt, warum er sich dennoch an seine Religion binde und sie nicht verlasse. Und er habe geantwortet:

„Sie hat (für mich) ein besonderes Fluidum, welches keine andere hat. Ich bin in ihr geboren und aufgewachsen, ich habe ihre Süßigkeit in mich aufgesogen und bin mit den Gewohnheiten ihrer Anhänger vertraut geworden. Ich bin einem Manne gleich, der in ein Karavanseray hineinging, um dort, bei strahlendem Himmel, eine Weile des Tages Schatten zu suchen. Der Herr des Karavanserays brachte ihn in eines der Zimmer, ohne aber sich weiter zu erkundigen oder (sichere) Kenntnis zu haben, ob dies ihm passe. Während er nun dorten sich aufhielt, siehe!, da kam eine Wolke auf, und es goss vom Himmel. Im Zimmer (begann es) zu tropfen, und er schaute sich um nach den (andern) Zimmern, die in dem Absteigequartier waren; aber er sah, dass es auch in ihnen durchregnete. Der Hof des Hauses jedoch war, so sah er, (von) Schlamm (bedeckt). Da dachte er bei sich (dass es besser sei), dort zu bleiben, wo er war, und nicht in ein anderes Zimmer umzuziehen; (so) würde er seine Ruhe haben und seine Füße nicht mit dem Schlamm und dem Kot im Hof beschmutzen. Er entschied sich dafür, in seinem Zimmer auszuharren und in seiner Lage zu verweilen. – So auch ich: Ich wurde geboren, ohne Verstand zu besitzen; dann brachten mich meine Eltern in diese Religion hinein, ohne dass ich diese vorher (hätte) erproben (können). Und als ich sie näher prüfte, da sah ich, dass sie vorgeht wie die andern auch, und ich sah, dass es mir besser anstünde, bei ihr auszuharren, als sie im Stiche zu lassen; denn ich hätte sie nur aufgeben und mich für eine andere entscheiden können, indem ich jene für mich wählte und der ersteren vorzog. Ich fand aber für jene kein Argument, ohne nicht sofort ein gleiches zu finden, das eine andere ihr hätte entgegenhalten können."[153]

Bemerkenswert an diesem Gleichnis ist die Begründung der Toleranz nicht aus der Theozentrik, sondern aus der humanen Skepsis. Verwiesen wird hier ja nicht – wie beim Juden Abulafia oder beim Religionsgespräch zwischen dem Patriarchen und dem Kalifen – auf Gott allein als den einzigen Kenner der Wahrheit. Verwiesen wird hier auf den menschlichen Zweifel an *aller* Wahrheit. Die Treue zur angestammten Religion kann sich nur noch aus dem Mangel an besserer Alternative begründen. Jeder ist nun einmal in seine Religion hineingeboren, und wenn er sie verließe, würde er nur eine defizitäre Größe gegen eine andere austauschen. Konsequenz: Da alle Argumente für und gegen eine Religion sich gegenseitig aufheben und es überall gleich „schlecht" zugeht, ist ein Wechsel von einer Religion zur anderen buchstäblich der Mühe nicht wert, zumal man sich beim Umzug von der einen in die andere möglicherweise auch noch „schmutzig" macht ...

Auch hier ist eine *Parallele zu Lessing* deutlich erkennbar. Auch in seiner Parabel wird nicht der Rat gegeben werden, die eigene Religion zu verlassen. Im Gegenteil. Eines der Hauptargumente wird lauten: „Wie kann ich meinen Vätern weniger, / Als du den deinen glauben? Oder umgekehrt. – / Kann ich von dir verlangen, dass du deine / Vorfahren Lügen straft, um meinen nicht / Zu widersprechen? Oder umgekehrt. / Dass nemliche gilt von den Christen" (III/7). Auch in Lessings Parabel wird für das Verbleiben in den Religionen geworben, freilich nicht aus Skeptizismus wie bei Abu Sulaiman, sondern aus Hoffnung darauf, dass man die Religionen von innen auf Menschlichkeit hin verändern kann.

Gewiss: Die Vertreter eines humanen Skeptizismus im Islam blieben Randfiguren; der Hauptstrom islamischen Denkens, insbesondere in den vier Rechtsschulen, wird an ihnen vorbeigehen. Und doch sollte man auch einen Blick auf die *Tradition der Mystik* werfen, und hier fällt – möglicherweise eine *dritte Parallele* – ein Text ins Auge, der von einem der berühmtesten islamischen Mystiker, *Ibn 'Arabi*, stammt. 1165 im südspanischen Murcia geboren, kommt er mit 8 Jahren nach Sevilla, wo er rund 30 Jahre bleibt. Hier verschafft er sich glänzende Kenntnisse der Traditions- und Rechtswissenschaft, bevor er im Jahre 1201 Spanien für immer verlässt. Er tritt zunächst eine Pilgerfahrt nach Mekka an, reist später nach Kairo und ins türkische Konya, der Hauptstadt der Rum-Seldschuken, besucht Bagdad und lässt sich schließlich in Damaskus nieder, wo er 1240 stirbt und sein Grab noch heute Verehrung genießt. Nach Einschätzung von Annemarie Schimmel, der wir ein Standardwerk über „Mystische Dimensionen des Islam" (1985) verdanken, stellen die Schriften Ibn 'Arabis den „Höhepunkt mystischer Theorien dar, während die Orthodoxie niemals aufgehört hat, ihn anzugreifen".[154]

Warum Ibn 'Arabis Denken der Orthodoxie gefährlich sein musste, wird klar, wenn man sich seinen Grundgedanken verdeutlicht: Gott und Mensch sind auf innigste Weise verbunden durch die unerschöpfliche Energie der Liebe. Sie hält die Einheit des Seins zusammen. In der Liebe ist die Welt in Gott, und Gott ist in der Welt. Je nach Standpunkt kann Gott Mensch und der Mensch Gott sein. Schöpfer und Geschöpf sind wie Wasser und Eis, das gleiche Sein in verschiedener Gestalt und Manifestation. Gott wird zum Spiegel, in dem der Mensch seine eigene Realität schaut, und der Mensch wiederum wird zum Spiegel, in dem Gott seine Namen und Qualitäten schaut. Plastisch anschaulich wird dieser Gedanke im Lieblingssymbol der späteren persischen mystischen Dichtung: dem Symbol des *Ringsteins*. Das Herz wird als Siegelring angesehen, in den die göttlichen Namen und Attribute eingegraben sind, die nun wieder anderen Menschen eingeprägt werden sollen, die dem Siegelwachs vergleichbar sind.

Aus diesem Glauben an die Kraft der alles durchdringenden Liebe begegnet bei Ibn 'Arabi nun auch der Gedanke, dass es für jedes menschliche Wesen eine bestimmte Form der Religion gibt. Der Gläubige kann nur in der Form des Glaubens, den er kennt, Visionen haben; der Muslim wird etwas anderes schauen als der Christ oder der Jude. Alle aber machen auf ihre Weise die göttliche Liebesenergie spürbar, so dass Rangunterschiede zwischen den Religionen aufgehoben erscheinen. Nur so erklärt sich ein Text, der Ibn ʿArabis Vorstellungen von der *Gleichwertigkeit der Religionen* zum Ausdruck bringt:

> „Mein Herz ist für jede Form (des Glaubens) aufnahmefähig geworden.
> Es ist daher ein Weideplatz für indische Weisheit,
> Ein Kloster für christliche Mönche,
> Ein Tempel für Götzen,
> Eine Kaʿba für einen muslimischen Pilger,
> Die Gesetzestafeln der Tora
> Und die Buchrolle des Koran.
> Ich hänge in der Religion der mystischen Liebe an.
> Wohin auch immer deren Kamele ihren Weg nehmen!
> Dies ist meine Religion und mein Glaube!"[155]

Gewiss wollte Ibn ʿArabi, selber strenggläubiger Muslim, damit keiner allgemeinen Religionsgleichgültigkeit das Wort reden. Der Text redet nicht religionstheologisch, sondern mystisch. Er will keine allgemeine religionspolitische Anweisung für die Masse geben, sondern ist eher – wie Annemarie Schimmel formuliert – „eine Feststellung über den hohen geistigen Rang des Verfassers", und „damit höchstes Selbstlob, Anerkennung einer Erleuchtung, die weit jenseits der ‚Erleuchtung durch die Namen' liegt".[156]

Und doch dürfte eine solche Aussage in der Wirkung der allgemeinen Religionstoleranz Vorschub leisten. Denn wenn das Herz des mystisch in Gottes Liebe versunkenen Menschen so weit wird, dass es alle Glaubensenergien umfasst, seien sie jüdischer, christlicher oder auch heidnischer Provenienz, dann kommt darin ein Universalismus zum Ausdruck, der die Anerkennung mystischer Erfahrungen auch außerhalb der eigenen Religion befördert. Der Sufismus zeichnet sich – wie wir im Fall des Derwisch Al-Hafi bereits zeigen konnten – bei aller Gesetzestreue im Allgemeinen durch Akzeptanz verschiedener Zugänge zum Göttlichen aus. Auch die Tatsache, dass Ibn ʿArabis Denken in Spanien entstand, dürfte kein Zufall sein.

Deshalb wird man mit *Otto F. Best*, einer der wenigen Autoren, die Lessings religionsphilosophisches Denken mit der großen arabischen Philosophie spanischer Provenienz (Ibn Tufail, Ibn Rushd) in Verbindung brachte, sagen können: „Der nachweislich universell belesene, mit der islamischen Kultur und der mittelalterlichen Philosophie vertraute Autor hat der Idee der Toleranz in seinem *Nathan* ein bleibendes Denkmal gesetzt. Die Ringparabel, die ihren Kern bildet, entstand in Spanien, einem Land, wo der arabische mystische Rationalismus eine Blütezeit erlebte und die vitale und legale Harmonie zwischen den Gläubigen, d. h. zwischen Christen, Mauren und Juden, kein Märchen war. Ins Märchen verwiesen wurde der Toleranzgedanke erst, als er fragwürdig geworden, als die Doktrin der Toleranz sich im Niedergang befand, in den Schatten des Vergessens geriet wie die einst fortschrittliche spanisch-maurische Kultur."[157] *Parallelen zu Lessings Parabel* sind in der Tat auch hier namhaft zu machen. Wir werden hören, dass die Toleranz gegenüber allen Religionen in der Liebe Gottes begründet ist: Der Vater (bzw. Gott) selber wollte in seiner Liebe die Ununterscheidbarkeit der Ringe (bzw. der Religionen), so dass von ihm her die Rangunterschiede aufgehoben sind und die prinzipielle Gleichwertigkeit der Religionen etabliert ist.

Aus diesem selektiven Textbefund folgt, dass uns die drei klassischen theologischen Begründungsmuster für religiöse Toleranz auch im muslimischen Raum begegnen. Toleranz zwischen den Religionen kann begründet werden:

(1) aus dem *Vertrauen auf Gottes Zukunft*. Die Entscheidung über die Wahrheit wird dann einem göttlichen Entscheid in der Zukunft überlassen. Gott wird anheimgestellt, was auf Erden kein Mensch entscheiden kann (Perlen-Gleichnis).

(2) aus *menschlicher Skepsis*. Weil niemand unter Menschen über die Wahrheit verfügt, sollte sich jeder mit dem begnügen, was er an religiöser Wahrheit nun einmal überliefert bekommen hat. Ein Religionswechsel ist der Mühe nicht wert, da man ein Unvollkommenes nur gegen ein gleich Unvollkommenes austauscht (Karavanseray-Gleichnis).

(3) aus dem *Glauben an die universale Liebe Gottes*. Die Entscheidung über die Wahrheitsfrage hat Gott selbst bereits getroffen. In seiner Liebe will Gott keine Rangfolge unter den Religionen. Seine Liebe macht vielmehr zu universaler Akzeptanz unter Menschen

fähig, weil jeder Mensch, welchen Glaubens auch immer, von dieser Liebe umgriffen ist und sie sichtbar machen kann.

Dies alles sind Schlaglichter aus der Welt des Islam, Analogien zu Teilaspekten von Lessings Ringparabel. Als direkte Quelle kommen all diese Texte nicht in Frage. Wohl aber lassen sie die Schlussfolgerung zu, dass die in der Ringparabel entwickelte Konzeption durchaus nicht unmuslimisch ist.

5. Neue Verhältnisse in Italien

So wenig der islamische Raum für unsere Frage gründlich genug erforscht ist, so gut ist der christliche untersucht. Wir konnten schon darauf hinweisen: An vielen Orten in Europa haben Christen die Ring-Geschichte gegen Juden und Muslime erzählt. In Italien war es anders. Und die *älteste christliche Quelle* für die Ringparabel hat man nicht zufällig in Italien gefunden, in jenem faszinierenden „Buch der hundert alten Novellen" („Il Novellino"), das anonym zwischen 1280 und 1300 – vermutlich in Florenz – zusammengestellt worden ist. Die Texte selber sind wesentlich älter. Lange Zeit literarisch unterschätzt, erkennt man in diesem Buch heute den Höhepunkt einer jahrhundertealten Erzähltradition, der man die Unbekümmertheit und Frische der mündlichen Weitergabe noch anmerkt.[158]

Der weisheitliche Universalismus des „Il Novellino"

Für uns von besonderem Interesse ist der *weisheitliche Universalismus* dieser ältesten europäischen Novellensammlung. Wie selbstverständlich sind hier die großen Länder Europas (England, Spanien, Frankreich, Griechenland) mit Geschichten vertreten; wie selbstverständlich die Kulturen Asiens (Indien) und des Orients (Arabien); wie selbstverständlich stehen christliche Kaiser (die Staufer Friedrich I. und Friedrich II.), jüdische Könige (David), muslimische Sultane (Saladin) und heidnische Imperatoren (Alexander der Große) nebeneinander. Weisheit wird auf diese Weise als ein nationen-, kulturen- und religionenübergreifendes Phänomen geschildert. Die in diesem

Buch erkennbare fragende Neugierde, der „Anstoß zum richtigen Fragen" und „damit die Infragestellung des überlieferten, für sicher gehaltenen Wissens", kommt in der Tat „von außerhalb, sogar von weither"[159] ...

Kein Zufall deshalb, dass der *Staufer Friedrich II.* in diesen Geschichten häufig auftaucht (Nr. 21, 22, 23, 90). Jener Herrscher, den schon seine Zeit „stupor mundi" nannte, das Staunen der Welt. Denn wie kein anderer Kaiser des Mittelalters hatte dieser in der sizilianischen Stadt Palermo geborene und unter Christen und Muslimen aufgewachsene Mann Kontakt zur orientalisch-arabischen Kultur. Niemand verstand es wie er, arabisch-philosophisches Denken und muslimische Religiosität christlich nicht nur zu tolerieren, sondern kulturell fruchtbar zu machen. „Sultan von Lucera" nannte man Friedrich, weil er auf dem Hochplateau von Lucera, 17 Kilometer nordwestlich von Foggia in Süditalien, ab 1221 eine Kolonie sizilianischer Sarazenen angesiedelt hatte. Das war zwar als Zwangsmaßnahme geschehen, aber damit hatte Friedrich einen Ort rein muslimischer Glaubensausübung geduldet – zum Entsetzen des damaligen Papstes auf „christlichem Boden".[160]

Kein Zufall auch, dass *Sultan Saladin* als Idealgestalt eines Herrschers präsentiert wird. Aber bemerkenswert ist, dass schon hier die Geschichte dieses Muslim (Nr. 25) indirekt zur *Kritik an christlichem Verhalten* eingesetzt ist. Fanatische Unduldsamkeit zwischen Christen und Muslimen im Zeichen der Kreuzzüge? Davon ist im Kontrast zu den zeitgenössischen Theologen in diesem poetischen, volksnahen Weisheitstext nichts zu spüren. Im Gegenteil:

„Derselbe Saladin bot einmal, in der Zeit seines Sultanats, einen Waffenstillstand zwischen seinem Land und den Christen an; er wollte, so sagte er, unsere Sitten kennen lernen und Christ werden, wenn unser Verhalten ihm gefiele. Der Waffenstillstand kam zustande. Saladin persönlich kam zu den Christen, um ihre Bräuche zu studieren. Als er die mit weißen Tischtüchern gedeckte Tafel sah, war er voll des Lobes; er sah die Tischordnung, nach welcher der König von Frankreich getrennt von den anderen saß, und fand sie lobenswert; er sah die Tische, an denen die Anführer saßen, und lobte sie sehr. Schließlich sah er, wie die einfachen Soldaten auf der Erde saßen und kümmerlich aßen. Dies tadelte er sehr und hieß nicht gut, dass die Armen, die Freunde Gottes, auf der Erde saßen und nur kümmerlich zu essen hatten.

Danach kamen die Christen, um ihrerseits die Bräuche der Sarazenen zu studieren. Sie sahen, wie die Sarazenen zu ebener Erde saßen und ohne jegliches Gedeck aßen. Der Sultan ließ da, wo sie aßen, einen reich geschmückten Pavillon aufstellen; auf dem Boden ließ er Teppiche ausbreiten, in die Kreuzmuster eingewoben waren. Die törichten Christen traten unachtsam mit den Füßen auf jene Kreuze und spuckten darauf wie auf den Erdboden. Da ergriff der Sultan das Wort und tadelte sie heftig: ,Ihr predigt das Kreuz und achtet es so gering? Mir scheint, dass ihr euern Gott nur in Worten liebt, nicht aber in Werken. Eure Art und euer Verhalten gefallen mir nicht.' Damit war der Waffenstillstand zu Ende, und der Krieg begann wieder."[161]

Erstaunlich genug: Schon hier wird die Praxis von Christen der Kritik eines Fremden, eines Muslim, ausgesetzt. Er erinnert Christen an das Herzstück ihrer Religion! Zugleich erscheint der Muslim positiv als neugierig Fragender, der sogar mit der Möglichkeit spielen kann, seinen Glauben zu wechseln. Er ist also nicht nur religiös tolerant, sondern auch geistig offen.

Die älteste christliche Quelle der Ringparabel

Saladin dürfen wir auch (obwohl nicht direkt genannt) hinter der *73. Geschichte der Novellensammlung* vermuten. Sie lautet:

„Als der Sultan einmal in Geldnot war, riet man ihm, einen Vorwand zu suchen, um gegen einen reichen Juden, der im Lande wohnte, vorzugehen und ihm seine unermesslichen Reichtümer wegzunehmen. Der Sultan schickte nach dem Juden und fragte ihn, welches der rechte Glaube sei. Er dachte nämlich: Sagt er, der jüdische, werde ich sagen, dass er sich gegen meinen Glauben versündigt. Sagt er, der sarazenische, werde ich antworten: Weshalb hältst du dann am jüdischen Glauben fest? Als der Jude die Frage seines Herrschers vernommen hatte, antwortete er wie folgt: ,Ein Vater, der drei Söhne hatte, besaß *einen Ring mit einem sehr wertvollen Edelstein* von so großer Kraft, wie es keinen andern je gegeben hat.

Jeder der drei Söhne bat seinen Vater, ihm nach seinem Tode den Ring zu vermachen. Als der Vater sah, dass jeder der drei ihn wollte, schickte er nach einem geschickten Goldschmied und gab ihm den Auftrag: ,Meister, macht mir zwei Ringe, genau wie diesen, und setzt jedem einen Edelstein ein, der diesem ähnlich sieht.' Der Meister machte die Ringe so genau ähnlich, dass niemand außer dem Vater den echten erkennen konnte. Er ließ die Söhne einzeln zu sich kommen und gab jedem insgeheim einen Ring. Und jeder glaubte, den richtigen zu haben, und nur der Vater kannte den echten. Und so ist es mit dem rechten Glauben: Nur der Vater im Himmel weiß, welcher von den dreien der richtige ist; und seine Söhne, das heißt wir, glauben jeder für sich, den richtigen zu haben.' Als der Sultan hörte, wie geschickt sich der Jude aus der Affäre zog, wusste er nicht, wie er gegen ihn vorgehen konnte, und ließ ihn ziehen."[162]

Der Unterschied zu anderen Texten aus christlicher Überlieferung ist offenkundig. Erstmals erzählt hier ein christlicher Autor oder Tradent (den wir hinter der Anonymität vermuten können) die Ring-Geschichte nicht, um das Christentum gegen Judentum und Islam zu profilieren. Erstmals wird die Ring-Geschichte christlicherseits *projüdisch* und *proislamisch* weitererzählt. Denn gut steht in dieser Geschichte nicht nur der Jude da, der sich „geschickt" aus der Affäre zu ziehen weiß. Gut steht auch der Sultan da, der in der Lage ist, seine anfangs gehegte Geldgier zurückzustellen und sich durch die Klugheit des Juden mäßigen zu lassen. Mehr noch: Erstmals im christlichen Kontext taucht auch das Motiv der Theozentrik bei der Toleranzbegründung auf. Wie der Jude Salomo Ibn Verga verweist auch der christliche Erzähler oder Tradent im „Alten Novellenbuch" auf den „Vater im Himmel", der allein weiß, welche von den drei Religionen die richtige ist. Wir dürften es hier mit der ältesten christlichen Fassung einer Ringparabel im Lessingschen Sinn zu tun haben.

Erzählkunst als Überlebenskunst: Boccaccio

Jetzt endlich können wir die Spur aufnehmen, die Lessing selber gelegt hat: die Spur des *Giovanni Boccaccio* (1313–1375). Man weiß von diesem knapp eine Generation nach Abschluss des „Il Novellino" geborenen Autor nicht genau, ob er das Buch der alten Novellen benutzt hat. Die unmittelbare Quelle für seine Ring-Geschichte ist der 1311 entstandene Roman „L'Avventuroso Ciciliano" des Schriftstellers *Busone de' Raffaelli* aus Gubbio, der seinerseits das Novellenbuch kannte. Insofern wird man die 73. Geschichte der Novellensammlung auch als Quelle für Lessings Parabel bezeichnen können. Deren „Geist" ist über Busone und Boccaccio zu ihm gedrungen. Busones Werk könnte aber darüber hinaus auch die Brücke dargestellt haben zur jüdischen Welt, der wir ja – wie wir hörten – Gleichnisgeschichten zugunsten der Toleranz überhaupt verdanken. Busone stand in engstem Kontakt mit dem italienischen jüdischen Dichter Immanuel von Rom (alias Manoello), dessen Toleranzverständnis seinerseits auf Moses Maimonides (geb. 1135 in Cordoba, gest. 1204 in Kairo) zurückgeht, der im Kairo des Sultans Saladin als Arzt und Gelehrter gewirkt hat. Über Busone also könnten jüdische Toleranz-Geschichten in die christliche Kultur eindrungen sein.[163]

In jedem Fall reflektiert der in Florenz geborene Boccaccio noch stärker als das „Alte Novellenbuch" ein *neues Weltgefühl*, das in den großen, reichen Handelsstädten Italiens in dieser Zeit aufkommt. Die Welt bestand ja nicht nur aus Menschen unterschiedlicher sozialer Schichten und unterschiedlicher Nationen, sondern auch aus Menschen verschiedener Religionen. Und Italien ist – neben Spanien – das einzige europäische Land, in dem es einen nennenswerten Anteil von Muslimen gab: in Süditalien, insbesondere auf Sizilien, wie wir hörten. Ohnehin ist der Reichtum italienischer Städte nicht zu denken ohne Beziehungen zum Orient; die kulturelle Vielfalt nicht ohne orientalisch-muslimische Einflüsse. Wir haben von Lessings Besuch in Livorno gehört! Schon das 14. Jahrhundert war eine komplexer, unübersichtlicher gewordene Welt! Christlich war oft nur der Firnis; Kirchliches bildete oft nur die Tarnung für Menschlich-Allzumenschliches. Klerus und Mönche? Oft korrupt bis auf die Knochen. Päpste und Prälaten? Nicht selten von unbekümmerter Freizügigkeit. Eine Welt im Umbruch, die zu neuen Beschreibungen, neuen Deutungen zwang, zumal wenn große Krisen dazukamen.

Das Florenz des 14. Jahrhunderts muss mit Katastrophen leben.[164] 1317 hatte es erstmals wieder eine Hungersnot gegeben; 1333 eine große Überschwemmung; 1339 war es zu einem großen Bankenkrach gekommen. Hinzu kommen durch den unerwartet frühen Tod Kaiser Heinrichs VII. und den Daueraufenthalt der Päpste in Avignon politische Wirren. 1341 hatte die Stadt einen auswärtigen Herrn, den Herzog von Athen, gewählt, um der inneren Kämpfe Herr zu werden – vergeblich. Doch die Pest von 1348 übertrifft alles Erlittene. Sie wird als ungeheure Katastrophe erfahren, und die Menschen grübeln, reden und schreiben über ihre Gründe und Hintergründe. Diese Situation reflektiert die Novellensammlung „Il Decamerone" von Giovanni Boccaccio, die kurz nach der Pest, in den Jahren 1349–1351, entsteht. Uns interessieren dabei die ersten vier Novellen des ersten Tages besonders, denn in der dritten Novelle befindet sich die Erzählung von den drei Ringen, die Lessing zu seinem „Nathan" inspirieren sollte.[165]

Boccaccio lässt seine Leser nicht im Unklaren, was die Pest bedeutet: eine Hölle auf Erden, ein unvorstellbares Maß an Elend, Leid, Angst und Tod. Sie ist der Kontext seines Zehn-Tage-Werks („Decameron"), in dem alle Geschichten gelesen werden müssen. Die Struktur des Werkes ist dabei von mathematischer Exaktheit: Zehn junge Leute aus besten Kreisen (drei junge Männer und sieben junge Damen) erzählen sich zehn Tage lang zehn Geschichten. Sie haben sich in eine Villa außerhalb der Stadt zurückgezogen, um erzählend zu überleben. Diese Grundkonstellation gibt der Literatur schon früh in ihrer Geschichte eine einzigartige Funktion: Poesie ist hier buchstäblich Überlebenskunst, An-Reden gegen die drohende Vernichtung, Angstbewältigung des Todestraumas. Poesie ist trotzige Lust am Leben, Lebensfeier, Lebensgier.

Eine Welt im Umbruch

Während es in der „Welt da draußen" drunter und drüber geht, lässt Boccaccio Geschichten erzählen, die auf ihre Weise zeigen, dass die Welt anders ist als ihr Schein. Nichts ist im Grunde so, wie es sein sollte. Das gilt für den weltlichen wie für den kirchlichen Bereich. Die Ringparabel als dritter Text des ersten Tages steht denn auch im Kontext von Geschichten mit überraschenden Wendungen und unerwarteten Umkehrungen, die allesamt die Ungesichertheit des Lebens dokumentieren:

– In der *ersten Novelle* gelingt es einem Gauner und Betrüger, der sein ganzes Leben lang auf die Religion zu pfeifen pflegte, einem Mönch in der Beichte ein so heiligmäßiges Leben vorzutäuschen, dass dieser Mönch nach dessen Tod aus ihm einen Heiligen macht und einen entsprechenden Kult ankurbelt.

– Die *zweite Novelle* handelt von einem Juden namens Abraham in Paris, den ein befreundeter Kaufmann unter allen Umständen zum Christentum bekehren will. Der Jude denkt zunächst nicht daran, verspricht aber eine Wallfahrt nach Rom, um sich vom hohen Klerus der Kirche einen eigenen Eindruck zu verschaffen; sollte er positiv sein, ist er zur Konversion bereit. Das gefällt dem Christen ganz und gar nicht, denn er ist überzeugt: Reist ein Jude nach Rom und sieht dort das Lotterleben der Kleriker, dann bekehrt er sich erst recht nicht. Ja, selbst ein Christ würde aus diesem Rom als Jude zurückkehren! Ist schon dies eine ironische Umkehr vertrauter Denkschemata, so trieft die eigentliche Pointe dieser zweiten Novelle erst recht vor Ironie. Der Jude reist nach Rom, trifft alles in genau dem moralisch korrupten Zustand an, wie prophezeit, kehrt nach Paris zurück und wird – zur Überraschung seines christlichen Partners – trotzdem Christ, und zwar mit der Begründung: Wenn eine Religion trotz solcher Repräsentanten sich ständig ausbreitet und immer mehr an Ansehen gewinnt, dann kann nur der Heilige Geist selber dahinterstecken; dann muss sie die wahre Religion sein!

– Die *vierte Novelle* karikiert moralische Heuchelei im christlichen Mönchtum. Ein junger Mönch hat sich in seiner Klosterzelle ein erotisches Stündchen mit einer Frau gestattet und ist dabei von seinem Abt beobachtet worden. Der Abt schickt den jungen Mann fort, mit der Absicht, ihn später hart zu bestrafen; in der Zwischenzeit bedient sich der Abt auf die gleiche Weise. Und da dies vom jungen Mönch ebenfalls beobachtet wird, sind die beiden am Ende „quitt". Ironische Pointe auch hier: „Es ist wohl glaublich, dass sie sie (die Frau) zu mehrern Malen haben wiederkommen lassen" …

Ein Jude und ein Muslim stehen gut da

In diesem Kontext einer verkehrten Welt, in der Gauner zu Heiligen werden, Juden zum Christentum konvertieren nicht wegen, sondern trotz der Kirche; in der die Klöster Brutstätten der Heuchelei und Unmoral sind, gibt Boccaccio in der *dritten Novelle* nicht nur einmal mehr einem Juden glänzendes Profil, sondern jetzt auch einem Muslimen. Denn wie im „Alten Novellenbuch" steht auch bei ihm Sultan Saladin im Zentrum.[166] Ja, Boccaccio wertet beide „Ungläubige" noch dadurch auf, dass er diese Geschichte – im Vergleich zum „Alten Novellenbuch" – von der „Position" 73 auf die „Position" 3 in seinem Werk vorzieht. Sie wirkt so wie eine Eröffnungsfanfare für das Ganze.

Auch in Boccaccios Geschichte sind es Geldschwierigkeiten, die Saladin veranlassen, einen reichen Juden (er heißt hier Melchisedek aus Alexandria) kommen zu lassen, um ihn zur Zahlung zu bewegen. Wieder merkt der Jude die Falle der Religionsfrage und versucht, sich mit einer Geschichte aus der Affäre zu ziehen. Er erzählt die Geschichte einer Familiendynastie, in der die Gewohnheit herrschte, einen „herrlichen, kostbaren Ring" immer demjenigen Sohn zu vermachen, der zum Familienoberhaupt bestimmt war. Das geht so lange gut, bis ein Vater drei Söhne hat, die er alle gleichermaßen liebt. Und da er sich aus dieser seiner Liebe heraus nicht entscheiden kann, entschließt er sich zur Anfertigung von zwei weiteren identischen Ringen mit der Folge, dass er selber den echten „kaum" noch erkennen kann. Erst recht können die Söhne nach des Vaters Tod den echten Ring und damit ihre Rangfolge untereinander nicht mehr bestimmen. Die Pointe bei Boccaccio lautet so:

> „Und weil sich nun ergab, dass die Ringe einander so ähnlich waren, dass man den richtigen nicht erkennen konnte, blieb die Frage, wer der wahre Erbe des Vaters sei, in Schwebe und schwebt noch heute. Und so sage ich Euch, Herr, auch von den drei Gesetzen, die Gott, der Vater, den drei Völkern gegeben hat und derentwegen Ihr die Frage aufgeworfen habt: jedes Volk glaubt seine Erbschaft, nämlich sein wahres Gesetz zu haben und seine Gebote befolgen zu müssen; wer sie aber hat, diese Frage ist so wie bei den Ringen noch immer in der Schwebe."[167]

Damit hat Boccaccio zwei Generationen später die Linien des „Alten Novellenbuchs" verstärkt und etwas für einen Christen des 14. Jahrhunderts ganz und gar Ungewöhnliches getan. Als *christlicher Erzähler* hat auch Boccaccio einen *Juden zum Subjekt der Geschichte* gemacht. Dessen Geschichte wird auch bei ihm so erzählt, dass ein Jude als moralischer Sieger aus ihr hervorgeht, ohne den muslimischen Partner zurückzusetzen. Im Gegenteil: Boccaccio lässt als Christ einen Juden vor einem Muslimen gut aussehen. Oder anders gesagt: Boccaccio zeigt einem christlichen Publikum, dass ein Jude und ein Muslim im Zusammenwirken gut aussehen können. Gut – im Sinne von klug, tolerant, großzügig. Diesen Italiener interessieren dabei keine dogmatischen Probleme, sondern Fragen der Lebensklugheit. Er lässt ja seine dritte Novelle die Dame Filomena erzählen, die mit ihrer Geschichte exemplarisch zeigen will, dass „Klugheit den Weisen aus größten Gefahren" befreien und ihm „zu großer und sicherer Ruhe" verhelfen kann. Und diese menschliche Klugheit ist ein religionsübergreifendes Phänomen. Weisheit kennt zwar menschliche Grenzen, diese aber sind nicht identisch mit den Grenzen zwischen den Religionen.

Der dunkle Ton der Skepsis

Auch Boccaccio verbindet damit das Motiv der *Toleranz* mit dem der *Theozentrik*. Denn ähnlich wie das „Alte Novellenbuch" vor ihm und wie Ibn Verga später nach ihm ist es auch bei Boccaccio der Vater („Gott"), der von sich aus die Ringe ununterscheidbar macht. Boccaccio aber ist motivgeschichtlich der erste, der als Grund für den Vater (und damit für Gott) ausschließlich *die Liebe* bestimmt. Dass Menschen also Rangfolgen zwischen den Religionen nicht mehr erkennen sollen, ist hier explizit Ausdruck von Gottes Liebe. Zugleich wirkt sich diese Liebe zugunsten menschlicher Demut aus. Denn Menschen wissen nun nicht mehr länger – unter irdischen Bedingungen –, welche Religion die wahre ist. Das ist Sache des *liebenden* Gottes. Aus Liebe zu allen will Gott, dass die Wahrheitsfrage „in der Schwebe" bleibt.

Dabei wählt Boccaccio ein raffiniertes narratives Verfahren der *Tarnung*. Wohl wissend um die dogmatische Gefährlichkeit seiner Schwebe-Geschichte, wendet er als Erzähler die Technik mehrfacher Brechungen an. Als Subjekt nimmt er sich ganz zurück, verschwindet hinter mehrfachen Verpuppungen. Denn der Erzähler Boccaccio erzählt ja die Geschichte einer gewissen Filomena, die ihrerseits die

Geschichte von einem alexandrinischen Juden erzählt, der seinerseits
von einem Vater erzählt, der drei Söhne hatte ... Aus der einen Puppe
Boccaccio kommen so drei weitere hervor, und keiner der Leser dieser Geschichte weiß, wo der Urerzähler Boccaccio wirklich steht.
Das ist narrative Tarnung in Vollendung – die indirekt der Toleranz
unter den Religionen dient.

Der Philosoph *Kurt Flasch*, dem wir nicht nur eine glänzende
Neuübersetzung der ersten vier Novellen, sondern auch eine kluge
Einführung in das „Decameron" unter dem Titel „Poesie nach der
Pest" verdanken, hat deshalb zu Recht Boccaccios Ringparabel in den
Kontext einer Reflexion über die „Anfänge der Aufklärung im Mittelalter" gestellt: „Daraus folgt (bei Boccaccio) noch kein explizites
Toleranzkonzept. Von der Duldung fremder Kulte ist nicht die Rede;
ebenso wenig von dem individuellen Recht, sich seine Religion zu
wählen ... Boccaccios Stein beweist nicht mehr wie in älteren Legen-
den durch Heilungswunder seine Echtheit. Filomena präpariert
künstlich, cool, nur diese *eine* Eigenschaft heraus: Der echte Stein ist
und bleibt unerkennbar. Wer begriffen hat, für den sind Diskussionen
über die Wahrheit der Religionen zu Ende. Argumentationen und das
Erzählen von Geschichten erscheinen hier als schlaue Manöver der
Ablenkung. Filomena fördert den Verdacht, tiefsinnige Reden dienten der Verschleierung. Der reale, teils argumentative, teils militärische Streit um Religionen erscheint als unverantwortbarer Zank um
nichterkennbare Differenzen. Filomena spricht auch dies nicht aus.
Sie appelliert an nichts. Sie mischt den dunklen Ton der Skepsis in das
Spiel der hundert Farben. Sie vertritt keinen generellen Skeptizismus,
aber sie sät Misstrauen in den Anspruch, das Innere des Rings und
seine Jenseitsrolle zu kennen. Sanft, ohne Umsturzpose, stellt sie sich
auf die Seite der Vernunft im Zeitalter des Glaubens."[168] Und 400
Jahre später? Zur Zeit von Lessing? Was ist aus dem Glauben geworden im Zeitalter der Vernunft?

6. Vom Streit zum Wettstreit der Religionen: Lessings Parabel

Auch bei Lessings bzw. Nathans Parabel (III/7) geht es um einen
Vater von drei Söhnen, der einen kostbaren Ring besitzt. Dessen Wert

besteht aber nicht mehr in einer magisch-wundersamen Heilkraft, sondern nur noch – entmythologisiert – darin, dass der Stein im Ring, ein Opal, die „geheime Kraft" besitzt, „vor Gott und Menschen angenehm zu machen". Und dies gerade nicht automatisch-magisch, sondern nur für den, der in der „Zuversicht" dieser Kraft den Ring trägt. Diese Hinzufügung von Lessing ist motivgeschichtlich einzigartig und offenbart, wie wir sehen werden, Lessings genuine Konzeption.

Auch bei Lessing hat der jeweilige Besitzer den Ring stets auf den ihm liebsten (nicht ältesten!) Sohn übertragen, wodurch dieser „das Haupt, der Fürst des Hauses" werden konnte. Und auch bei Lessing wird das alles in dem Moment anders, in dem ein Vater drei Söhne hat und alle drei gleichermaßen liebt, so dass er keinen bei der Erbfolge bevorzugen will. Auch bei Lessing entschließt sich dieser Vater endlich, nach dem Muster des Originalrings zwei „vollkommen gleiche" Ringe anfertigen zu lassen mit dem Resultat, dass er selber die Ringe nicht mehr unterscheiden kann; er übergibt jedem der Söhne – getrennt – einen Ring – und stirbt.

Gott will die Gleichrangigkeit der Religionen – aus Liebe

Dadurch hat sich auch Lessing – gegen die exklusivistische Lesart der Ringparabel – auf die Seite der jüdischen und christlichen Theozentriker geschlagen. Denn auch bei ihm besagt das *theozentrische Argument* auf der Gleichnisebene ein Doppeltes:

(1) War früher die Unterscheidbarkeit zwischen den Söhnen (im Sinne der Vorrangstellung und Erwählung *eines Sohnes*) Wille des Vaters, so ist es jetzt die Ununterscheidbarkeit im Sinne der Gleichrangigkeit und Gleichwertigkeit der Söhne. Für die Sachebene folgt daraus: War früher eine Rangfolge zwischen den Religionen im Sinne einer besonderen Erwählung Wille Gottes, so ist es jetzt die Gleichrangigkeit und Gleichwertigkeit der Religionen Judentum, Christentum und Islam. Gott selber will diese Religionen so, dass sie weder durch ihn selbst noch gar durch Menschen unterschieden werden können. Eine nicht unwichtige kleine Veränderung gegenüber Boccaccio verdeutlicht das: Beim Italiener konnte der Vater „kaum" noch die drei Ringe unterscheiden (mit etwas Mühe also doch), bei Lessing ist die Unterscheidbarkeit nun selbst dem Vater (selbst Gott!) unmöglich.

(2) Zentral ist damit auch für Lessings Gottesverständnis das *Moment der Liebe*. Hier beerbt und verstärkt er Boccaccio, und beide, der Italiener und der Deutsche, stehen mit ihrer Deutung der Liebe als Motiv göttlicher Handlung gegen die gesamte sonstige europäische Motivgeschichte:

– *Exklusivisten* christlicher (von Étienne de Bourbon bis Gesta Romanorum) oder jüdischer Provenienz (Abulafia) hatten Gott nur jeweils eine Tochter oder einen Sohn gegen alle anderen lieben lassen.

– *Eschatologiker* christlicher (Il Novellino), jüdischer (Ibn Verga) oder muslimischer Provenienz (Religionsgespräch) hatten stets nach vorne verwiesen und den Entscheid Gottes über die wahre Religion der Zukunft überlassen. Von einer Liebe Gottes war nirgendwo die Rede.

– *Skeptiker* wie Abu Sulaiman hatten Gott völlig aus dem Spiel gelassen. *Mystiker* wie Ibn ʿArabi hatten die *menschliche* Liebe zu allen religiösen Ausdrucksformen gefeiert.

Lessing führt als tiefste Begründung der Gleichrangigkeit der Religionen die Liebe *Gottes* an. Und Gott entscheidet nicht irgendwann in der Zukunft, ob er die Menschen aller Religionen liebt; er hat sich schon dafür entschieden. Damit ist nicht gesagt, dass Lessings Nathan die konkreten äußeren Unterschiede, ja die tief greifenden inhaltlichen Differenzen zwischen den Religionen leugnen würde. Dies anzunehmen, hieße Nathan (bzw. Lessing) religionsgeschichtliche Ahnungslosigkeit unterstellen. Gemeint ist, dass Gott selbst in seiner Liebe zu allen „Kindern" eine Rangfolge unter den verschiedenen und verschieden bleibenden Religionen aufheben wollte; sie sind wie die Ringe ununterscheidbar in dem Sinne, dass es von Gott her keine Wahrheitshierarchie mehr zwischen ihnen gibt. Und da die Religionen selbst für Gott ununterscheidbar sind, ist eine Berufung auf den „Vater" künftig sinnlos.

Genau diese Berufung hatte Lessing ja vor allem im „Fragmenten-Streit" oft genug erlebt. Ungezählte Male hatten sich seine „orthodoxen" Gegner auf Gott selbst für den Absolutheitsanspruch „ihres" Christentums berufen. Ungezählte Male hatten sie sich für den göttlichen Ursprung des Christentums auf die Einlösung göttlicher Prophezeihungen und auf Wunder berufen. Mit seiner Parabel unterläuft Lessing genau dieses Argumentationsmuster: Niemand kann und darf sich länger auf Gott berufen und damit seine Vorzugsstellung als die liebste und beste Religion begründen. Gott selbst wollte die Pluralität der Religionen, nicht die „Tyrannei" einer als der exklusiv wahren.

(3) Wie Boccaccio wertet auch Lessing als Christ einen *Juden* dadurch auf, dass er ihn nicht zum Objekt dieser Geschichte, sondern zu deren *Subjekt* macht. Aber anders als Boccaccio weiß Lessing um die kühne theologische Symbolik dieses Rollenwechsels. Denn einen Juden *so* reden zu lassen, den Angehörigen des auserwählten Volkes auf *diese Weise* zu präsentieren, heißt im Klartext: Der Vertreter desjenigen Volkes, das Gottes erste Offenbarung empfing, interpretiert hier auch Gottes „letzte Offenbarung": die freiwillige, aus Liebe zu allen Menschen inspirierte *Selbstzurücknahme des Auserwähltheitsanspruchs* einer Religion – stellvertretend für alle anderen Religionen, die sich nicht weniger als „Auserwählte" und „Bevorzugte" aufzuspielen pflegten. Indem Nathan aber den Auserwähltheitsanspruch seines Volkes zurücknimmt, wird er im Lessingschen Sinn zu einem Auserwählten der Vorsehung. Ja, indem er die durch den Ring ermöglichte Auserwähltheit nicht geltend macht, hat er deutlich signalisiert: Wo Auserwähltheit durch Gott als Anspruch gegen Andersglaubende behauptet wird, hat man diesen Gott schon verkannt.

In Sachen Offenbarung alle Menschen gleich

Wie aber kommt die Liebe Gottes in die Sphäre des Menschlichen? Wie wird die alle Religionen gleichermaßen umgreifende göttliche Liebesenergie zu einer innerweltlichen Kraft, mit der Menschen anfangen, ihrerseits die Rangunterschiede zwischen den einzelnen Religionen aufzuheben? Kurz: Wie ist die Theozentrik mit der Anthropozentrik vermittelt? Insbesondere im zweiten Hauptargument seiner Ringparabel, dem *anthropozentrischen*, ist Lessing im Vergleich zur gesamten europäischen Motivgeschichte originell. Nirgendwo gibt es dazu eine Parallele. Man beachte hier zunächst Nathans geschickte Argumentations-*Taktik*. Denn der entsprechenden Frage Saladins, es gäbe doch wohl Unterschiede zwischen den Religionen – bis hin zu Kleidung und Essensgewohnheiten –, weicht Nathan aus. Er beantwortet die Frage nach den inhaltlichen Differenzen der Religionen (und damit nach ihrem Streitpotenzial um die

Wahrheit) gerade nicht, sondern verschiebt die Argumentation in die Erkenntnistheorie, die für alle gilt. Wir hören:

> „Denn gründen alle sich nicht auf Geschichte?
> Geschrieben oder überliefert! – Und
> Geschichte muss doch wohl allein auf Treu
> Und Glauben angenommen werden? – Nicht? –
> Nun wessen Treu und Glauben zieht man denn
> Am wenigsten in Zweifel? Doch der Seinen?
> Doch deren Blut wir sind? doch deren, die
> Von Kindheit an uns Proben ihrer Liebe
> Gegeben? die uns nie getäuscht, als wo
> Getäuscht zu werden uns heilsamer war? –
> Wie kann ich meinen Vätern weniger,
> Als du den deinen glauben? Oder umgekehrt. –
> Kann ich von dir verlangen, dass du deine
> Vorfahren Lügen strafst, um meinen nicht
> Zu widersprechen? Oder umgekehrt.
> Das nemliche gilt von den Christen. Nicht? –" (III/7)

Wir hören also: Alle Religionen beruhen gleichermaßen auf geschriebener oder überlieferter Geschichte und nötigen dadurch ihre Anhänger, die eben nur geschichtlich verbürgte Wahrheit „auf Treu und Glauben" anzunehmen. Auch darin sind Menschen aller Religionen gleich, dass sie in jeder Tradition nach demselben Muster reagieren, reagieren *müssen*: Juden vertrauen naturgemäß ihrer jüdischen, Christen ihrer christlichen und Muslime ihrer muslimischen Überlieferung. Woraus folgt: Niemand hat den anderen an „objektiver Wahrheit" etwas voraus. Alle müssen *im Vertrauen* ihre Geschichte für wahr halten, und in diesem Vertrauen liegt ein Risiko, das alle teilen: das Risiko des Getäuschtseins, des Betrogenwerdens. Damit aber sind nicht nur von Gott her die Rangunterschiede zwischen den Religionen aufgehoben, sondern auch von der Grundstruktur menschlichen Erkennens, Glaubens und Vertrauens her. Steht aber damit am Ende der Ringparabel nicht auch bei Lessing der Indifferentismus, die Klugheit des Offenlassens und der Schwebe wie bei Boccaccio oder gar der Skeptizismus der Karavanseray-Geschichte eines Abu Sulaiman?

Keineswegs, denn die Parabel geht noch weiter, ja spitzt sich noch einmal dramatisch zu. Jeder der Söhne hat ja jetzt seinen Ring, vom

Vater im Glauben gelassen, der je eigene sei der echte, und somit sei er persönlich der Bevorzugte. So können die Söhne gar nicht auf die Idee kommen, dass die Ununterscheidbarkeit der Ringe Wille ihres Vaters gewesen sein könnte. Warum auch? Dieser hatte sie ja von seiner Maßnahme gar nicht unterrichtet. Er hatte, wie alle Väter zuvor, kurz vor dem Tod den Ring übergeben und wie eh und je jeden der Söhne im Glauben gelassen, der ihm liebste zu sein. Jetzt aber gibt es plötzlich drei identische Ringe! Was nur bedeuten kann: Entweder hat der Vater jeden der Söhne getäuscht oder die Brüder treiben untereinander ein „falsches Spiel". Beides wäre unausdenkbar! Der Vater – ein Betrüger? Die Brüder – Verräter? Ein Richter soll entscheiden.

Auch die *Einführung eines Richters* oder Schiedsrichters ist – wie wir hörten – motivgeschichtlich nicht neu. Im „Novellenbuch" und bei Boccaccio gab es ihn nicht. Nur bei Étienne von Bourbon und Abraham Abulafia war ein Richter aufgetaucht, aber hier war er stets dazu da gewesen, die exklusive Wahrheit *einer* Religion gegen alle anderen zu bestätigen. Lessing sprengt auch diese Tradition und führt die Figur des Richters ein, um *alle drei* Söhne/Religionen gleichermaßen herauszufordern. Denn für die *Argumentation seines Richters* ist ausschlaggebend, dass dieser die „Wunderkraft" des Ringes in Erinnerung ruft: „beliebt zu machen; vor Gott und Menschen angenehm" (III/7); dies kann er nun gegen die streitenden Erben ausspielen. Schon dass sie einander verklagen, zeigt ihre ganze Entfremdung untereinander. Von Liebe keine Spur. Jeder frönt nur seinem Egoismus, möchte bestätigt haben, dass er der eigentliche „Fürst des Hauses" ist. Jeder „liebt sich selbst nur / Am meisten" (III/7).

Damit aber sind die Söhne in den Augen des Richters doppelt schlimm dran, sind sie im Grunde *„betrogene Betrüger"*. Betrogen von ihrem eigenen Vater. Betrüger, weil jeder durch sein Verhalten die Kraft des Steins im Ring verrät. Jeder behauptet zwar, den echten Ring zu haben, die konkrete Praxis aber straft ihn Lügen. Nichts wird im Verhalten der Söhne spürbar von der „Wunderkraft", beliebt zu machen, vor Gott und Menschen angenehm. Und da dies so ist, folgert der Richter kühl, müssen wohl alle drei Ringe unecht, ja muss der echte Ring verloren gegangen sein. Der Vater hatte vermutlich drei Ringe machen lassen, um den Verlust des echten zu verbergen. Was also? Alles noch schlimmer als zuvor? Nicht nur Indifferentismus und Skeptizismus gegenüber der Wahrheit, sondern sogar Verlust der Wahrheit? Doppelter Betrug des Vaters?

Rettung aus den Abgründen des Betrugs: die Liebe

Man muss sehen, dass Lessings Parabel zunächst einen Abgrund von Täuschung und Wahrheitsbetrug aufreißt, bevor sie uns eine Lösung zeigt. Diese verliert dadurch jede Harmlosigkeit und Erbaulichkeit. Die Lösung muss durchgehalten werden – trotz *bleibender* Abgründigkeit. Nur wenn man erkennt, dass Lessing sehr ernsthaft die Möglichkeit einer völligen Täuschung des Menschen in Sachen Religion gelten lässt, begreift man das Riskante seiner Rettungsoperation. Halten wir noch einmal fest, welche Betrugsmöglichkeiten die Ringparabel andeutet:

(1) Feststeht in jedem Fall: Der Vater hat vor seinem Tod alle Söhne in der Frage der Echtheit der Ringe getäuscht. Obwohl er wusste, dass nur ein Ring der echte ist, hat er jeden der Söhne im Glauben gelassen, den echten zu haben. Der Vater ist so zumindest an zwei Söhnen zum Betrüger geworden.

(2) Der Vater selber hat den ersten Ring verloren und die drei identischen Ringe nur deshalb machen lassen, um diesen Verlust zu verbergen. Er täuscht gegenüber den Söhnen die Echtheit aller Ringe nur vor. Wieder wäre der Vater ein Betrüger, diesmal an allen Söhnen.

(3) Der Vater hat den echten Ring aus der Hand gegeben, erhält vom Künstler drei identische Ringe zurück, kann selber aber – wie es ausdrücklich heißt – seinen „Musterring" nicht mehr unterscheiden. Ist es auszuschließen, dass der Künstler den echten Ring unterschlug und so den Vater täuschte? Wir erfahren nichts darüber, aber auszuschließen ist es nicht. Der Vater wäre dann selber ein betrogener Betrüger.

Angesicht dieser Abgründigkeiten von Betrug und Täuschung kennt Lessings Parabel nur einen Ausweg: das radikale Vertrauen, dass der echte Ring noch da ist; dass einer der Söhne ihn am Finger trägt. Denn nicht aufgehoben ist ja die Verheißung: Wer mit Zuversicht den echten Ring trägt, bei dem wirkt sich die „geheime Kraft" aus dem Stein des Ringes aus, „vor Gott und Menschen angenehm zu machen". Die Echtheit des Ringes kann sichtbar gemacht werden – durch die Praxis seines Trägers:

„Es eifre jeder seiner unbestochnen
Von Vorurteilen freien Liebe nach!
Es strebe von euch jeder um die Wette,
Die Kraft des Steins in seinem Ring' an Tag
Zu legen! komme dieser Kraft mit Sanftmut,
Mit herzlicher Verträglichkeit, mit Wohltun,
Mit innigster Ergebenheit in Gott
Zu Hülf'! Und wenn sich dann der Steine Kräfte
Bei euern Kindes-Kindeskindern äußern:
So lad' ich über tausend tausend Jahre
Sie wiederum vor diesen Stuhl. Da wird
Ein weisrer Mann auf diesem Stuhle sitzen,
Als ich; und sprechen. Geht!" (III/7)

Damit sind die theozentrische und die anthropozentrische Dimension der Ringparabel innerlich miteinander verknüpft – und zwar im Motiv der Liebe. Was auf der Ebene Gottes gilt, soll offensichtlich auch auf der Ebene des Menschen gelten: Geltenlassen der Unterschiede unter den Religionen im Geiste der Liebe. Zwar werden Theozentrik und Anthropozentrik in der Ringparabel nicht explizit deduktiv miteinander verknüpft (wir befinden uns hier im Raum der Poesie, nicht im Begriffskorsett eines philosophischen Traktats). Aber ein verbindendes Glied zwischen beiden Ebenen dürfte im Stein des Rings zu suchen sein. Dass der Stein die Wunderkraft hat, „vor Gott und Menschen angenehm zu machen", ist ja nicht magisch misszuverstehen. Er hat diese Kraft nicht als Stein. Er hat sie, weil sich durch ihn die universale Liebe Gottes auswirken kann und weil sich Menschen von dieser Kraft bestimmen lassen. Der Stein strahlt gewissermaßen die Gnade und Liebe Gottes ab.[169] Woraus folgt: Nur durch die *menschliche Praxis der göttlichen Liebe* kann man dem Abgrund an Täuschung und Verrat widerstehen. Gewiss: Durch diese Praxis verschwindet dieser Abgrund nicht. Man kann ihn nicht einfach weglieben. Auch die Liebe kann auf Täuschung beruhen. Aber die Liebe rettet vor Verzweiflung und Lähmung. Sie eröffnet eine Lebensperspektive; sie stiftet Praxis, die einen Wert in sich hat. Ob vom Vater betrogen oder nicht, die Praxis der Liebe zählt.

In Übertragung auf die drei Religionen Judentum, Christentum und Islam heißt das: Aus theologischen wie anthropologischen Gründen kann es keine *prinzipielle* Über- und Unterordnung mehr geben. Die *traditionellen* Kriterien einer Scheidung in wahre und falsche Religionen sind aufgehoben. Aber es gibt sie noch: wahre und falsche Formen von Religion. Wahrheit und Falschheit bemessen sich jetzt freilich nach dem neuen Kriterium des Miteinanders und Füreinanders vor Gott im Geist der Liebe. Was auf der Ebene der Spielhandlung inhaltlich ausgesagt wird (Juden, Christen und Muslime bilden eine Schicksalsgemeinschaft, in der alle in ihrem Glück voneinander abhängen), wird so auch durch die Ringparabel vertieft: Da alle Kinder des einen Vaters sind, gleich geliebt, gleich behandelt, sollten alle sich auch als geschwisterliche Erben begreifen, die untereinander nicht wieder Unterscheidungen (Rangfolgen, Vorrangstellungen) einführen, die Gott, der Vater, gerade beseitigt haben wollte.

Mehr noch: Durch die Tatsache, dass der echte Ring „vor Gott und Menschen angenehm" machen kann, ist ein Moment des *Wettbewerbs in die Erbengemeinschaft* eingebracht. Denn ob jemand den echten Ring hat, entscheidet nicht mehr formal die Übergabe durch den Vater (die jeder der Söhne sogar nachweisen kann), sondern allein die Praxis im Geist der „von Vorurteilen freien Liebe". Hier dürfte die Erklärung dafür liegen, warum in Lessings Parabel der Vater seine Söhne auf dem Sterbebett nicht von seinen Maßnahmen direkt unterrichtete. Denn hätte der Vater den Söhnen autoritativ mitgeteilt, dass von jetzt an nur noch die Gleichrangigkeit gilt und dass die Abschaffung jeder Rangfolge seinem Willen entspricht, hätte er das Movens des Wettbewerbs aus der Erbengemeinschaft genommen. Gerade das letzte Nicht-Wissen in der Wahrheitsfrage aber vermag hier den Wettstreit in Gang zu setzen und in Gang zu halten. Denn jeder der Söhne muss *glauben und beweisen*, den echten Ring zu haben. Nur durch diesen Glauben kann die „Kraft des Steins" zur Wirksamkeit kommen. Und diese Wirksamkeit manifestiert sich in Taten der Liebe. Woraus folgt: Nicht im Streit, nur im *Wettstreit um das Gute* wird man vor Gott und Menschen angenehm. Die Erben, sprich Juden, Christen und Muslime, sollen sich in nichts anderem übertreffen als in vorurteilsfreier Liebe, in Sanftmut, herzlicher Verträglichkeit, Wohltun und innigster Gottergebenheit. Der „Betrug" des Vaters entsprang also keiner Bösartigkeit, sondern einer Lebensweisheit, entsprang letztlich demselben Grund, mit dem er die Rangfolgen beseitigt wissen wollte: der Liebe.

Damit lässt sich die Religionstheologie der Ringparabel so zusammenfassen:

(1) *Nicht* propagiert wird die *Überwindung* aller konkreten Religionen zugunsten einer religionsfreien Humanität; *nicht* propagiert wird die *Aufhebung* der Religionen zugunsten reiner Menschlichkeit. Zu Recht hat der katholische Theologe *Hans Küng* in seinem Lessing-Essay (1985) betont: „Lessing sieht die großen Religionen nicht, wie Reimarus aus vulgäraufklärerischer Sicht, als abzulegende, vorläufige Hüllen einer reinen Vernunft- oder Naturreligion; er denkt nicht unhistorisch, will die geschichtlich gewachsenen Religionen nicht einfach zugunsten einer rein vernünftigen Universalreligion abschaffen ... Nein, Lessing will auch das Christentum trotz aller historischen Schwierigkeiten nicht wie eine alte Haut abstreifen; er will es neu interpretieren und von innen her kühn nach vorne transponieren."[170] In der Tat besteht ja gerade darin die Logik des anthropozentrischen Arguments in der Ringparabel, von dem wir gehört haben: „Wie kann ich meinen Vätern weniger / Als du den deinen glauben? oder umgekehrt." Hier wird ja die Loyalität gegenüber gewachsenen Bindungen, der Respekt vor gegebenen Traditionen zum Toleranzargument. Die Duldung der anderen wird also gerade nicht gekoppelt mit der Forderung nach Selbstaufgabe der je eigenen Familie. Toleranz entsteht somit nicht erst jenseits der Religionen, sondern in und durch die Religionen, wenn sie der Verheißung würdig leben. Lessings Drama zeigt somit die gleiche Gültigkeit, nicht die gleiche Nichtigkeit der Religionen.

(2) *Nicht* propagiert wird eine *Indifferenz* gegenüber allen Religionen, Toleranz als Ergebnis einer Vergleichgültigung der Wahrheitsfrage. Hier liegt gerade der Unterschied zu Boccaccio. Denn seine Geschichte schloss mit der Auskunft, dass die Ringe ununterscheidbar sind und dass von daher auch die Wahrheitsfrage in der „Schwebe" bleiben müsse. Lessing geht einen wichtigen Schritt weiter. Er überwindet die Indifferenz durch Hinzufügen des Motivs der „Wunderkraft" im Stein des Rings und des Wettbewerbs zwischen den Erben. Wahrheit einer Religion steht bei ihm (im Unterschied zu aller Orthodoxie) weder „objektiv" offenbarungstheologisch fest, noch bleibt sie neutralisiert in einer vergleichgültigenden Indifferenz.

Für Lessing gilt vielmehr: Wo unter Menschen, welcher Religion auch immer, geliebt wird, da ist dies Ausdruck von Gottes Liebe. Nicht eine „Offenbarung" Gottes leugnet Lessing, sondern deren Exklusivität für eine Religion. Nach der Ring-Parabel offenbart sich Gott („der Vater") als Liebe mit Konsequenzen für *alle* Kinder. Lessing propagiert also weder Exklusivität der Liebe in einer Religion noch die rein humane Liebe unter Menschen, sondern die *gottentsprechende Liebe von Menschen in allen Religionen*.[171] Deshalb kann als heilsgeschichtliche Zukunftsperspektive offen gelassen werden: Wenn in Generationen, wenn in „über tausend tausend Jahren", die Kraft des echten Rings sich positiv ausgewirkt haben wird, dann (und nur dann) wird vielleicht ein Richter entscheiden können, bei wem sich der wahre Ring erhalten hat.

(3) Die durch die Ringparabel vorgeschlagene *Wende in der Religionstheologie* lässt sich somit als Wende von einer Unkultur rechthaberischen Streites zu einer *Kultur des liebenden Wettstreits* beschreiben. Der Philosoph *Helmut Fuhrmann* hat diese Wende einmal so charakterisiert: Vom Objekt zum Subjekt, vom Inhalt zur Form der Aneignung, von der Theorie zur Praxis, vom Besitz zum Streben, vom Streit zum Wettstreit, vom Ausschließlichkeitsanspruch zur Toleranz[172], eine Wende, die Mittelalter und Reformation von der Neuzeit unterscheidet. Hier exakt verläuft die Grenze zwischen Theophil Lessings Konzeption der „Duldung" und der seines Enkels Gotthold Ephraim: zwischen der passiven Tolerierung einer „falschen Religion" und dem Wettstreit um das Gute unter Menschen aller Religionen.

V. DIE BASIS EINES MITEINANDER VON JUDEN, CHRISTEN UND MUSLIMEN

Ist das alles aber nur eine westlich-europäische Sicht der Dinge? Ist eine solche religions-theologische Konzeption nur auf dem Boden des abendländischen Christentums denkbar, nur unter der Voraussetzung der europäischen Aufklärung? Wir werden noch einmal und diesmal noch grundsätzlicher zeigen, dass die Religionstheologie der Ringparabel, ja dass die im „Nathan" propagierte und geforderte religiöse Grundhaltung gerade auch muslimische Wurzeln hat. Es sind drei Schlüsselaussagen, die tief in muslimischer Geistigkeit gründen: (1) das Nebeneinander der Religionen als Ausdruck des Willens Gottes; (2) Wetteifer um das Gute; (3) Ergebenheit in Gott.

1. Wetteifer um das Gute

Nirgendwo gibt es einen Beleg dafür, dass Lessing gerade die Stellen des Koran gelesen und verwertet hat, von denen im Folgenden die Rede sein wird. Aber strukturelle Analogien zwischen seiner Theologie der Religionen und der des Koran sind unübersehbar. In strukturellen Analogien denken heißt dabei, Entsprechungen und Differenzen zugleich zu denken. So kann es nicht darum gehen, Lessings auf dem Boden europäischer Aufklärung entstandene Religionstheologie mit der des Koran zu identifizieren. Das wäre hermeneutisch fahrlässig, sind doch auch Unterschiede offenkundig vorhanden. Aber zugleich wird man auf Entsprechungen verweisen können, welche die These als begründet erscheinen lassen, dass Lessings Konzeption des Neben- und Miteinanders der Religionen muslimische Anklänge verrät.

Schlüsselbedeutung für unseren Zusammenhang hat im Koran Sure 5. Hier ist ausdrücklich von einem *gottgewollten Nebeneinander von Judentum, Christentum und Islam* die Rede:

„Wie haben (seinerzeit den Kindern Israels) die Thora herabgesandt, die (in sich) Rechtleitung und Licht enthält, damit die Propheten, die sich (Gott) ergeben haben, für diejenigen, die dem Judentum angehören, danach entscheiden, und (damit) die Rabbiner und Gelehrten nach der Schrift Gottes entscheiden, soweit sie ihrer Obhut anvertraut worden ist (oder: und die Rabbiner und Gelehrten (ebenso. Sie alle sollten entscheiden) nach der Schrift Gottes, soweit sie ihrer Obhut anvertraut worden ist). Sie waren (ja) Zeugen darüber (oder: und worüber sie Zeugen waren). Ihr sollt nicht die Menschen fürchten, sondern mich. Und verschachert meine Zeichen nicht! Diejenigen, die nicht nach dem entscheiden, was Gott (in der Schrift) herabgesandt hat, sind die (wahren) Ungläubigen.
Wir haben ihnen darin (d. h. in der Thora) vorgeschrieben: Leben um Leben, Auge um Auge, Nase um Nase, Ohr um Ohr, Zahn um Zahn, und Verwundungen (ebenso. In allen Fällen ist) Wiedervergeltung (vorgeschrieben). Wenn aber einer Almosen damit gibt (indem er auf die Ausübung der Wiedervergeltung verzichtet), dann sei ihm das eine Sühne (für Vergehen, die er sich hat zuschulden kommen lassen)! Diejenigen, die nicht nach dem entscheiden, was Gott (in der Schrift) herabgesandt hat, sind die (wahren) Frevler.
Und wir ließen hinter ihnen (d. h. den Gottesmännern der Kinder Israels) her Jesus, den Sohn der Maria, folgen, dass er bestätige, was von der Thora vor ihm da war (oder: was vor ihm da war, nämlich die Thora?). Und wir gaben ihm das Evangelium, das (in sich) Rechtleitung und Licht enthält, damit es bestätige, was von der Thora vor ihm da war (oder: was vor ihm da war, nämlich die Thora?), und als Rechtleitung und Ermahnung für die Gottesfürchtigen. Die Leute des Evangeliums (d.h. die christlichen Schriftgelehrten?) sollen (nun) nach dem entscheiden, was Gott darin herabgesandt hat. Diejenigen, die nicht nach dem entschei-

den, was Gott (als Offenbarungsschrift) herabgesandt hat, sind die (wahren) Frevler.

Und wir haben (schließlich) die Schrift (d.h. den Koran) mit der Wahrheit zu dir herabgesandt, damit sie bestätige, was vor der Schrift vor ihr da war, und darüber Gewissheit gebe. Entscheide nun zwischen ihnen (d.h. den Juden und Christen?) nach dem, was Gott (dir) herabgesandt hat, und folge nicht (in Abweichung) von dem, was von der Wahrheit zu dir gekommen ist, ihren (persönlichen) Neigungen! – Für jeden von euch (die ihr verschiedenen Bekenntnissen angehört) haben wir ein (eigenes) Brauchtum (?) und einen (eigenen) Weg bestimmt. Und wenn Gott gewollt hätte, hätte er euch zu einer einzigen Gemeinschaft gemacht. Aber er (teilte euch in verschiedene Gemeinschaften auf und) wollte euch (so) in dem, was er euch (d.h. jeder Gruppe von euch) (von der Offenbarung) gegeben hat, auf die Probe stellen." (Sure 5, 44-48)[173]

Noch einmal sei betont: Diese Koranaussage ist weder für Lessings aufgeklärte Religionstheologie noch gar für ein postmodernes Pluralismus-Verständnis zu vereinnahmen, wie es gegenwärtig die angelsächsische „Pluralistische Religionstheologie" propagiert.[174] Denn es gilt sich zunächst klarzumachen, welche *Geschichtskonzeption* der Koran im Blick auf die Schrift-Religionen vertritt. Drei Phasen sind zu unterscheiden. Der Koran kennt – *erste Phase* – die Vorstellung einer *Urreligion* von den Anfängen der Schöpfung an. Diese Urreligion war bereits „Islam", d.h. reine Hingabe an Gott, und in dieser Perspektive ist die Menschheit von Urzeiten her und jeder einzelne Mensch vom Beginn seines Lebens an „Muslim". Da die Menschen aber – *zweite Phase* – diesen Urislam im Verlaufe der *Geschichte* immer wieder vergaßen, bedurfte es immer wieder neuer Propheten, um diese Urreligion in Erinnerung zu rufen. Und in dieser geschichtlichen Periode sind insbesondere die Propheten des Alten Testaments und Jesus als größter Prophet vor Mohammed für den Koran hochgeschätzte Markierungspunkte in dieser „Erinnerungsgeschichte". Insofern werden die Bücher, in denen diese prophetische Botschaft aufgezeichnet wurde (Altes und Neues Testament), an zahlreichen Stellen vom Koran immer wieder gewürdigt. Für Juden und für Christen waren diese Bücher legitime Wegweisung vor Gott und zu Gott.

Mit dem Auftritt des Propheten Mohammed aber – *dritte Phase* – ist diese Erinnerungsgeschichte an ihr Ende gekommen. Und kein Zweifel wird im Koran daran gelassen, dass jetzt der Islam diese Urreligion rein verkörpert und somit die wahre Religion ist. Anhänger aller anderen Religionen sollten bemüht sein, sich diese Wahrheit zu eigen zu machen. Das gilt auch für die Gläubigen der Buch-Religionen, die Leute der Schrift, Juden und Christen. Der Koran vertritt also kein relativistisches Pluralismuskonzept, für das alle Religionen gleich gültig sind, so dass eine Aufforderung zur Bekehrung zum Islam völlig sinnlos wäre. Im Gegenteil: Nach dem Erscheinen des Propheten Mohammed und der Herabsendung des Koran werden alle Menschen immer wieder aufgefordert, sich um den Islam als den wahren Glauben zu kümmern (Sure 3,85; 5,5; 30,30f). Der Islam versteht sich als große Einladung für *alle* Menschen.

Gewiss: Es gibt auch in der *islamischen Theologie* einen Auslegungsstreit darüber, wie man sich auf der Basis des Koran zum Dialog mit anderen Religionen verhalten soll. Anhänger eines strengen Absolutheitsanspruchs (außerhalb des Islam kein Heil) streiten mit Anhängern, welche die Heilsrelevanz auch nichtislamischer Religionen betonen, insbesondere der Buch-Religionen Christentum und Judentum. Aber klar ist auch für die gesamte klassische islamische Theologie: Der Islam ist die wahre Religion, der große Heilsweg für alle Menschen. Im maßgebenden deutschsprachigen Koran-Kommentar von *A. Th. Khoury* ist dazu das Nötige gesagt.[175] Der Unterschied zu Lessing ist damit offensichtlich: Lessings Religionstheologie läuft auf eine theologische Rechtfertigung der prinzipiellen Gleichwertigkeit der Religionen hinaus, da in allen Religionen die gottentsprechende Liebe gelebt werden kann. Eine Bekehrungsaufforderung gilt somit nicht länger einer Religion, sondern dem Kriterium der Liebe.

Erst wenn dies klar gesehen ist, kann man auch das Folgende richtig verstehen: Der Koran kennt auch die Anerkennung einer *faktischen Pluralität der Religionen*. Da nun einmal nicht alle Menschen aus den verschiedensten Gründen Muslime werden können, findet der Koran Wege, mit diesem faktischen Nebeneinander von Menschen verschiedener Religionen umzugehen. In diesem Sinne gilt: Gott hat für Menschen unterschiedlicher Religionen einen je eigenen Weg bestimmt. Es war Gott selber, der – schon in vorislamischer Zeit

– die Menschen in verschiedene Gemeinschaften aufteilte (vgl. auch Sure 42,8). Und insofern kann der Koran in der zitierten Sure 5 sagen, dass Juden und Christen (wenn sie nun einmal nicht Muslime werden können) sich an die Tora und das Evangelium zu halten haben. Gott wird sie im Endgericht nach ihrer Schrift beurteilen, und nicht danach, ob sie Muslime geworden sind. Im Sinne dieses faktischen, praktisch gelebten Pluralismus kennt der Koran also eine Rechtfertigung des Nebeneinanders der Religionen. Und da es nun einmal verschiedene Religionsgemeinschaften im Diesseits gibt, ist gegenseitiger Respekt Pflicht für alle, die an den wahren Gott glauben. Bei diesem Punkt, und nur bei ihm, besteht eine strukturelle Analogie zwischen der Religionstheologie Lessings und der des Korans.

Der Koran und das Miteinander der Religionen

In Lessings Ringparabel aber gibt es nicht nur das Motiv des gottgewollten Nebeneinanders von Juden, Christen und Muslimen. Es gibt auch das Motiv des Miteinanders. Die Schlüsselkategorie dafür heißt *Wetteifer um das Gute*. In der Ringparabel war ja ausdrücklich vom „Eifer" in vorurteilsfreier Liebe die Rede; vom Streben „um die Wette". Auch diese Vorstellung vom Wetteifer um das Gute ist im Koran verwurzelt. Denn auch der Koran (unter den eben gemachten Voraussetzungen) kennt nicht nur ein Nebeneinander der drei Offenbarungsreligionen, er kennt darüber hinaus auch die Vorstellung eines Wettbewerbs von Juden, Christen und Muslimen um das Gute. Sure 5 ist auch hier der klassische Ort. Denn unmittelbar im Anschluss an die lange, oben zitierte Textstelle aus Sure 5 heißt es:

> „Wetteifert nun nach den guten Dingen! Zu Gott werdet ihr (dereinst) allesamt zurückkehren. Und dann wird er euch Kunde geben über das, worüber ihr (im Diesseits) uneins waret." (Sure 5,48)

Der gleiche Gedanke auch in Sure 2:

> „Jeder hat eine Richtung, auf die er eingestellt ist (je nachdem er Jude, Christ oder Muslim ist). Wetteifert nur nach den guten Dingen! Wo immer ihr sein werdet (wenn das Ende über euch kommt), Gott wird euch (am jüngsten Tag) allesamt beibringen. Er hat zu

allem die Macht." (Sure 2,148; ebenso 35,32; vgl. auch 3,114,133; 21,90; 23,61)

Auch hier ist nicht einfach ein Pluralismus postmoderner Spielart hineinzulesen. Auch hier steht die Einheitskonzeption des Koran im Hintergrund, zugleich aber auch die Einsicht, dass die Einheit der Menschheit sich nicht einfach – schon gar nicht mit Gewalt – herstellen lässt. Folgt man auch hier dem Koran-Kommentar von Khoury (zu Sure 2,148), so gilt: „Gleichwohl weiß Mohammed, dass dies (die Herstellung der Einheit der Menschheit) in erster Linie vom Willen Gottes abhängt und dass die erste Aufgabe der islamischen Gemeinschaft darin besteht, im Wettstreit mit den anderen Gemeinschaften um die guten Dinge ihre bevorzugte Stellung auszubauen (vgl. 2,148; 5,48). Damit erkennt der Koran eine praktische Pluralität der Religionen an. Und, insofern diese Religionen ihren Anhängern den Glauben an Gott und die Bereitschaft, ihm zu dienen, vermitteln, können sie ihre Gläubigen zum Heil führen (vgl. 2,62)."[176] Das gilt nach Sure 5,48 für das Diesseits; für das Jenseits wird Gott die Menschen über alle Uneinigkeiten aufklären. Das dürfte so zu verstehen sein, dass es im Jenseits nur die eine Religion geben wird, die von Anfang an da war: die vorbehaltlose, ganz und gar vertrauensvolle Ergebung in Gott.

Saladin, Lessing und ein Muslim heute

Wenn es aber diese muslimischen Anklänge in Lessings Religionstheologie, insbesondere der Ringparabel, gibt, dann ist die Frage nur konsequent: „Warum lässt Lessing Nathan und nicht Sultan Saladin die Ringparabel erzählen?"[177] Die Antwort gibt ein zeitgenössischer Muslim, der in Deutschland mehr als andere für den Dialog Christentum – Islam getan hat: *Muhammad Salim Abdullah*. Und die Antwort ist einfach – aus der Sicht eines Muslim. Lessing musste Saladin deshalb die Ringparabel nicht erzählen lassen, weil in der entscheidenden Aussage auch der Jude Nathan sehr spezifisch Muslimisches zum Ausdruck gebracht hat. M.S. Abdullah wörtlich: „Geht man die Parabel vom Islam an, so muss zunächst festgestellt werden, dass der Lessingsche Nathan den Koran sehr gut gekannt haben muss, denn was der dem Sultan nach dem Dialog schließlich deutet, ist gut koranisch, und Saladins Verwunderung gilt daher wohl weniger der Weisheit seines Gesprächspartners als vielmehr dem Umstand, dass er in der Erzählung des Juden Nathan sein ureigenes islamisches Glaubenserbe entdecken muss. Nathan ist hier meines Erachtens in die Rolle eines Muslim geschlüpft, um dem ‚Herrscher der Gläubigen‘ Antwort auf die Frage nach der Wahrheit zu geben."[178]

Und was ist von daher der *Sinn der Ringparabel* für den Muslim Salim Abdullah? Wir hören: „Der Ring ‚von unschätzbarem Wert‘, dessen Stein ‚hundert schöne Farben spiegelte‘, und der zudem die ‚geheime Kraft‘ besaß, ‚vor Gott und Menschen angenehm zu machen‘, ist eine kostbare Gottesbotschaft, die in der *umm al-kitab*, in der ‚Mutter des Buches‘, einer kostbaren Tafel bei Gott aufbewahrt wird, und die er (Gott) Juden, Christen, Muslimen (als gleich schönen Ring) zum Erbe gab. Bereits der große Muslimgelehrte Ibn Taimijja stellte den Islam, gestützt auf den Koran, in eine zusammenhängende Tradition mit den Lehren der Tora und des Evangeliums: Sie seien die übereinstimmende Heilsbotschaft, das Wort Gottes; und der große islamische Reformator, Mufti Mohammad Abdu (Lessing und Mohammad Abdu gehörten beide der Freimaurerloge an) verkündete den Lehrsatz: ‚Die Bibel, das Evangelium und der Koran sind drei zusammenhängende Bücher. Die religiös eingestellten Menschen lesen aufmerksam alle drei und verehren sie gleichermaßen. So vervollständigt sich die göttliche Belehrung, und die wahre Religion zeigt ihren Glanz durch die Jahrhunderte‘. Hier wird sie also deutlich, die *Fraternité d'Abraham*, aber auch die Konsequenz, die Lessing in dem Satz zusammenfasst: ‚Es strebe von euch jeder um die Wette, die Kraft des Steins in seinem Ring an Tag zu legen‘, und die im Koran in der Forderung gipfelt: ‚Wetteifert miteinander in guten Werken‘".[179]

Strukturelle Analogien zwischen dem geschichtlich differenzierten dreifachen Offenbarungsverständnis des Koran und Lessings Konzeption eines Neben- und Miteinanders von Juden, Christen und Muslimen sind somit unübersehbar. Aber das alles wäre buchstäblich grundlos, beruhte das Neben- und Miteinander nicht auf einem spirituellen Fundament. Im „Nathan" gibt es dafür eine Schlüsselkategorie: Ergebenheit in Gott.

2. Ergebenheit in Gott

Wir haben gesehen: Es geht im „Nathan" – negativ – um die Überwindung von Auserwähltheitsideologien auf allen Seiten und – positiv – um die Möglichkeit eines Miteinander von Menschen verschiedener Religionen unter dem Primat der Liebe. In Figuren wie Nathan, Recha, Tempelherr, Sittah und Saladin ist die Vorwegnahme einer von Vernunft und Menschlichkeit geprägten religiösen Existenzform veranschaulicht. All diese Figuren – ob jüdischer, christlicher oder muslimischer Provenienz – sind die in ihren Traditionen bereitliegenden und möglichen Idealgestalten religiöser Existenz, die vorausentwerfen sollen, was in Zukunft allen Juden, Christen und Muslimen möglich sein sollte.

Die Tiefendimension menschlicher Existenz

Eine Schlüsselbedeutung hat dabei das Wort Gottergebenheit. Im Stück begegnet es zum *ersten Mal* dort, wo Recha der Glaubenseiferin Daja entgegenhält:

> „... Doch so viel tröstender
> War mir die Lehre, dass Ergebenheit
> In Gott von unserm Wähnen über Gott
> So ganz und gar nicht abhängt." (III/1)

Recha macht hier einen klaren Unterschied zwischen dem „Wähnen" (d.h. dem abstrakt-theoretischen Spekulieren) über Gott und der Grundhaltung der Ergebenheit in Gott. Beides ist voneinander unabhängig, was im Umkehrschluss heißt: Selbst wenn auf der Ebene des Spekulierens die Sache mit Gott logisch zwingend dargelegt wäre oder widersprüchlich-unauflösbar bliebe, so könnte dies ein radikales Vertrauen auf Gott, eine letzte Hingabe an Gott, weder erzwingen noch verunmöglichen. Gottergebenheit ist also nicht Ergebnis abstrakten Theologisierens, sondern dessen unerschütterte, unerschütterliche Basis. Gottergebenheit reicht in eine ganz andere Tiefe als das, was durch „Wähnen" erschlossen werden kann. Gottergebenheit also ist für Lessing das *Gegenteil von Theoretisieren* über Gott.

Dass Gottergebenheit im Lessingschen Sinn aber auch das *Gegenteil von Passivität* ist, geht aus der *zweiten Stelle* hervor: aus dem Rat des Richters, der dazu auffordert, aus „innigster Ergebenheit in Gott" die Kraft des Steins im Ring zur Geltung zu bringen:

> „Es eifre jeder seiner unbestochnen
> Von Vorurteilen freien Liebe nach!
> Es strebe von euch jeder um die Wette,
> Die Kraft des Steins in seinem Ring, an Tag
> Zu legen! komme dieser Kraft mit Sanftmut,
> Mit herzlicher Verträglichkeit, mit Wohltun,
> Mit innigster Ergebenheit in Gott
> Zu Hülf'!" (III/7)

Mit Gottergebenheit ist hier die Tiefendimension menschlicher Existenz gemeint, aus der heraus konkretes Handeln in der Welt erst begründet und sinnvoll ist.

Konsequent kann sich Nathan dem ihm liebsten Christen, dem Klosterbruder, gegenüber einen „gottergebnen Menschen" (IV/7) nennen. Denn an dieser *dritten Stelle* will er gerade dem Klosterbruder mit seiner Lebensgeschichte verdeutlichen, dass sich der gottergebene Mensch durchaus „*Taten*" abgewinnen könne. Gottergebenheit ist hier das *Gegenteil von Fatalismus oder Resignation;* es ist Zynismusprophylaxe. Das Stück klärt uns ja darüber auf, was es Nathan gekostet hat, diese Gottergebenheit auch dann nicht durch Zynismus zu ersetzen, als ihm von Christen das Schrecklichste angetan wurde, was denkbar ist, die Ermordung seiner Ehefrau und seiner sieben Kinder. Dem Klosterbruder gegenüber enthüllt Nathan, wie es trotz allem Hass und aller Verzweiflung zu einer Wende in seinem Leben gekommen ist:

> „Doch nun kam die Vernunft allmählig wieder.
> Sie sprach mit sanfter Stimm': ,und doch ist Gott!
> Doch war auch Gottes Ratschluss das! Wohlan!
> Komm! übe, was du längst begriffen hast,
> Was sicherlich zu üben schwerer nicht,
> Als zu begreifen ist, wenn du nur willst.
> Steh auf!' – Ich stand! und rief zu Gott: ,Ich will!

Willst du nur, dass ich will!' – Indem stiegt Ihr
Vom Pferd' und überreichtet mir das Kind
In Euern Mantel eingehüllt – Was Ihr
Mir damals sagtet; was ich Euch: hab ich
Vergessen. So viel weiß ich nur; ich nahm
Das Kind, trugs auf mein Lager, küsst' es, warf
Mich auf die Knie und schluchzte: Gott! auf Sieben
Doch nun schon Eines wieder!" (IV/7)

Jüdische und christliche Wurzeln

Für Lessings „Nathan" ist das Wort Gottergebenheit zentral, und in
der Lessing-Forschung wurde die Frage bereits erörtert, aus welcher
Tradition die Rede von der Gottergebenheit wohl komme. Dabei hat
man schon früh in diesem Jahrhundert auf das Leibnizsche Theodi-
zee-Verständnis verwiesen[180] oder generell auf das Judentum. So
schreibt der Literaturwissenschaftler *Otto Mann* in seinem Lessing-
Buch von 1949:

> „Dass Lessing den Juden wählt, entspricht auch dem tiefen religiö-
> sen Bezug: er (Nathan) ist Angehöriger des Volkes, das sich ganz
> unter die Herrschaft Gottes gestellt hat, dessen Kultur und politi-
> sche Geschichte sich in diesem religiösen Verhältnis erschöpft.
> Auch Nathan ist ganz in diesem persönlichen Verhältnis begrün-
> det."[181]

Diese Bezüge werden zweifellos dadurch erhärtet, dass schon der
große jüdische Freund *Moses Mendelssohn* im Blick auf Lessing zwar
nicht den Begriff Gottergebenheit, wohl aber einen verwandten
Begriff, Vorsehungsglauben, benutzt und Lessing hierbei ausdrücklich von Voltaire abgrenzt:

> „Es kömmt mir vor, … als wenn Lessing die Absicht gehabt hätte,
> in seinem *Nathan* eine Art von *Anti-Candide* zu schreiben. Der
> Französische Dichter (Voltaire) sammelte alle Kräfte seines Wit-
> zes, spornte die unerschöpfliche Laune seines satyrischen Geistes,
> mit einem Worte, strengte alle außerordentliche Talente, die ihm
> die Vorsehung gegeben, an, um auf diese Vorsehung selbst eine

Satyre zu verfertigen. Der Deutsche that eben dieses, um sie zu rechtfertigen, und um sie den Augen der Sterblichen in ihrer reinsten Verklärung zu zeigen ... Und eben dieses herrliche Lobgedicht auf die Vorsehung ..., eben diese selige Bemühung, die Wege Gottes vor den Menschen zu rechtfertigen, wie theuer ist sie nicht unserm unsterblichen Freunde geworden!" (IX, 1231f)

Darüber hinaus hat die Literaturwissenschaftlerin *Ingrid Strohschneider-Kohrs*, der wir eine umfangreiche Studie zum späten Lessing unter dem Titel „Vernunft als Weisheit" (1991) verdanken, *Bezüge zur alttestamentarischen Hiob-Tradition* namhaft gemacht und dabei in präzisen Interpretationen Kontinuität und Diskontinuität herausgearbeitet.[182] Überzeugend kann diese Arbeit zeigen, dass Nathans Haltung in der Tat in einer authentischen, personalen religio-Erfahrung gründet und dass diese religio-Erfahrung, die Vernunft und Vertrauen, Ergebenheit und Tat vereint, abzusetzen ist gegenüber einer passiven Gottergebenheit (Fatalismus) einerseits und einer rein moralisierenden Praxis (Aktivismus) andererseits.

Diese alttestamentlich-jüdischen Wurzeln sind nicht zu leugnen, wohl aber zu ergänzen. Der katholische Theologe und Lessing-Spezialist *Arno Schilson* hat in seinem Buch „Lessings Christentum" (1980) darauf hingewiesen, dass die für Lessing so zentrale Schlüsselkategorie „Ergebenheit in Gott" auch *christliche Wurzeln* hat. Sie bilde nach einstimmiger Überzeugung heutiger Theologie den „innersten Kern der Lebensgestaltung Jesu von Nazarets". Dabei handle es sich um nichts anderes als um jene Gottergebenheit, die man als „Glaube" im ursprünglichen Sinn des Wortes bezeichnen könne und die sich in Jesus Christus, dem „Urheber und Vollender des Glaubens" (Hebr 12,2) einzigartig verwirklicht habe. Auch bei diesem Glauben gehe es nicht um einen rein intellektuell-geistigen Vollzug, vielmehr um eine die ganze Person und alle Einzelvollzüge umfassende und durchdringende Grundhaltung Gott gegenüber, die sich im alttestamentlichen Sinne in Anlehnung an Jesaja 7,9 („Glaubt ihr nicht, so überlebt ihr nicht") beschreiben lasse als vollkommenes Vertrauen Gott gegenüber.[183] Daraus folgt für denselben Autor an anderer Stelle: „Nicht zur Verachtung oder zur Verwerfung der Religionen fordert die Ring-Parabel auf, sondern dazu, in ihren innersten Kern einzudringen und diesen mit Leben zu erfüllen. Mit dieser

Situation umzugehen aber verlangt, aus ‚innigster Ergebenheit in Gott' wahrhaft menschlich zu handeln. Nicht um eine horizontal verflachte, rein immanente, nämlich aus autonom verstandener Vernunft begründete Humanität geht es bei diesem Rat. Er zielt vielmehr auf religiös bestimmte Wahrheit und eine abgründige, der Vernunft als ihre Grenze aufleuchtende Weisheit."[184] Und der Islam?

Islam heißt Gottergebenheit

Die muslimische Tradition muss gerade hier ins Spiel kommen. Denn nur in ihr ist die Wörtlichkeit dieser Aussage belegt. „Ergebenheit in Gott" ist traditionellerweise die deutsche Übersetzung des Wortes *Islam* – und zwar schon zu Lessings Zeiten. Er selber war sich dieser Bedeutung nicht nur bewusst, er hat sie benutzt. In seiner Voltaire-Übersetzung („Von dem Korane und dem Mahomed") gebraucht Lessing dieses Wort dort, wo er Mohammeds Motivation beschreibt: „Ergebenheit in den göttlichen Willen". Aus Marins „Histoire de Saladin" hatte er sich den Satz notiert: *„Islam* ein Arabisches Wort, welches die Überlassung seiner in den Willen Gottes bedeutet" (IX, 660). Und bei Marin selber hatte es im Anschluss daran noch weiter geheißen: „Und *Muslimin* bedeutet diejenigen, die sich denselben überlassen. Von diesem letzten Worte haben wir das Wort *Muselmänner* oder *Muselmans, Muselmannen,* gemacht, und Muselman heißt also ein Mensch, der sich den Führungen Gottes ergibt." (IX, 1288)[185]

Die Folgerung hat von daher viel für sich, dass das Schlüsselwort „Ergebenheit in Gott" bei Lessing nicht nur jüdisch-alttestamentliche und christliche, sondern vor allem muslimische Wurzeln hat, wird doch im Koran das Wort „Islam" immer dort, wo nicht die religiöse Gemeinschaft, sondern die religiöse Grundhaltung gemeint ist, mit Gottergebenheit übersetzt. Muslime werden diejenigen genannt, die Gott ergeben sind. Schon den Ur-Muslimen und Gründervätern des Islam, Abraham und Ismael, schreibt der Koran dieses Gebet zu:

> „Herr! nimm (es) von uns an! Du bist der, der (alles) hört und weiß. Und mach, dass wir (beide) dir ergeben sind, und (mach) Leute aus unserer Nachkommenschaft zu einer dir ergebenen Gemeinde." (Sure 2,127f.)

Ja, der Koran bezeichnet in diesem Sinne auch alle Propheten vor Mohammed als Muslime, als Menschen, die diese radikale Gottergebenheit schon vorgelebt haben:

> „Wir glauben an Gott und (an das) was (als Offenbarung) auf uns und was auf Abraham, Ismael, Isaak, Jakob und die Stämme (Israels) herabgesandt worden ist, und was Mose, Jesus und die Propheten von ihrem Herrn erhalten haben, ohne dass wir bei einem von ihnen (den anderen gegenüber) einen Unterschied machen. Ihm sind wir ergeben." (Sure 3,84)

Und gerade auch für den Koran ist wichtig, dass Ergebenheit in Gott nicht (so ein westliches Klischee) Passivität und Fatalität fördert, sondern gute Werke ermöglicht:

> „Wer hätte etwas Besseres zu sagen, als einer, der (die Menschen) zu Gott ruft, tut, was recht ist und sagt: ‚Ich bin (einer) von denen, die sich (Gott) ergeben haben‘? Die gute Tat ist nicht der schlechten gleich(zusetzen). Weise (die Übeltat) mit etwas zurück, was besser ist (als sie), und gleich wird derjenige, mit dem du (bis dahin) verfeindet warst, wie ein warmer Freund (zu dir) sein. Aber es (d.h. die Fähigkeit, Böses mit Gutem zu vergelten und dadurch aus einem Feind einen Freund zu machen?) wird nur denen dargeboten, die geduldig sind – nur einem, der großes Glück hat." (Sure 41,34f)

Wenn Nathan also Saladin gegenüber das Wort „innigste Ergebenheit in Gott" benutzt, dann erinnert er ihn gezielt – er spricht ja (wenn wir das Stück konsequent zu Ende denken) arabisch mit ihm – an das Wort „muslimun", das arabische Wort für „gottergeben", und erinnert ihn damit ganz bewusst an das, was den Kern des Islam ausmacht. Woraus folgt: „Lessings Spiel ‚Nathan der Weise‘, gefeiert als ein Symbol der deutsch-jüdischen Symbiose im Zeitalter der Aufklärung, ist somit auch ein Stück islamischer Theologie."[186]

„Im Islam leben und sterben wir alle": Goethe

Ein Stück islamischer Theologie blitzt auch bei einem anderen Großen der deutschen Literatur auf, bei Johann Wolfgang von Goethe.

Wir gestatten uns einen Seitenblick auf diesen profunden Islam-Kenner, nicht um seiner selbst willen, sondern weil er uns noch einmal eine Deutung Lessings im Kontext des Islam zu geben vermag.[187] In Goethes Gedichten zum „West-östlichen Divan" (1819), im „Buch der Sprüche", kann man lesen:

> „Närrisch, dass jeder in seinem Falle
> Seine besondere Meynung preißt!
> Wenn Islam Gott ergeben heißt,
> Im Islam leben und sterben wir alle."[188]

Diese Verse könnten fast ein Kommentar zur „Ringparabel" sein. Denn Goethe erklärt ja hier ebenfalls das rechthaberische Pochen auf „besondere" Meinung in Sachen Religion für „närrisch" und verweist stattdessen auf die für alle maßgebende Grundhaltung der „Ergebenheit" in Gott. Die Übereinstimmung mit Lessing an diesem Punkt ist mit Händen zu greifen. Darüber hinaus sind Äußerungen von Goethe bemerkenswert, die gerade Lessing in die Nähe muslimischer Geistigkeit rücken, Äußerungen des altgewordenen Weimarers, die *Johann Peter Eckermann* in seinen Aufzeichnungen „Gespräche mit Goethe" überliefert hat.

Seltsam: Als Tischgespräche im Hause Goethe am 11. April 1827 einmal auf das Thema „Religionslehren" einschwenken, kommt Goethe plötzlich auf die Muslime zu sprechen und den für sie so typischen *Vorsehungsglauben*. Zugleich verweist Goethe auf eine Parallele im Christlichen:

> „Ihr müsstet wie ich seit 50 Jahren die Kirchengeschichte studiert haben, um zu begreifen, wie das alles zusammenhängt. Dagegen ist es höchst merkwürdig, mit welchen Lehren die Mohammedaner ihre Erziehung beginnen. Als Grundlage in der Religion befestigen sie ihre Jugend zunächst in der Überzeugung, dass dem Menschen nichts begegnen könne, als was ihm von einer alles leitenden Gottheit längst bestimmt worden; und somit sind sie denn für ihr ganzes Leben ausgerüstet und beruhigt und bedürfen kaum eines Weiteren.
> Ich will nicht untersuchen, was an dieser Lehre Wahres oder Falsches, Nützliches oder Schädliches sein mag; aber im Grunde liegt von diesem Glauben doch etwas in uns allen, auch ohne dass es uns

gelehrt worden. Die Kugel, auf der mein Name nicht geschrieben steht, wird mich nicht treffen, sagt der Soldat in der Schlacht, und wie sollte er ohne diese Zuversicht in den dringendsten Gefahren Mut und Heiterkeit behalten! Die Lehre des christlichen Glaubens: kein Sperling fällt vom Dache ohne den Willen eures Vaters, ist aus derselbigen Quelle hervorgegangen und deutet auf eine Vorsehung, die das Kleinste im Auge hält und ohne deren Willen und Zulassen nichts geschehen kann."[189]

Goethe-Spezialisten wie *Katharina Mommsen*, der wir eine bewundernswert materialreiche Studie über Goethes Verhältnis zum Islam verdanken,[190] haben Vermutungen darüber angestellt, wieso Goethe ausgerechnet in dieser Stunde auf das Thema Islam und Vorsehungsglaube gekommen sei und dafür auf die Spinoza-Lektüre desselben Tages verwiesen: „Aus Goethes Tagebüchern ist nämlich ersichtlich, dass der Dichter an jenem 11. April des Jahres 1827 gerade ein Buch über Spinoza gelesen hatte, und zwar eine der wenigen Schriften, die im frühen 18. Jahrhundert zu Schutz und Verteidigung des verfemten Philosophen verfasst worden waren: das ebenso berühmte wie seltene Buch von Johann Christian Ebelmann ‚Moses mit dem aufgedeckten Angesicht‘. Es dürfte kein Zweifel sein, dass die Beschäftigung mit der Philosophie des Spinoza Goethes Gedanken an jenem Tag auf den Islam gelenkt hat. Gerade weil beide Lehren in der für Goethe so wesentlichen Haltung des ‚amor fati‘ übereinstimmen, rief die Beschäftigung mit der einen auch die Erinnerung an die andere hervor."[191]

Goethe, Lessing und der Islam

Den Spinoza-Einfluss können wir hier nur vermuten. Mit Sicherheit aber können wir sagen, dass Goethe im Verlauf desselben Gesprächs bemerkenswerterweise auf *Lessing* zu sprechen kommt – und zwar nach wie vor im Kontext des Islam. Zunächst breitet Goethe vor seinen Zuhörern sein Wissen über Unterrichtsmethoden der Muslime „in der Philosophie" aus. Er scheint hier genau Bescheid zu wissen, erklärt er doch wie selbstverständlich:

„Sodann ihren Unterricht in der Philosophie beginnen die Mahommedaner mit der Lehre: dass nichts existiere, wovon sich nicht das Gegenteil sagen lasse; und so üben sie den Geist der Jugend, indem sie ihre Aufgaben darin bestehen lassen, von jeder aufgestellten Behauptung die entgegengesetzte Meinung zu finden und auszusprechen, woraus eine große Gewandtheit im Denken und Reden hervorgehen muss.

Nun aber, nachdem von jedem aufgestellten Satze das Gegenteil behauptet worden, entsteht der Zweifel, welches denn von beiden das eigentlich Wahre sei. Im Zweifel aber ist kein Verharren, sondern er treibt den Geist zu näherer Untersuchung und Prüfung, woraus denn, wenn diese auf eine vollkommene Weise geschieht, die Gewissheit hervorgeht, welches das Ziel ist, worin der Mensch seine völlige Beruhigung findet.

Sie sehen, dass dieser Lehre nichts fehlt und dass wir mit all unseren Systemen nicht weiter sind und dass überhaupt niemand weiter gelangen kann."[192]

Man weiß nicht genau, woher Goethe sein Wissen ausgerechnet über muslimische Lehrmethoden in der Philosophie bezog, welche Form des Unterrichts und welchen Philosophen er konkret vor Augen hatte.[193] Klar ist, dass der letzte Satz des Zitats die Pointe des Ganzen enthält. Goethe ist offensichtlich daran interessiert, den Islam zu loben und ihm dieselbe philosophische Höhe zuzumessen wie vergleichbaren Denksystemen in Europa. Und in diesem Zusammenhang fällt nun auch der Hinweis auf Lessing:

„Wir standen von Tisch auf, und Goethe nahm mich mit hinab in den Garten, um unsere Gespräche fortzusetzen. An Lessing, sagte ich, ist es merkwürdig, dass er in seinen theoretischen Schriften, zum Beispiel im Laokoon, nie geradezu auf Resultate losgeht, sondern uns immer erst jenen philosophischen Weg durch Meinung, Gegenmeinung und Zweifel herumführt, ehe er uns endlich zu einer Art von Gewissheit gelangen lässt. Wir sehen mehr die Operation des Denkens und Findens, als dass wir große Ansichten und große Wahrheiten erhielten, die unser eigenes Denken anzuregen und selbst produktiv zu machen geeignet wären.

Sie haben wohl recht, sagte Goethe. Lessing soll selbst einmal geäußert haben, dass, wenn Gott ihm die Wahrheit geben wolle, er sich dieses Geschenk verbitten, vielmehr die Mühe vorziehen würde, sie selber zu suchen. Jenes philosophische System der Mohammedaner ist ein artiger Maßstab, den man an sich und andere anlegen kann, um zu erfahren, auf welcher Stufe geistiger Tugend man denn eigentlich stehe."[194]

Das Lessing-Wort, auf das Goethe anspielt, stammt aus der ersten Runde des „Fragmenten-Streits", als Lessing in einer „Duplik" sich Angriffen erwehrt und seine religiöse Grundhaltung vor Gott zu veranschaulichen sucht:

„Nicht die Wahrheit, in deren Besitz irgendein Mensch ist, oder zu sein vermeinet, sondern die aufrichtige Mühe, die er angewandt hat, hinter die Wahrheit zu kommen, macht den Wert des Menschen. Denn nicht durch den Besitz, sondern durch die Nachforschung der Wahrheit erweitern sich seine Kräfte, worin allein seine immer wachsende Vollkommenheit bestehet. Der Besitz macht ruhig, träge, stolz –
Wenn Gott in seiner Rechten alle Wahrheit, und in seiner Linken den einzigen immer regen Trieb nach Wahrheit, obschon mit dem Zusatze, mich immer und ewig zu irren, verschlossen hielte, und spräche zu mir: wähle! Ich fiele ihm mit Demut in seine Linke und sagte: Vater gieb! die reine Wahrheit ist ja doch nur für dich allein!"
(VIII, 510)

Hier, in der Überzeugung, dass für Menschen die Wahrheits*suche* angemessener sei als der Wahrheits*besitz,* waren sich Goethe und Lessing offensichtlich sehr nahe. Nahe auch bei der gezielten Aufwertung des Islam. Denn auch Goethe wollte ja mit diesen seinen Äußerungen ganz offensichtlich das religiöse (Ergebenheit in Gott) und philosophische (Methode der Wahrheitsfindung) Potential des Islam positiv herausstellen. Die Schlussfolgerung drängt sich auf: Wenn Goethe hier den Islam zum Verständnis Lessings und Lessing zum Verständnis des Islam heranzieht, sieht er offensichtlich Affinitäten zwischen Lessingschem und muslimischem Denken.

3. Die Alltäglichkeit des Wunderbaren

Es ist nun an der Zeit, Perspektiven nach vorn zu riskieren. Wir haben schon davon gesprochen, dass der Schluss des „Nathan" märchenhaft-wunderbar klingt und dass auch dies konzeptionelle Absicht ist. Denn gerade dieser Schluss erweist sich als Konkretion dessen, was in der allerersten Szene schon angedeutet wurde – im Gespräch Dajas mit dem heimkehrenden Nathan. Wir erinnern uns: Als Nathan von Rechas Vorstellungen hört, ein Engel müsse sie gerettet haben, und darüber lächelt, weist Daja ihn darauf hin:

> „Lächelt nicht! – Wer weiß?
> Lasst lächelnd wenigstens ihr einen Wahn,
> In dem sich Jud' und Christ und Muselmann
> Vereinigen; – so einen süßen Wahn!" (I/1)

Was der „Nathan" uns zumutet

Diesen „süßen Wahn" stellt das Stück uns vor Augen: die Möglichkeit einer „Vereinigung", d. h. eines versöhnten Neben- und Miteinander von Juden, Christen und Muslimen. Vom Streit zum Wettstreit der Religionen – das war die Devise. Dass sie alles andere als aufklärerisch naiv ist, zeigt die Erinnerung daran, was Lessing uns Zuhörern/Lesern an Glauben zumutet:

(1) Über Kontinente verstreute, durch unterschiedliche Religionen getrennte, durch die Macht ihrer jeweiligen Traditionen gespaltene Menschen erkennen sich als *Angehörige einer Familie* wieder, einer Familie des Blutes und des Geistes.

(2) Angesichts eines jederzeit wieder aufflackernden Kriegs zwischen Christen und Muslimen im *Jerusalem der Kreuzzugszeit*, angesichts der jederzeit wieder möglicher Pogrome von Christen an Juden, angesichts also einer äußerst fragilen militärischen und religionspolitischen Situation, bei welcher der auf Waffenstillstand beruhende Friede jederzeit wieder umschlagen kann in Gewalt und Blutvergießen, in der Atempause des Todes also, wagt Lessing eine Gruppe von Juden, Christen und Muslimen auf die Bühne zu stellen, fähig, sich am Ende gegenseitig in die Arme zu fallen.

Thomas Koebner hat dieses Zugleich von tragischem Umfeld und antitragischer Vision einmal treffend so beschrieben: „Lessing wollte es offenbar nicht vermeiden, dass es wiederholt in seinem Stück wetterleuchtet – die Turbulenzen von einst und von außerhalb doch bei den handelnden Personen immer wieder für Augenblicke zumindest Schauer erregen. Nicht von ungefähr deutet der letzte Satz des Stückes diese weitgehend ausgesparte und ausgeblendete andere Realität an, wenn Saladin zum Tempelherrn, seinem wiedergefundenen Neffen, dem Abbild seines Bruders Assad, sagt (wenn auch ironisch vorwurfsvoll): Er konnte mich beinahe ‚zu seinem Mörder machen wollen'! Der normale Gang der Dinge wird so in Erinnerung gerufen: Da findet keine Rettung in nächster Minute statt, da entdeckt der Henker nicht auf dem Gesicht des Opfers die Ähnlichkeit mit seinesgleichen; da kommt nicht rechtzeitig ein just begnadigter Tempelherr vorbei, um ein Mädchen aus den Flammen zu retten; da heißt der Sultan nicht Saladin und der Jude nicht Nathan."[195]

Den „Nathan" versteht man somit nur, wenn man beides sieht: den Kontext der Religionstragödien und die in diesen Kontext hineingestellte Vision. Hier wollte der Dramatiker bewusst ein anti-tragisches Stück schreiben – im Bewusstsein aller Tragödien des Lebens, eine Geschichte gegen den Tod erzählen – im Horizont furchtbarer Katastrophen. Auch das hatte er offensichtlich bei Boccaccio gelernt: Große Literatur entsteht nicht selten in Momenten der Bedrohung, als Widerstand gegen Blut und Tod. Kunst wird dann zur Überlebens-Kunst. Auch Lessings „Nathan" ist ein Stück Angstbewältigung des Todestraumas: Menschen sollen für ihre Religion oder im Namen ihrer Religion nicht mehr leiden oder sterben. Insofern ist sein „Nathan" wie Boccaccios „Decamerone" Ausdruck trotziger Lust am Leben, ein Stück Lebensfeier, Lebensglück.

Vom „Wahn" zur Wirklichkeit

So märchenhaft die Schlusslösung des Stückes ist – „der Christensohn und die Judentochter als die leiblichen Kinder eines Muselmanen",[196] so illusionsfrei war Lessing im Blick auf die gesellschaftlichen und religionspolitischen Chancen, die er diesem Miteinander einräumte. Nur schon sein Stück aufzuführen, hielt er für aussichtslos. Viele seiner Äußerungen lassen dies schon früh ahnen. In der *geplanten Vorrede* ist fast schon alles gesagt:

> „Noch kenne ich keinen Ort in Deutschland, wo dieses Stück schon jetzt aufgeführt werden könnte. Aber Heil und Glück dem, wo es zuerst aufgeführt wird." (IX, 666)

Und schon im Januar 1779 schreibt Lessing an Johann Gottfried Herder nach Weimar:

> „Nathan kann nicht eher als in der Ostermesse erscheinen, und Sie sollten von Leipzig aus die verlangten Exemplare erhalten. Ich will hoffen, dass Sie weder den Prophet Nathan noch eine Sartyre auf Goezen erwarten. Es ist ein Nathan, der beim Boccaz *(Giornata 1. Novella 3).* Melchisedek heißt, und dem ich diesen Namen nur immer hätte lassen können, da er doch wohl wie Melchisedek, ohne Spur vor sich und nach sich, wieder aus der Welt gehen wird. Introite, et hic Dei sunt! kann ich indes sicher meinen Lesern zurufen, die dieser Fingerzeig noch unmutiger machen wollte."[197]

Das lateinische Zitat ist das Motto, das Lessing seinem „Nathan" mitgab: Tretet ein, denn auch hier sind Götter! Und ohne auf die komplexen Bedeutungsschichten dieses bewusst gewählten Zitates hier einzugehen,[198] lässt sich doch so viel für den „Nathan" sagen: Mit diesem Satz ist noch einmal programmatisch formuliert, dass Lessing plädiert für die Umwertung herkömmlicher Vorstellungen vom Göttlichen und Profanen (es ist das blutige Jerusalem, das zum Erwählungsort der Vorsehung wird); dass er die ganze Wirklichkeit einschließlich aller Religionen durchwaltet sieht vom göttlichen Geist; dass er so in der ganzen Geschichte auch immer wieder einen Ort des Gnadenhaften und Wundersamen erblickt. Konsequent folgt dann eine entschiedene Absage an alle Ausschließlichkeitsansprüche der geoffenbarten Religionen. Aber auch hier war Lessing nüchtern in der Einschätzung der Wirkung seines Stückes. An Bruder Karl in Berlin April 1779:

> „Es kann wohl sein, dass mein Nathan im Ganzen wenig Wirkung tun würde, wenn er auf das Theater käme, welches wohl nie geschehen wird. Genug, wenn er sich mit Interesse nur lieset und

unter tausend Lesern nur Einer daraus an der Evidenz und Allgemeinheit seiner Religion zweifeln lernt."[199]

„Nathan" als Zynismusprophylaxe

Ja, Lessing kannte den Geist bzw. Ungeist der Zeiten und dass der „Wahn" – um mit Walter Jens zu sprechen – nur vorscheinweise, nur in den antizipierenden Träumen der Kunst, *Wahrheit* werden könne: „Nur auf dem Theater ließ sich die autonome Gesellschaft jener sympathisierenden Geister realisieren, die keiner Regierung mehr bedürften, keiner weltlichen Tyrannei und keiner religiösen Disziplinierung".[200] Und Jens hat selber einmal in einem Stück Theater uns die faszinierende Möglichkeit vor Augen gestellt, dass Lessing im Geistergespräch mit Heinrich Heine die große Idee verraten habe, die ihm beim Schreiben des „Nathan" vorgeschwebt sei. Noch niemandem habe er davon erzählt. Heine, sein Bruder im Geist, sei der erste, denn nur er würde sie verstehen – die große Idee. Was ist sie? Sein „Nathan", sei, so der Jens'sche Lessing, als „Zurücknahme Shakespeares" gedacht gewesen, als Zurücknahme desjenigen Stücks vom „Kaufmann von Venedig", in dem der Jude Shylock als hasserfüllter, rachedürstiger jüdischer Antiheld dargestellt worden sei. Lessing dagegen:

> „Ich wollte den Wucherer Shylock mit seinem Opfer versöhnen – mit Antonio, dem Kaufmann, aus dessen Leib sich der Jud sein Pfund Fleisch herausschneiden möchte. Den Handelsherrn, der keinen Zins nimmt – den Christen also! – und den Schacherer – diesen unseligen Vater ... Diese beiden in einer einzigen Figur zu vereinen – einem Menschen-Bürger, der für alles steht, die guten Willens sind ... das, lieber Heine, war mein Ziel. Am Beispiel Nathans, des erlösten Shylock, eine Welt vorwegzunehmen, in der Jud so viel wie Christ gilt, Frau so viel wie Mann. Aber es ist mir nicht gelungen: Familiarität und blutiger Hass, Wirklichkeit und Utopie ... das wollte sich einfach nicht fügen. Das ging nicht zusammen. Aber wenn *wir* uns zusammentun ..."[201]

Doch so ergreifend diese Vision ist, sie muss ergänzt werden. Nathan ist gewiss die Zurücknahme Shakespeares, die Erlösung Shylocks; der Anti-Jude aufgehoben in der Figur dessen, der den jüdischen

Humanismus verkörpert. Aber zugleich darf die muslimische Dimension nicht länger ausgeblendet werden. „Nathan" ist auch die Zurücknahme Tassos und Cronegks. Sein Saladin „erlöst" seinerseits alle muslimischen Anti-Helden vom Schlage Aladins, wie sie bei Tasso und Cronegk noch zu finden waren: verschlagene, grausame, gewalttätige, Christen verfolgende muslimische Herrschernaturen. Saladin und Sittah „erlösen" auch den jahrhundertealten, tief eingefressenen christlichen Antiislamismus, der ebenso wie der Antijudaismus derart unausrottbar scheint, dass er zu allen Zeiten wieder neu aktiviert werden kann. Auch hier ist der „Nathan" von uneingeholter utopischer Qualität; er bleibt das „Gegenbild einer Gesellschaft".[202]

Lessing aber war nie Zyniker genug, um jede Hoffnung auf ein versöhntes Miteinander von Juden, Christen und Muslimen in sich abzutöten oder durch die Geschichte als endgültig widerlegt zu betrachten. Gesellschaftliche, politische und kirchliche Gründe für Verzweiflung gab es genug. Der „Fragmenten-Streit" hatte ihm in aller Drastik gezeigt, wie tief der christliche Antijudaismus und Antiislamismus verwurzelt war. Auch persönliche Gründe für bittersten Zynismus hatte es in Lessings Leben gegeben. Wer könnte vergessen, unter welchen Lebensumständen er im Wolfenbüttel der Jahre 1778/79 seinen „Nathan" zu Papier bringt:

– *Tod seines Neugeborenen:* Im Oktober 1776 hatte Lessing nach langer, fünfjähriger Verlobungszeit endlich seine geliebte Frau, Eva König, heiraten können, und eine glückliche Zeit schien angebrochen. Da war am 26. Dezember 1777, einen Tag nach der Geburt, sein soeben geborenes Söhnchen gestorben und für Lessing war eine Welt zusammengebrochen. Einem Freund hatte er geschrieben:

„Meine Freude war nur kurz: Und ich verlor ihn so ungern, diesen Sohn! denn er hatte so viel Verstand! so viel Verstand! – Glauben Sie nicht, dass die wenigen Stunden meiner Vaterschaft, mich schon zu so einem Affen von Vater gemacht haben! Ich weiß, was ich sage. – War es nicht Verstand, dass man ihn mit eisern Zangen auf die Welt ziehen musste? dass er sobald Unrat merkte? – War es nicht Verstand, dass er die erste Gelegenheit ergriff, sich wieder davon zu machen? – Freilich zerrt mir der kleine Ruschelkopf auch die Mutter mit fort! – Denn noch ist wenig Hoffnung, dass ich sie behalten werde. – Ich wollte es auch einmal so gut haben wie andere Menschen. Aber es ist mir schlecht bekommen."[203]

– *Tod der eigenen Frau:* 14 Tage später, am 10. Januar 1778, war auch die geliebte Frau den Folgen des Kindbetts erlegen. Demselben Freund wird dies in aller Kürze mitgeteilt, und die Lakonie der Sätze, durchmischt mit schwarzem Sarkasmus, wirkt auf uns ergreifender als alles weitschweifige Trauerpathos:

> „Meine Frau ist tot: und diese Erfahrung habe ich nun auch gemacht. Ich freue mich, dass mir viel dergleichen Erfahrungen nicht mehr übrig sein können zu machen; und ich bin ganz leicht."[204]

Der Schmerz über den Verlust der beiden geliebten Wesen sitzt tief in Lessing. Einsamkeit prägt von nun an noch mehr als zuvor sein Leben; die Krankheiten verschlimmern sich. Der „Nathan" entsteht in dieser Situation und Stimmung. Zwei Tage, bevor er von seinem nächtlichen „närrischen Einfall" sprechen sollte, hatte er noch an Elise Reimarus nach Hamburg geschrieben.

> „Ich bin mir hier ganz allein überlassen. Ich habe keinen einzigen Freund, dem ich mich ganz anvertrauen könnte. Ich werde täglich von hundert Verdrießlichkeiten bestürmt. Ich muss ein einziges Jahr, das ich mit einer vernünftigen Frau gelebt habe, teuer bezahlen. Ich muss alles, alles aufopfern, um mich einem Verdachte nicht auszusetzen, der mir unerträglich ist. Wie oft möchte ich es verwünschen, dass ich auch einmal so glücklich sein wollen, als andere Menschen! Wie oft wünsche ich, mit eins in meinen alten isolierten Zustande zurückzutreten; nichts zu sein, nichts zu wollen, nichts zu tun, als was der gegenwärtige Augenblick mit sich bringt!"[205]

Parallelen zur Situation des „Nathan" drängen sich auf und sind in den Kommentaren zum Stück auch immer wieder gezogen worden. Wer könnte in der Tat übersehen, dass Lessing Nathans Unglücksgeschichte, das Hadern mit Gott und doch die letzte „Ergebenheit in Gott", deshalb so ergreifend beschreiben konnte, weil er ein durch die eigene Unglücksgeschichte verwundeter Mensch war? Vom Tod von „Weib und Kind" hatte Lessing seinen Nathan berichten lassen, vom Weinen, vom Zürnen, vom Toben gegen Gott und vom Verwünschen der Welt. Und doch auch von der Wiederkehr der Vernunft.

„Sie sprach mit sanfter Stimm': ‚Und doch ist Gott!
Doch war auch Gottes Ratschluss das! Wohlan!
Komm! übe, was du längst begriffen hast;
Was sicherlich zu üben schwerer nicht
Als zu begreifen ist, wenn du nur willst
Steh auf!' – Ich stand! und rief zu Gott: ich will!
Willst du nur, dass ich will!" (IV/7)

Vernünftige „Ergebenheit in Gott" aber ist für Lessing auch die Basis
seiner Hoffnung auf eine Verständigung gerade der abrahamischen
Religionen. In dieser Theozentrik sah er das theologische und spiritu-
elle Minimum, das als Basis für ein solidarisches Miteinander von
Juden, Christen und Muslimen ausreichen müsste. Arno Schilson hat
mit Recht auf diese die Religionen verbindende theozentrische
Dimension hingewiesen: „Dieser vom Bekenntnis zur Gottessohn-
schaft Jesu unbelastete, allein auf *Gott* bzw. *Vorsehung, Mensch* und
geschichtliche Praxis verweisende Kern eines glaubenden Mensch-
seins steht jedem offen, der seine Vernunft im ursprünglichen und
schöpfungsgemäßen Sinn (als Vernehmen von Gottes Stimme) zu
brauchen weiß und so den Sinn der Geschichte in gottergebenem und
humanem Handeln verwirklicht."[206]

„Jud, Christ und Muselmann" – vereinigt?

Auch für seinen „Nathan" vertraute Lessing darauf, dass das geschil-
derte „Wunder" eine erzieherische Kraft entwickeln würde. Wie sein
Nathan hat auch er sich den Glauben daran bewahrt, dass die Wunder, die „wahren, echten Wunder alltäglich werden können, werden
sollen" (I/2). Zumindest auf der Spielebene des Stücks ist dieses
„Wunder" geschehen, wenn unter „stummer Wiederholung allseitiger
Umarmungen" der Vorhang fällt. Ob aber auch dieses Wunder „alltäglich" wird, hängt davon ab, ob Juden, Christen und Muslime sich
herausfordern lassen, aus dem Spiel Ernst, aus dem Wahn Wirklichkeit werden zu lassen, ob sie ihrerseits fähig sind wie der Lessingsche
Tempelherr (III/8), im „gelobten Land" endlich einmal Frieden zu
geloben und einzuhalten:

„Lächelt nicht! – Wer weiß?
Lasst lächelnd wenigstens ihr einen Wahn,
In dem sich Jud' und Christ und Muselmann
Vereinigen; – so einen süßen Wahn!" (I/1)

„Er war ein vollendeter und vollendender Mensch des 18. Jahrhunderts, und er war ein ganzer Fremdling in dieser seiner Zeit"[207] – schrieb der große protestantische Theologe Karl Barth schon vor Jahrzehnten einmal über Lessing. Wir können diesen Satz heute mit noch größerem Recht wiederholen. Denn an der Fremdheit Lessings in Sachen Judentum, Christentum und Islam hat sich bis heute nichts geändert. Die Gegenerfahrung habe ich zu Beginn dieses Buches in Erinnerung gerufen unter Verweis auf Inszenierungen heutiger deutscher Bühnen. Die Vision der Ringparabel – in Frage gestellt durch „Auschwitz", bedroht durch terroristischen Massenmord. Und doch – von Karachi bis New York, von Äthiopien und Indonesien bis Israel – ist Lessings „dramatisches Gedicht" vom Wettstreit der Religionen um das Gute ein Programm geblieben, das allen Verrat überlebte und aller Schändung widerstand.

Dies gilt insbesondere für die Stadt *Jerusalem*, für den Ort, in dem zu Beginn des 21. Jahrhunderts Juden, Christen und Muslime noch stärker als früher aufeinander angewiesen sind, sollen nicht alle miteinander in den Abgrund gerissen werden. Jerusalem, Palästina?

Daja:
„O! das ist das Land
Der Wunder!"
Tempelherr:
„Nun! – des Wunderbaren. Kann
Es auch wohl anders sein? Die ganze Welt
Drängt sich ja hier zusammen." (III/10)

Ich schließe deshalb mit einem Fingerzeig auf das bewegende und erhellende Buch des Schriftstellers *Klaus Voswinckel* aus dem Jahr 1991: „Jerusalem. Eine Reise in die Schrift". Es entsteht 1990, als Saddam Hussein Kuweit überfällt, in Jerusalem plötzlich Angst vor Giftgasraketen ausbricht und israelische Polizisten panisch in die Menge palästinensischer Gläubiger und Steinewerfer schießen. Alles hatte sich in wenigen Monaten verschärft, war doppelt schwierig geworden. Im Januar 1991 bricht der erste Golfkrieg aus. Auf Schritt und Tritt beobachtet der Verfasser in Jerusalem die Spaltungen zwischen den Menschen, die Trennungen, Befeindungen, Ausgrenzungen, Bekämpfungen ... Der Autor versucht den Gründen nachzuspüren, den Gründen vor allem für die Konstruktion des je „Anderen". All die Totalitätsansprüche auf allen Seiten, all die Kriege im Namen des je „eigenen Gottes", all die Ansprüche auf Land im Namen der je eigenen „Heiligen Schriften". Wie aber die Unterschiede denken, ohne sie zu vertiefen? Wie den Anderen als Andern gelten lassen, ohne Entfremdungen zu produzieren und Spaltungen zu vergrößern? Wie Differenzen denken, ohne der Gleichgültigkeit oder dem subtilen Uniformierungsdrang Vorschub zu leisten? Wie teilen lernen, ohne die Gerechtigkeitsansprüche zu vergessen und die Eigenidentität zu zerstören?

Welch eine Stadt! Unterschiede, Differenzen, Andersheiten, Aus- und Abgrenzungen auf Schritt und Tritt. Was kann sie zusammenhalten? Wie teilen lernen, ohne sich zu zerteilen?

„Teilen wir mit. Gehen wir los. Mit Satz und Wort. Teilen wir die Gedanken der Stadt mit jedem Schritt in Zwei und in Drei, in Mauern und Kuppeln, in lauter Unvereinbarkeiten, in Minarette, Altarkreuze, Kreuzungen im Suq, in die Tage der Woche und den siebenarmigen Leuchter, in Sonne und Mond, in die dünnen Sichelmond über dem Damaskustor und den sechsstrahligen Davidsstern, die zwölf Tore der Altstadt, den jüdischen Friedhof, der drüben auf dem Ölberg liegt, um auf das Messiastor zu schauen, wo er eines Tages kommen soll, die Moschee Al Aqsa, die auf dem zerstörten zweiten Tempel der Juden steht, die Klagemauer am Rand davon, wo die Kinder auf den Schultern ihrer Väter Bar Mizwah feiern, während unten im Tal, im Garten Gethsemane mit seinen meterdicken Olivenbäumen, zwei Katzen schreiend einander umschleichen."[208]

Und dann plötzlich eine Vision: „Ich biege um die Ecke der Via Dolorosa in den Suq El Wad ein und sehe von verschiedenen Seiten Leute aufeinander zukommen. Vor meinen Augen nehmen sie Gestalt an." Emanuel Lévinas und Gotthold Ephraim Lessing sind darunter. Emanuel Lévinas, litauischer Jude und in Frankreich lebender Philosoph und Talmud-Lehrer? Lehrte er nicht, die Andersheit des

Andern zu denken? Ausgehend von der Andersheit Gottes auch immer die Andersheit der je anderen Menschen, Völker, Religionen einbeziehend? Jerusalem? Ist das nicht „die Stadt des Anderen"? Spielt nicht gerade deshalb Lessings Ring-Parabel hier? *Muss* sie nicht in dieser Stadt spielen mit ihrer Berufung auf den einen Gott-Vater, der seine drei Söhne (Religionen) alle gleich liebt? Welch ein Bruch „mit einem alten Gesetz", welch ein „schlagender Widerspruch gegen die Macht der einen Wahrheit"! Schon Lessing votiert „nicht mehr für die Eins in seinem Familien-Gleichnis, sondern für die Drei."[209] Die „Tyrannei des einen Rings"? Sie ist zu Ende! In Saladin, dem Muslim, und in Nathan, dem Juden, erkennen plötzlich zwei Männer, zwei traditionsgemäß verfeindete Herren, „dass der Boden ihrer Macht nicht wahr ist".[210]

Konsequenz: Der Schriftsteller von heute erzählt seine eigene „Ring"-Geschichte. Sie spielt in Ramallah und handelt von einem palästinensischen Arzt, der nicht zufällig Mohammed heißt, Symbolfigur des Islam:

> „Mohammed, Arzt in Ramallah, der die verwundeten Kinder der Intifada behandelt hat, die zerbrochenen Handgelenke und durchschossenen Arme, was tut er? Er entdeckt die Verwandtschaft des palästinensischen und jüdischen Schicksals. Statt sich in den Hass zu steigern, beginnt er mit der Gründung eines palästinensisch-jüdischen Instituts, in dem die eine Seite die Geschichte der anderen studieren kann; denn beide kennen sich fast immer nur als stockschwingende Soldaten und als Steinewerfer. Mohammed geht den Weg Nathans, den Weg Saladins."[211]

ZITIERWEISE DER QUELLEN

Werke
werden zitiert nach der Lessing-Ausgabe in der *Bibliothek Deutscher Klassiker:* Gotthold Ephraim Lessing, Werke und Briefe in 12 Bänden, hrsg. v. W. Barner u.a., Bd. I-X, Frankfurt/M. 1989–2003. Die Quellen werden im Text direkt belegt mit dem Kürzel: *Römische Bandzahl + Seite.*

Briefe
werden ebenfalls zitiert nach der Ausgabe in der Bibliothek Deutscher Klassiker: Briefe von und an Lessing, hrsg. v. H. Kiesel u.a., Bd. I-III, Frankfurt/M. 1987–1994:
Der Band „Briefe von und an Lessing 1743–1770" wird angeführt mit dem Kürzel: *Briefe I + Seite,*
Der Band „Briefe von und an Lessing 1770–1776" wird angeführt mit dem Kürzel: *Briefe II + Seite,*
Der Band „Briefe von und an Lessing 1776–1781" wird angeführt mit dem Kürzel: *Briefe III + Seite.*

ANMERKUNGEN

DER NEUE HORIZONT:
DER 11. SEPTEMBER UND DIE FOLGEN

1 Eine *Dokumentation* dazu ist zu finden in: Wer spielt was? Werkstatistik 2001/ 2002. Deutschland – Österreich – Schweiz, hrsg. v. Deutschen Bühnenverein – Bundesverband Deutscher Theater, Köln 2003. Von den Mitarbeitern des Lessing-Archivs in Kamenz bekam ich dankenswerterweise die publizistischen Reaktionen auf die jüngsten „Nathan"-Inszenierungen auf deutschen Bühnen zur Verfügung gestellt, die ich im Folgenden auswerten konnte. Ich danke insbesondere Herrn *Matthias Hanke* für die gute Zusammenarbeit, die sich in der Zwischenzeit bei mehreren Gelegenheiten bestens bewährt hat.

2 Elbe-Report (Magdeburg) vom 9.1.2001 (K. Kunze).

3 So anlässlich einer „Nathan"-Aufführung des Ulmer Theaters in Villingen-Schwenningen in: Schwarzwälder Bote vom 28.1.2002 (F. Schück).

4 Ostsee-Zeitung (Rostock) vom 11.10.2001 (M. Schümann).

5 Ebd.

6 Neues Deutschland (Berlin) vom 8.1.2003 (H.-D. Schütt).

7 Volksblatt (Würzburg) vom 8.10.2001 (S. Vogt).

8 Sächsische Zeitung (Dresden) vom 11.9.2002 (V. Heintges).

9 Ostee-Zeitung (Rostock) vom 15.10.2001 (D. Pätzold).

10 Ebd.

11 Sächsische Zeitung vom 11.9.2002 (V. Heintges).

12 Stuttgarter Zeitung vom 26.1.2002 (M. Bienert).

13 Alle Zitate in diesem Abschnitt in: Berliner Morgenpost vom 12.10.2001 (P.H. Göpfert).

14 Badische Neueste Nachrichten (Freiburg) vom 10.1.2003 (A. Jüttner).

15 Die Welt vom 7.1.2002 (R. Wengierek).

16 The New York Sun vom 8.-10. November 2002 (J. McCarter).

17 Siehe in diesem Buch Kapitel III/3 und IV/5.

18 Theater-Broschüre des Landestheaters Tübingen zur Inszenierung von „Nathan dem Weisen" Spielzeit 2000/2001. Premiere 3.3.2001.

19 TIP H. 2/2002 (P. Laudenbach).

20 So Kritiker der Inszenierung des Berliner Ensembles in: Die Deutsche Bühne H. 2/2002 (M. Heine) und in: Freie Presse (Chemnitz) vom 7.1.2002 (P.H. Göpfert) sowie der Inszenierung des Würzburger Theaters in: Süddeutsche Zeitung vom 9.10.2001 (S. Leucht). Auch in „Theater heute" wurde Peymans Saladin gesehen als „ein gutmütig zwinkender Schalk mit angeklebtem Menjou-Bärtchen". Seine Schwester Sittah als „kapriziöses Hexlein" (H. 2/2002).

21 NWZ Göppinger Kreisnachrichten vom 15.11.2002 (H. v. Neubeck)

22 Kurier (Wien) vom 26.2.2002 (Werkstattgespräch mit Hans Escher).
23 So ein Kritiker der Bremer Inszenierung in: Weser-Kurier (Bremen) vom 22.10.2001 (A. Albrecht).
24 So zur Berliner Inszenierung in: Frankfurter Allgemeine Zeitung vom 7.1.2002 (I. Bazinger).
25 So die Betrachtung zur Inszenierung in Dresden in: Die Deutsche Bühne, H. 11/2001 (K. Lennartz).
26 Neue Züricher Zeitung vom 8.1.2002 (Ch. Funke).
27 So zur Inszenierung bei den Gandesheimer Domfestspielen in: Braunschweiger Zeitung vom 15.7.2002 (H. Hilpert). Ähnlich in der neuesten Inszenierung des „Nathan" am Münchner Residenztheater durch Elmar Goerden (Dezember 2003). Die Kritikerin *Renate Schostack* konstatiert im Blick auf die Darstellung von Saladin und Sittah: „Der Sultan des Oliver Nägele ist ein jovialer, beleibter Weichling im weißen Anzug, der gern Pralinen isst ... die Sittah der Katja Uffelmann ist weder Saladins böser noch guter schwesterlicher Geist, sondern eine konturlose Langweilerin". Den Grund für diese Art von Darstellung erblickt die Kritikerin darin: „Dem jungen Regisseur bedeuten Religionen offenbar nichts. Die Ringparabel, in der es um den Wahrheitsgehalt von Judentum, Christentum, Islam geht, ist für ihn eine Lügengeschichte" (FAZ vom 2.12.2003). Auch ein Kritiker wie *Christopher Schmidt* bemerkt zu dieser Inszenierung: „Und da ist der von Oliver Nägele als neureicher Geldsack gespielte Saladin, ein öliger Waffenschieber, im Schlepptau seine Schwester Sittah, bei Katja Uffelmann sein schattenhaftes besseres Selbst. Mit einer Sprühflasche bewässert er die Sukkulenten im Trog – und seine Ressentiments." (Süddeutsche Zeitung vom 2.12.2003).
28 So zur Dresdner Inszenierung in: Sächsische Zeitung (Dresden) vom 24.9.2001 (V. Heintges).
29 Badisches Tagblatt (Baden-Baden) vom 12.1.2002 (U. Bauermeister).
30 Genaueres dazu in: *K.-J. Kuschel*, Vom Streit zum Wettstreit der Religionen. Lessing und die Herausforderung des Islam, Düsseldorf 1998, Kap. I/4 u. 5.
31 *N. Kermani*, Toleranz. Drei Lesarten zu Lessings Märchen vom Ring im Jahre 2003 (mit Beiträgen von A. Overath u. R. Schindel), Göttingen 2003, S. 34.
32 Ebd., S. 40.
33 Ebd., S. 42.
34 Westdeutsche Zeitung vom 10.1.2002 (T. Enge).
35 Vgl. dazu das Saramago-Kapitel in: *K.-J. Kuschel*, Jesus im Spiegel der Weltliteratur. Eine Jahrhundertbilanz in Texten und Einführungen, Düsseldorf 1999, S. 370-412.
36 Die Materialien zu diesem Projekt „Drei Religionen, drei Sprachen, ein Stück" wurden mir vom verantwortlichen Lehrer der IGS Mühlenberg (Hannover), *Reinhard Tegtmeier-Blanck*, dankenswerterweise zur Verfügung gestellt. Außerdem das „Lesebuch zum Theaterprojekt", das bei der Aufführung den Zuschauerinnen und Zuschauern zur Verfügung gestellt wurde. Ein Beitrag von mir zum Thema „‚Nathan der Weise' und die Vision einer abrahamischen Ökumene von Juden, Christen und Muslimen" rundet dieses Lesebuch ab. Hingewiesen sei auch auf das ebenso kühne wie zukunftsweisende „Nathan"-Projekt, das im März/April 2001 im Internationalen Jugend- und Kulturzentrum Kiebitz e.V. in Duisburg-Marxloh durchgeführt wurde und das fünf Theatergruppen, fünf Sprachen und fünf Kulturen zusammenführte. An ihm arbeiteten zwei Wochen lang junge Israelis, Palästinenser, Türken, Griechen und Deutsche zusammen. Vorausgegangen war das internationale Jugendaustausch-Projekt „Nathan der

Weise" im Juli 2000 in Marmaris/Türkei. Das Programmheft zur Aufführung in Duisburg mit allen Details liegt mir vor und wurde mir dankenswerterweise von Dr. *Hans-Henning Pistor* (Velbert) zur Verfügung gestellt, Vorstandsmitglied der Stiftung Weltethos (Tübingen).

[37] Dieser Bericht, der in Kürze veröffentlicht werden soll, wurde mir dankenswerterweise von den beiden Autoren in Manuskriptform vorher zur Einsicht überlassen. Ich weise gerne auf diese wichtigen Forschungen hin.

[38] Genaueres dazu bei: *J. Zielinski*, „Nathan der Weise" im Land der Reinen. Erfahrungen – Erinnerungen – Verwirrungen. Ein Empfindungsbericht drei Jahre nach meiner Gastregie in Karachi (Pakistan), in: Lessing. Kleine Welt – Große Welt. 39. Kamenzer Lessing-Tage 2000, Kamenz 2000, S. 105-120.

[39] Dieser und der folgende Text stammt aus dem *Dokumentarfilm* von *Shireen Pasha*, „Nathan in the Land of the Sufis", der über die Theaterarbeit und die Inszenierung gedreht wurde. Der Film wurde über 3sat ausgestrahlt und mir von der Zentrale des Goethe-Instituts in München dankenswerterweise zur Verfügung gestellt.

[40] Auf diese Inszenierung wurde ich aufmerksam gemacht von *Dr. George Grose*, dem Gründervater der Academy for Judaic, Christian, and Islamic Studies. University Religious Conference at UCLA, die im Großraum Los Angeles ungemein verdienstvolle interreligiöse Verständigungsarbeit zwischen Juden, Christen und Muslimen betreibt. Dr. Grose, der mein Abraham-Buch gelesen hatte, nahm mit mir im Mai 1997 bei einem Besuch in Stuttgart Kontakt auf und lud mich ein, die Festrede zum 20. Jahrestag des Bestehens der Academy in Los Angeles zu halten. Dankbar erinnere ich mich an den Besuch dort zwischen dem 1. und 4. November 1997. Vgl. die Berichte in der Los Angeles Times vom 8.11. und 15.11.1997. Bei diesem Besuch lernte ich auch den muslimischen Regisseur der „Nathan"-Inszenierung *Nazim Karim* kennen, der mir freundlicherweise das Manuskript seiner Bearbeitung des Stückes zur Verfügung stellte.

[41] *D. G. John,* Lessing, Islam und ,Nathan der Weise' in Afrika, in: Lessing Yearbook 32 (2000), S. 245-256, Zitat S. 256.

[42] Ebd. Der Verfasser setzt sich auch konstruktiv mit meinem Buch über Lessing auseinander und endet seinen Artikel mit den Sätzen: „Like Kuschel, Mufti und Goetschel we must re-think major positions of Lessing's theological and philosophical writings, and in the case of his dramatic oeuvre must actively explore his impact beyond the parochial confines of German-speaking countries and their immediate European neighbours. ,Nathan' in Addis Ababa's Hager Fiker theater is a signal that worthwhile examples of Lessing's impact in the Muslim world and beyond lie within our grasp, examples that can shed light on his theatrical vision and demonstrate its immediacy for our time". (S. 256)

[43] Siehe in diesem Buch Kapitel IV/3.

[44] Sächsische Zeitung vom 24.9.2001 (V. Heintges).

[45] Weserkurier (Bremen) vom 22.10.2001 (A. Albrecht).

[46] *N. Kermani – W. Lepenies*, Manifest für eine Akademie islamischer und jüdischer Kulturen, in: Süddeutsche Zeitung vom 10.6.2003.

[47] Ebd.

[48] Frankfurter Allgemeine Zeitung vom 11.6.2003.

I. DER SCHWIERIGE WEG ZUM „NATHAN"

[49] Th. Lessing, De Religionum tolerantia. Über die Duldung der Religion, hrsg. u. eingel. v. G. Gawlick – W. Milde, Wolfenbüttel – Göttingen 1991, S. 53 (Th. 18).

[50] Th. Lessing, a.a.O., S. 60.

[51] Ebd.

[52] Th. Lessing, a.a.O., S. 61.

[53] Th. Lessing, a.a.O., S. 63.

[54] Th. Lessing, a.a.O., S. 60 (Th. 9).

[55] Einzelheiten dazu in: K.-J. Kuschel, Vom Streit zum Wettstreit, Kap. I/3: Das Islam-Bild von Mittelalter und Reformation (s. Anm. 30).

[56] Einzelheiten zum Islam-Bild Voltaires in: K.-J. Kuschel, Vom Streit zum Wettstreit, Kap. I/4: Ein zwiespältiges Islam-Bild der Aufklärung: Voltaire (s. Anm. 30).

[57] Genaueres dazu in: K.-J. Kuschel, Vom Streit zum Wettstreit, Kap. I/2: Unter Juden und Muslimen: Helden, Propheten und Gelehrte (s. Anm. 30).

[58] Weiterführendes dazu in: K.-J. Kuschel, Vom Streit zum Wettstreit, S. 48-52 (s. Anm. 30). Neuerdings auch: M.-O. Rehrmann, Ehrenthron oder Teufelsbrut? Das Bild des Islam in der deutschen Aufklärung, Zürich 2001.

[59] So J. Fück, Die arabischen Studien in Europa bis in den Anfang des 20. Jahrhunderts, Leipzig 1955, S. 102. Eine kritische Analyse des Islam-Bildes von Reland liefert: A. Gunny, Images of Islam in Eighteenth Century Writings, London 1996, S. 54-57.

[60] Genaueres dazu in: K.-J. Kuschel, Vom Streit zum Wettstreit, S. 105-110 (s. Anm. 30).

[61] The Koran or Alkoran of Mohammed, hrsg. v. G. Sale (1734), London – Calcutta – Bombay 1844, Preliminary Discourse, S. 45. Die ersten beiden Abschnitte des Preliminary Discourse behandelt kritisch: P.M. Holt, The Treatment of Arab History by Prideaux, Ockley, and Sale, in: ders., Studies in the History of the Near East, London 1973, S. 57-60.

[62] H. Göbel, Lessing und Cardano. Ein Beitrag zu Lessings Renaissance-Rezeption, in: R. Toellner (Hrsg.), Aufkärung und Humanismus, Heidelberg 1980, S. 179.

[63] F. Niewöhner ist meines Wissens der erste im deutschsprachigen Raum gewesen, der eine kleine Studie zu „Lessing und der Islam" veröffentlichte, in: Frankfurter Allgemeine Zeitung vom 5. Juni 1996.

[64] Dies hat besonders herausgestellt E. Tornero, Lessing y el Islam, in: Sharq Al-Andalus. Estudios Àrabes Nr. 7, 1990, (Anales de la Universidad de Alicante, Spanien). S. 117f. Die Beziehung Lessing – Ibn Rushd hat ebenfalls herausgestellt: O.F. Best, Noch einmal: Vernunft und Offenbarung. Überlegungen zu Lessings „Berührung" mit der Tradition des mystischen Rationalismus, in: Lessing Yearbook 12 (1980), S. 123-156. Auf Einzelheiten können wir hier nicht eingehen. Ich zitiere das Fazit: „Wir wissen nicht, wie weit Lessing mit diesen Vorstellungen arabischer Philosophen im Einzelnen vertraut war. Sollte er ihnen die Anregung zu seinem Entwurf eines göttlichen Erziehungsplans verdanken? Oder die Bestätigung eigener Ideen? Tatsache ist, dass Ibn Rushd-Averroës' Einteilung in drei Menschenklassen eine Entsprechung in Lessings drei Entwicklungsstufen findet" (S. 135).

[65] O. F. Best, a.a.O., S. 129 (siehe Anm. 64).

[66] K. S. Guthke, Lessing und die Exoten: Aspekte einer Berührungsangst und -lust, in: Lessing Yearbook 28 (1996), S. 1-34. Zum Schluss habe ich das von Guthke nur verkürzt zitierte Wort des jungen Lessing um drei Sätze erweitert.

[67] Einzelheiten dazu in: *K.-J. Kuschel,* Vom Streit zum Wettstreit, Kap. II/4: Der Islam als „natürliche" Religion: Reimarus' Provokation (s. Anm. 30).

[68] *K. Lessing,* Brief an G.E. Lessing vom 1.8.1778, in: Briefe III, S. 177.

[69] *G. E. Lessing,* Brief an K. Lessing vom 20.10.1778, in: Briefe III, S. 199f.

[70] *G. E. Lessing,* Brief an K. Lessing vom 11.8.1778, in: Briefe III, S. 186.

[71] *G. E. Lessing,* Brief an E. Reimarus vom 6.9.1778, in: Briefe III, S. 193.

[72] *G. E. Lessing,* Brief an K. Lessing vom 7.11.1778, in: Briefe III, S. 207. Auch in der *geplanten Vorrede* zum „Nathan" dieselbe Strategie, das Stück aus den aktuellen theologie- und kirchenpolitischen Kontroversen herauszuhalten und es möglichst als „alte Geschichte" hinzustellen: „Es ist allerdings wahr, und ich habe keinem meiner Freunde verhehlt, dass ich den ersten Gedanken zum Nathan im Dekameron des Boccaz gefunden. Allerdings ist die dritte Novelle des ersten Buches, dieser so reichen Quelle theatralischer Produkte, der Keim, aus dem sich Nathan bei mir entwickelt hat. Aber nicht erst jetzt, nicht erst *nach* der Streitigkeit, in welche man einen Laien, wie mich, nicht bei den Haaren hätte ziehen sollen. Ich erinnere dieses gleich Anfangs, damit meine Leser nicht mehr Anspielungen suchen mögen, als deren noch die letzte Hand hineinzubringen im Stande war." (IX, 665).

[73] *W. Jasper,* Lessing. Aufklärer und Judenfreund. Biographie, S. 196. Die folgende Darstellung der politischen Verhältnisse in Italien verdankt sich diesem Buch. Eine Aufstellung der in Italien erworbenen Bücher findet sich in: *L. Ritter-Santini (Hrsg.),* Eine Reise der Aufklärung. Lessing in Italien 1775, Bd. I-II, Berlin 1993. Ebenso aufschlussreich: *L. Ritter-Santini,* Lessing und die Wespen. Die italienische Reise eines Aufklärers, Frankfurt/M. – New York 1993.

[74] Genaueres dazu in: Kirche und Synagoge. Handbuch zur Geschichte von Christen und Juden, hrsg. v. K.H. Rendsdorf – S. von Kortzfleisch, Bd. II, Stuttgart 1970, S. 235-243.

[75] Kirche und Synagoge, Bd. II, S. 239.

[76] So in Schubarts „Deutscher Chronik" vom 11.1.1776 in Reaktion auf einen enthusiastischen Bericht im selben Organ vom Dezember 1775, in dem der Papst-Besuch Lessings beinahe zu einem Freundschaftstreffen von zwei Büchernarren hochstilisiert worden war. Ernüchternd heißt es dann im Januar 1776: „Leßing ist schon in Wien ... Er lachte sehr über die Nachrichten, die man von ihm in Teutschland verbreitete; 's war meistens Wind. Den Pabst hat er zwar gesprochen, aber sein Gespräch war sehr unerheblich. Braschi ist kein Ganganelli."

[77] So in: *A. Berliner,* Geschichte der Juden in Rom von der ältesten Zeit bis zur Gegenwart, Bd. I-II, Frankfurt 1893, Neudruck in einem Band: Hildesheim – Zürich – New York 1987, S. 107. Das „Edikt über die Juden" Pius VI. ist in diesem Buch vollständig in deutscher Übersetzung gedruckt (S. 107-119). Ich halte mich im folgenden an den hier publizierten Text.

[78] Die monumentale Papst-Geschichte von *Ludwig Freiherr von Pastor,* Geschichte der Päpste seit dem Ausgang des Mittelalters (Freiburg/Br. 1933), widmet dem Pontifikat Pius VI. einen ganzen Band (Band 16), erwähnt aber auf 634 Seiten die Judenproblematik mit keinem Wort.

[79] *G. Lauer,* Lessings Reisender oder Die Unwahrscheinlichkeit der Haskala. Zum Kanonisierungsprozess der deutschjüdischen Minderheitenkultur im 18. Jahrhundert, in: Kanon Macht Kultur. Theroretische, historische und soziale Aspekte ästhetischer Kanonbildungen, hrsg. v. R. v. Heydebrand, Stuttgart – Weimar 1998, S. 504-523, Zitat S. 505.

[80] *A. Berliner,* a.a.O., S. 107 (s. Anm. 77).

[81] *A. Berliner,* a.a.O., S. 119 (s. Anm. 77).

[82] Einzelheiten dazu bei: *L. Ritter-Santini,* Die Erfahrung der Toleranz. Melchisedech in Livorno, in: Germanisch-Romanische Monatsschrift 47 (1997), S. 317-362, Zitat S. 318.

[83] Zitiert nach *L. Ritter-Santini,* Die Erfahrung der Tolcranz, S. 327f. (s. Anm. 82). Bei der zeitgenössischen Quelle handelt es sich um *J. J. Volkmann,* Historisch-kritische Nachrichten von Italien, Leipzig 1770/71, Bd. I, S. 610.

[84] Es ist Abraham Geigers Verdienst, die Identität Castellos als Gesprächspartner Lessings in Livorno sehr wahrscheinlich gemacht zu haben: *A. Geiger,* Größer als Moses Mendelssohn, in: Beilage der Jüdischen Presse. Nr. 14/15 vom 6. April 1889. *L. Ritter-Santini* erhielt vom Bibliothekar des Archivs der jüdischen Gemeinde Livorno einen Text aus dem Jahre 1904, in dem das Treffen zwischen Lessing und Castello als aktenkundiges Ereignis erscheint. In: Eine Reise in die Aufklärung (1993), Bd. I, S. 447 (s. Anm. 73).

[85] *L. Ritter-Santini,* Die Erfahrung der Toleranz, S. 331 (s. Anm. 82). Zitiert wird im Text von Ritter-Santini eine zeitgenössische Quelle: *C. R. Hausen,* Biographie Herzogs Maximilian Julius Leopold von Braunschweig und Lüneburg, Frankfurt/O. 1785, S. XXXV.

[86] Allerdings handelt es sich hier um eine italienische Übersetzung von „Die Juden" aus dem Französischen! In jüngster Zeit ist dieses frühe Stück von Lessing in einer auf heutigem Forschungsniveau kommentierten zweisprachigen Ausgabe dem italienischen Leser erstmals in einer Übersetzung auf der Basis des deutschen Originals präsentiert worden: *Lessing,* Gli Ebrei, besorgt durch *Alberto Jori* mit Vorwort von Jutta Limbach und Nachwort von Karl-Josef Kuschel, Milano 2002 (R.C.S. Libri S.p.A.).

[87] Ich halte mich hier an die Darstellung bei *L. Ritter-Santini,* Lessing und die Wespen, S. 59-63 (s. Anm. 73).

[88] *L. Ritter-Santini,* Lessing und die Wespen, S. 60 (s. Anm. 73).

[89] Zitiert wird nach folgender Ausgabe: *T. Tasso,* Die Befreiung Jerusalems, in: Werke und Briefe, übersetzt und eingeleitet von E. Staiger, München 1978, S. 181-674.

[90] Zitiert wird nach folgender Ausgabe: *J. F. v. Cronegk,* Olint und Sophronia. Ein Trauerspiel, in: Lessings Jugendfreunde, hrsg. v. J. Minor, Berlin – Stuttgart o.J., S. 137-199 (Deutsche Nationalliteratur Bd. 72).

[91] Als „catalyst" bzw. als „negative Inspiration" für den „Nathan" haben Cronegks Stück zu Recht bewertet: *R. K. Angress,* Lessing's Criticism of Cronegk: Nathan in Ovo? in: Lessing Yearbook 4 (1972), S. 27-36 sowie *R. Klüger,* Kreuzzug und Kinderträume in Lessings „Nathan der Weise", in: dies., Katastrophen. Über deutsche Literatur, Göttingen 1994, S. 189-227.

[92] Zitiert wird nach folgender Ausgabe: *Voltaire,* Zaïre, in: Les Oeuvres complètes de Voltaire / The complete Works of Voltaire Bd. VIII, Oxford 1988. Vgl. dort die höchst informative Einführung S. 277-329.

[93] Zitiert nach *Voltaire,* Die Werke. Zum 300. Geburtstag, Berlin 1994, S. 39f.

[94] *Voltaire – Friedrich der Große,* Aus dem Briefwechsel, hrsg., vorgestellt und übers. v. H. Pleschinski, Zürich 1992, S. 519: „Ich nun, als treuer Jünger des Patriarchen von Ferney, ich verhandle derzeit mit tausend mohammedanischen Familien, denen ich in Westpreußen Heimstätten und Moscheen geben will. So wird es hier die vorgeschriebenen Fußwaschungen geben, und ohne empört zu sein, wird man *hilli* und *halla* singen hören. Dies war die einzige Sekte, die in diesem Lande noch fehlte."

II. WIDER DIE TRAGÖDIEN IN SACHEN RELIGION

[95] Zur *Deutung des Dramas* war mir neben der angegebenen Grundliteratur beson-
ders hilfreich: *H. Göbel* (Hrsg.), Lessings „Nathan". Der Autor, der Text, seine
Umwelt und seine Folgen, Berlin 1977, 2. Aufl. 1993. *H. Fuhrmann*, Lessings
„Nathan der Weise" und das Wahrheitsproblem, in: Lessing Yearbook 15 (1983),
S. 63-94. *P. v. Düffel*, G.E. Lessing. „Nathan der Weise", Stuttgart 1985 (Erläuterungen und Dokumente). *W. Jens – H. Küng*, Dichtung und Religion, München
1985, S. 81-119. *Th. Koebner*, „Nathan der Weise". Ein polemisches Stück?, in:
Lessings Dramen. Interpretationen, Stuttgart 1987, S. 138-206. *G. Kaiser*, Lessings „Nathan der Weise". Glaube, Liebe, Hoffnung als Grund des Toleranzdramas, in: Pastoraltheologie 80 (1991), S. 568-584.

[96] Zum Verständnis von *Lessings Beziehung zum Judentum* und der jüdischen
Rezeption von Lessing war mir besonders wichtig: *H. Mayer*, Außenseiter,
Frankfurt/M. 1975, S. 311-458 (Kap.: Shylock). *Ch. Shoham*, Nathan der Weise
unter seinesgleichen. Zur Rezeption Lessings in der hebräischen Literatur des 19.
Jahrhunderts in Osteuropa, in: Lessing Yearbook 12 (1980), S. 1-30. *K.S. Guthke*,
Lessing und das Judentum, in: ders., Das Abenteuer der Literatur. Studien zum
literarischen Leben, Bern – München 1981, S. 123-143. *W. Jens,* Nathan der Weise
aus der Sicht von Auschwitz. Juden und Christen in Deutschland, in: ders., Kanzel und Katheder. Reden, München 1984, S. 31-49. *W. Barner,* Vorurteil, Empirie,
Rettung. Der junge Lessing und die Juden, in: Juden und Judentum in der Literatur, hrsg. v. H.A. Strauss u. Ch. Hoffmann, München 1985, S. 52-77. *J. Stenzel,*
Idealisierung und Vorurteil. Zur Figur des „edlen Juden" in der deutschen Literatur des 18. Jahrhunderts, in: Juden in der deutschen Literatur. Ein deutsch-israelisches Symposion, hrsg. v. St. Moses u. A. Schöne, Frankfurt/M. 1986, S. 114-
126. *M. Zimmermann*, „Lessing contra Sem". Literatur im Dienste des Antisemitismus, in: Juden in der deutschen Literatur, S. 179-193. *J.-J. Eckhardt*, Lessings'
Nathan the Wise and the critics: 1779-1991, Columbia, SC 1993, Kap. 4: 1879 und
1881: Lessing and the Jews.

[97] *H. Mayer,* Außenseiter, S. 331 (s. Anm. 96).

[98] *A. Scott-Prelorentzos*, „Kleiner Raub, ein solches Geschöpf": „Nathan der
Weise" und die Judenfrage, in: Lessing und die Toleranz, hrsg. v. B. Freimark u.a.,
Detroit 1986, S. 198-205, bes. S. 201f.

[99] Vgl. *E. Simon*, Lessing und die jüdische Geschichte (1929), in: ders., Brücken.
Gesammelte Aufsätze, Heidelberg 1965, S. 215-219. Die eindrucksvollen Sätze
des Vfs. lohnen die Dokumentation: „Wir sollten verzichten auf Nathans blasse
Judenschemen, die es im 18. Jahrhundert noch nicht gegeben hat, wohl aber im
19., als seine Maxime ‚So ganz Stockjude sein zu wollen, geht schon nicht, und
ganz und gar nicht Jude, geht noch weniger' besonders in ihrem ersten Teil zu
einem Leitsatz der jüdischen Geschichte Europas wurde. Denn dies ist der
Schlüssel zu Nathans historischer Stellung: er hat keine adäquate Zukunft und
Gegenwart gestaltet, aber eine ihn nachahmende Zukunft mitbewirkt. Kein
lebendiger Jude hat den Nathan, und sei es auch nur als Modell, mitgezeugt: aber
Nathan hat in Verbindung mit der sozialen, politischen und geistigen Entwick-
lung Hunderttausende von Scheinjuden nach seinem Ebenbilde gemacht. Wir
aber, die wir Lessings tapfere Humanität gerade in unserer jungen Nationalbewe-
gung brauchen können, wir wenden uns dennoch von seinem blassen und blutlo-
sen Judenbild ab und hören lieber mit Heinrich Heine in der Nacht des Jom Kip-
pur Sheylocks Stöhnen und Rufen: Jessica, mein Kind'."

100 *W. Jens,* a.a.O., S. 46 (s. Anm. 96).

101 Dies hat überzeugend herausgestellt: *A. Scott-Prelorentzos,* „Kleiner Raub, ein solches Geschöpf": „Nathan der Weise" und die Judenfrage (s. Anm. 98) Auch *Th. Koebner* bemerkt treffend: „Das Jüdische an Nathan ist auffällig gering ausgeprägt. Auf der Bühne fällt nicht der geringsten Hinweis auf die Riten und Regeln orthodoxer jüdischer Lebensführung" (a.a.O., S. 159: s. Anm. 95).

102 *K. Lessing,* Brief an G.E. Lessing vom Juli 1778, in: Briefe III, S. 164f.

103 *Th. Koebner,* a.a.O., S. 178 (s. Anm. 95). Der Vfs. freilich ist an einem für uns entscheidenden Punkt mit sich im Widerspruch. An einer Stelle seiner Ausführungen (S. 144) *vermutet* er nur bei Assad einen Glaubenswechsel zum Christentum im Zuge von dessen Ehe mit einer Christin, an einer anderen Stelle (S. 175) *behauptet* er ihn schon. Wie aber soll sich der Tempelherr auf den „Islam" zubewegen, wie an unserer zitierten Stelle von Koebner mit Recht bemerkt, wenn sein Vater in der Zwischenzeit Christ geworden ist? Assad hatte zwar einen europäischen Namen angenommen, dass er aber zum Christentum übertrat, ist nirgendwo im Text gesagt, auch nicht indirekt in IV/5, Verse 453-460. Direkt allerdings gesagt ist, dass Assad „am liebsten Persisch" sprach (V/8, Verse 674-676). Das Nötige hat dazu schon früh gesagt: *R. K. Angress,* „Dreams that were more than dreams" in Lessing's „Nathan", in: Lessing Yearbook 3 (1971), S. 108-127, bes. S. 109-111.

III. EIN PRO-MUSLIMISCHES STÜCK

104 Belege dazu bei *R.H. Farquharson,* Lessings' Dervish and the Mystery of the Dervish-„Nachspiel", in: Lessing Yearbook 18 (1986), S. 47-67. Schon früher: *D. von König,* Natürlichkeit und Wirklichkeit. Studien zu Lessings „Nathan der Weise", Bonn 1976, S. 50-66. Zum biographischen Hintergrund und orientalischen Vordergrund der Al-Hafi-Gestalt vgl. *E. Schmidt,* Lessing. Geschichte seines Lebens und seiner Schriften. Band II, Berlin 1892, S. 542-547.

105 *G. E. Lessing,* Brief an K. Lessing vom 15.1.1779, in: Briefe III, S. 231f. Siehe auch S. 240 u. 246.

106 *R. H. Farquharson* nimmt die Hinweise auf das Parsentum auf und führt weitere Belege für Lessings Sympathie gegenüber dem Zoroastrismus an. Daran wird die Spekulation geknüpft: „Could it not be that in ‚Der Derwisch', the play that was intended as a complement and completition to ‚Nathan der Weise' Al-Hafi was to become the spokesman for the final manifestation of Lessing's System for a transcentendal, universal religion that rose bejond sects and doctrines to reach toward internal truth?" (a.a.O., S. 62; s. Anm. 104).

107 Art.: Bishr al-Hafi, in: The Encyclopaedia of Islam. New Edition Bd. I, Leiden – London 1960, S. 1244-1246, Zitat S. 1244f.

108 *J. van Ess,* Theologie und Gesellschaft im 2. und 3. Jahrhundert Hidschra. Eine Geschichte des religiösen Denkens im frühen Islam, Bd. III, Berlin – New York 1992, S. 105f.

109 *J. Frembgen,* Derwische. Gelebter Sufismus, Köln 1993, S. 16. Die Kenntnisse über den Sufismus dürfte Lessing der „Bibliothèque Orientale" von *B. d'Herbelot* verdanken. Dort werden „Sofis" und „Derwische" als die beiden Hauptspielarten des muslimischen Mönchwesens bezeichnet. Dass Al-Hafi ein Sufi ist, wird auch durch eine Stelle in Lessings *Entwurf zum „Nathan"* direkt belegt. Hier lässt der Autor Saladin über Al-Hafi sagen: „Ich wusste nicht, dass ich einen so

erleuchteten Sophi zu meinem Schatzmeister hätte" (IX, 642). Im Kommentar wird das Wort „Sophi" fälschlicherweise auf das griechische „Sophia" („Weisheit") zurückgeführt (IX, 1286). Mir scheint hier eher eine Anspielung auf den „Sufi" Al-Hafi vorzuliegen. So mit Recht *R.H. Farquharson*, a.a.O., S. 66 (s. Anm. 104), und *H. Birus*, Poetische Namengebung. Zur Bedeutung der Namen in Lessings „Nathan der Weise", Göttingen 1978, S. 154.

[110] *E. Schmidt*, Lessing. Geschichte seines Lebens und seiner Schriften, Bd. II, Berlin 1892, S. 544.

[111] *Muslih ad-Din Sa'di*, Der Rosengarten. Nach der Übersetzung von K.H. Graf neubearb. v. D. Bellmann, Bremen 1982, S. 117f.

[112] Diesen Hinweis entnehme ich dem Kommentar in: IX, 1263.

[113] Zur Deutung der *Gestalt Jesu im Koran* und in der islamischen Tradition vgl.: *G. Parrinder*, Jesus in the Qur'an, London 1965. *H. Räisänen*, Das koranische Jesusbild. Ein Beitrag zur Theologie des Koran, Helsinki 1971. *C. Schedl*, Mohammad und Jesus. Die christologisch relevanten Texte des Korans, neu übersetzt und erklärt, Freiburg/Br. 1978. *G. Rißе*, „Gott ist Christus, der Sohn der Maria". Eine Studie zum Christusbild im Koran, Bonn 1989. *A. Schimmel*, Jesus und Maria in der islamischen Mystik, München 1996. Neuerdings, die Forschungsgeschichte aufarbeitend und auswertend: *M. Bauschke*, Jesus – Stein des Anstoßes. Die Christologie des Korans und die deutschsprachige Theologie, Weimar – Wien 2000.

[114] *A. Schimmel* hat in ihrem Buch: West-östliche Annäherung. Europa in der Begegnung mit der islamischen Welt, Stuttgart – Berlin – Köln 1995, folgende Vermutung angestellt: „Auch das Drama konnte zur Verschleierung der politischen Kritik dienen; dafür scheint Max Klingers *Giafar der Barmakide* ein gutes Beispiel zu sein. Der Held wird von Harun ar-Rasid getötet, weil er die Scheinehe mit Haruns Schwester 'Abbasa nicht als solche gehalten hat. Der Stoff der *Barmakiden,* in dem man Machtgier und Untreue wie Despotismus geißeln konnte, war um 1800 sehr beliebt; auch Joseph von Hammer und Platen haben sich mit ihm dramatisch-poetisch beschäftigt. Es könnte sein, dass die Rolle der Schwester Haruns im Barmakidendrama Lessing zur Erfindung der Sittah, der Schwester Saladins, in seinem *Nathan* inspiriert hat. *Nathan der Weise* ist zweifellos das schönste aller Aufklärungsdramen mit seiner weisen Toleranz gegenüber allen drei ‚abrahamitischen' Religionen. Es ist wohl auch das einzige orientalisierende Werk des 18. Jahrhunderts, das weiterlebt." (S. 56) Diese Vermutung im Blick auf Sittah ist leider durch nichts verifiziert.

[115] *F. L. C. Marin*, Geschichte Saladins, Sulthans von Egypten und Syrien, zwei Theile. Aus dem Französischen übersetzt (von E.G. Küster), Zelle 1761, Bd. II, S. 319. Auch in den anderen Quellen Lessings (bei Schultens und d'Herbelot) wird eine solche Schwester (jeweils in unterschiedlicher Schreibweise) angegeben. *H. Birus* hat dazu auf Folgendes aufmerksam gemacht: „die Form *Sittah Alscham*, von der die Lessingsche Kurzform *Sittah* abgeleitet ist, (beruht) auf einem prinzipiellen sprachlichen Mißverständnis. Denn wie Schultens' arabisch-lateinische Abu'l-Fida-Ausgabe zeigt, trug Saladins Schwester in Wirklichkeit den Namen Sitt as-Sam, der jedoch seit d'Herbelot in Analogie zu anderen semitischen Femina auf *-a* als Assimilationsform von Sitt as-Sam mißdeutet und daher als Sittah Al-scham transkribiert wurde. Lessing dürfte diese morphologische Fehlinterpretation schwerlich durchschaut haben; andererseits ist es aber auch nicht auszuschließen, dass er Reiskes Übersetzung: ‚Sitt es-Scham (seu *domina syriae*)' aus dessen großer Edition von Abu'l-Fidas ‚Annalaes Muslemici' gekannt hatte,

die zwar erst nach seinem Tode im Druck erschienen ist, deren Handschrift er aber seit 1774 mit anderen Reiskeschen Manuskripten für einige Jahre verwaltet hatte. In diesem Fall wäre die Charakterisierung Sittahs als 'Königinn' bzw. als ‚Prinzessinn' möglicherweise auch als Anspielung auf den Bedeutungsgehalt ihres Namens aufzufassen" (a.a.O., S. 231: s. Anm. 109).

[116] Ein historisch nüchternes Saladin-Porträt unter Einbeziehung der Quellen liefert: Art. Salah Al-din in: Encyclopaedia of Islam. New Edition, Bd. VIII, Leiden 1995, S. 910-914.

[117] *Voltaire,* Geschichte der Kreuzzüge, in: Übersetzungen aus dem Französischen Friedrichs des Großen und Voltaires von G. E. Lessing, hrsg. v. E. Schmidt, Berlin 1882, S. 173-205. Einzelheiten dazu bei: *K.-J. Kuschel,* Vom Streit zum Wettstreit, S. 84-90 (s. Anm. 30).

[118] So *H. Birus,* a.a.O., S. 136 (s. Anm. 109). Dort auch zum geschichtlichen und kulturellen Hintergrund aller weiteren orientalischen Figuren im „Nathan".

[119] *Voltaire,* Geschichte der Kreuzzüge, S. 198 (s. Anm. 117).

[120] Ein charakteristisches jüngeres Beispiel für die Verlegenheit bestimmter Literaturwissenschaftler gegenüber einer Religion wie dem Islam stellt die ansonsten verdienstvolle Untersuchung von *A. Fuchs-Sumiyoshi* dar. Einerseits zeigt die Verfasserin mit Recht: „Die Motivation für Lessings Verteidigung liegt nicht primär in der Erkenntnis der Tatsache, dass der Orient im Westen bislang verzerrte Darstellungen und Missrepräsentationen erhielt, sondern darin, dass der Islam ein ausgezeichnetes Gegengewicht zum Christentum bildete, an dessen Vorbildlichkeit die Unzulänglichkeiten der christlichen Religion dargestellt werden konnten" (S. 30). Andererseits wird vor lauter Fixiertheit auf die Orient-Darstellung bei Lessing die islamische Dimension bagatellisiert oder geleugnet. So wird im Blick auf den „Nathan" fälschlicherweise behauptet: „Im Kontrast zu der Marin-Quelle umgeht Lessing jede direkte Verbindung Saladins mit dem Islam; Saladin wird nicht als Mohammedaner typisiert. Vielmehr ist der Orient ein Mittel der Darstellung zur Typisierung des Toleranz- und Humanitätsgedankens." (Orientalismus in der deutschen Literatur. Untersuchungen zu Werken des 19. und 20. Jahrhunderts von Goethes „West-östlichem Divan" bis zu Thomas Manns „Joseph"-Tetralogie, Hildesheim – Zürich – New York 1984, S. 38f.). Wie aber soll „der Orient" Toleranz und Humanität hervorgebracht haben ohne den Islam? Ich stimme hier eher mit *G. Pons* überein, den die Vf. kritisiert: „Seuls les Musulmans ont finalement lieu d'être satisfaits: Saladin et Sittah rivalisent de vertu, ignorent le fanatisme, bref, font honneur à leur religion, et Al-Hafi lui aussi, à sa manière. Voltaire eut applaudi des deux mains." (Gotthold Ephraim Lessing et le Christianisme, Paris 1964, S. 149.)

[121] Zu dieser ungewöhnlichen religiösen Offenheit des Sultans Saladin passt auch die Geschichte, die in *Einenkel's Weltbuch* (1190–1251) überliefert ist. Saladin soll, als er sein Ende nahen fühlte, und die Ärzte erkannten, dass er nicht mehr genesen könne, zur Sicherung seines Seelenheils sich auf dreifache Weise vor seinem Tod abgesichert haben. Er zerlegte ein kostbares Erbstück, einen Tisch aus Saphir, in drei Teile, und gab dem Gott des Islam, des Christentums und des Judentums je einen Teil mit den Worten: „Wer nun der stärkste von allen dreien ist, der mag mir helfen."

[122] Erstmals dürfte wohl *R. Boxberger* zur Klärung dieser „dunklen" Stelle auf G. Sale verwiesen haben, den er freilich nur in einer französischen Übersetzung zitiert: Zu Lessings Dichtungen, in: Archiv für Literaturgeschichte Bd. VII, Leipzig 1878, S. 24-32, bes. S. 31f.

[123] *G. Sale,* Discourse, S. 89 (s. Anm. 61). Eigene Übersetzung.

[124] *E. Reimarus*, Brief an G.E. Lessing vom 18.5.1779, in: Briefe III, S. 257. Zu dieser Unbefangenheit im Umgang mit dem Islam passt folgende Geschichte: Elise Reimarus hatte Lessing Anfang Mai 1780 auf Gerüchte angesprochen, er sei in seine in Wolfenbüttel mit ihm lebende Stieftochter Amalie König verliebt. Lessing verteidigt sich in einem Brief vom 7.5.1780, und Elise wünscht anschließend alles „Gewäsch" und alle „Wäscher" zum „Schaïtan" (13.5.1780). Dieses arabische Wort (Schaïtan) für „Satan", „Teufel", im Koran häufig begegnend als Al-Shaïtan (Fürst der bösen Geister), konnte Elise Reimarus einem kleinen allegorischen Fragment des als „deutscher Fielding" bekannt gewordenen Roman-Autors *Johann Gottwerth Müller* (1743–1828), genannt der *Müller von Itzehoe*, entnommen haben. In dieser Allegorie heißt es von einer Hauptfigur: „So war der Mann, und Gott, der ihm das Leben gab, weiß am Besten, dass er so war. Aber ein Imam schwur Stein und Bein, der Mann sei mit Leib und Seele des leidigen Schaitan's, und Münkir und Nebir würden ihn dermaleinst jämmerlich mit dem Flammenhaken heraufziehen und mit der stählenen Keule wieder herunterschmettern, immer Eins ums Andere, denn, sagte er, der Mann höret nicht darauf, wenn vom Minaret gerufen wird, dass er dann in die Moschee ginge, auch unterlässt er, wie ich sicher weiß, die fünfmaligen Waschungen. Imam! woher weißt Du das? Wie wenn Du einstweilen Deinen Pilau in Ruhe äßest, schiedlich und friedlich, und es Gott überließest, zu schlichten, was Gott nur schlichten und richten kann. Glaube mir, Freund, sei zufrieden in Deiner heilen Haut! und so bewahre Dich der Himmel vor dem Haken Münkir's und der Keule des anderen schwarzen Engels, auch vor den Klauen des leidigen Schaitan's. Gott sei bei uns auch vor unberufnen lieblosen Richtern! – Das magst Du dem Mann trauen, dass er seinen Koran so gut lieset wie Du. Versteht er ihn nicht so, wie Du ihn nun verstehst, so hadre Du nicht mit Gott, dem, wie in seiner ganzen Schöpfung, also vielleicht auch hier, Mannichfaltichkeit behagt." (Briefe III, S. 595f.)

[125] Vgl. dazu *G.E. Lessing*, Brief an K.W. Ramler vom 18.12.1778 und Brief an K. Lessing vom April 1779, in: Briefe III, S. 215 u. 247.

[126] *F. Niewöhner*, Das muslimische Familientreffen. Gotthold Ephraim Lessing und die Ringparabel, oder: Der Islam als natürliche Religion, in: Frankfurter Allgemeine Zeitung vom 5. Juni 1996. Ich halte freilich – anders als noch im Buch – die Kategorie „Promuslimisches Stück" für angemessener.

[127] *G. Kaiser*, a.a.O., S. 568f (s. Anm. 95).

[128] *M. Fick*, Lessing-Handbuch. Leben – Werk – Wirkung, Stuttgart – Weimar 2000, S. 405. Die Aachener Literaturwissenschaftlerin hat sich in ihrem bewundernswerten material- und analysereichen Lessing-Handbuch (2000) auch mit meinem Lessing-Buch auseinandergesetzt und viele meiner Ergebnisse im Blick auf Lessings Islam-Rezeption konstruktiv aufgenommen (S. 404f.). Meine Vorbehalte gegen ihre Darstellung richten sich zunächst gegen die Reduzierung von Lessings Islam-Bild auf die Kategorie „natürliche Religion", „Religion der Vernunft". Ich fühle mich nicht richtig verstanden, wenn die Autorin so schematisiert: „Würdigt Lessing den Islam als eine Offenbarungsreligion (Kuschel) oder als Paradigma der ‚natürlichen Religion' (Niewöhner)?" (S. 407), um dann nur die Linie „natürliche Religion" weiterzuverfolgen. Beide Aspekte sind gerade nicht gegeneinander auszuspielen sondern gehören zusammen in meiner Lessing-Studie auch gleichwertig behandelt. Auch ich habe zunächst herausgestellt (wie zahlreiche Lessing-Texte seit dem „Hieronymus Cardanus" 1754 dokumentieren), dass der Islam für Lessing deshalb „attraktiv" war, weil er (z.B. ohne Wunderglauben auskommend) die menschliche Vernunft stark macht: „Wirf einen Blick auf das Gesetz des Pro-

pheten Mohammed!", kann Lessing seinen Muslim 1754 sagen lassen, „was findest du darinne, das nicht mit der allerstrengsten Vernunft übereinkomme?" Diese Position konnte er dann in den Schriften des Hamburger Orientalisten Hermann Samuel Reimarus exakt wiederfinden (vgl. dazu K.-J. Kuschel, Vom Streit zum Wettstreit der Religionen, Kap. II/4: Der Islam als ‚natürliche' Religion: Reimarus' Provokation"). Zugleich aber besteht kein Grund, diesen Aspekt so zu verabsolutieren, wie Monika Fick dies getan hat, und zu behaupten, „Richtschnur und Leitfaden der Religionskritik" bei Lessing sei allein „die Philosophie" (S. 405). Allein „die Philosophen" gäben „die Kriterien an die Hand, nach dem die Offenbarungsreligionen zu interpretieren" seien (S. 406). Woraus die Literaturwissenschaftlerin dann folgert: „Wie aber kann man davon sprechen, in dem Stück würden die unterschiedlichen Religionen als gleich gültig vergegenwärtigt, wenn alles, was ihr jeweiliges Spezifikum ausmacht, bestenfalls als unwesentlich, schlimmstenfalls als gefährlich erscheint?" (S. 406). Und das „Spezifikum" des Christlichen, das Lessing als „unwesentlich", ja als „gefährlich" herausgestellt habe, sei – so die Literaturwissenschaftlerin – der „Glaube an Christus als den Sohn Gottes" – im Zusammenhang des „(Erb-)Sünde-Gnade-Erlösungszusammenhangs" (S. 414). Diese Argumentation vermag ich nicht nachzuvollziehen, und zwar aus mehreren Gründen:

(1) In Lessings „Nathan" (und nur der steht hier zur Diskussion) geben keineswegs allein die Philosophen die Kriterien zur Interpretation der Offenbarungsreligionen an die Hand. Im Gegenteil: Nathan will ja gerade die Offenbarungsreligionen nicht „von außen" beurteilen oder gar verurteilen (jeder soll in seiner Religion bleiben), sondern von innen verändern. Das aber kann man nur, wenn man ein *immanentes theozentrisches Kriterium* akzeptiert: die Liebe Gottes zu allen drei Religionen und *daraus* den liebenden Wettstreit um das Gute ableitet. Weder also ist das Kriterium der Beurteilung der drei Offenbarungsreligionen „philosophisch" (vielmehr: theologisch-theozentrisch), noch kommt es „von außen". Es muss und kann innerhalb der Offenbarungsreligionen gefunden und angesetzt werden: als gottentsprechende Liebe.

(2) Das „jeweilige Spezifikum" der Religionen ist im „Nathan" zumindest für das Christentum scharf im Blick. Allerdings in der Tat nicht augustinisch-lutherisch als „(Erb-)Sünde-Gnade-Erlösungszusammenhang" (das führt Lessing zufolge nur zu einem Heilstriumphalismus von Christen über alles Nichtchristliche: Dajas Praxis gegenüber Recha), wohl aber als *Theozentrik der Liebe*, die sich in der „Tugend" des Stifters inkarniert hat. Dass Lessing *dies* aufgrund der Botschaft und Praxis Jesu für das wesentlich Christliche hält, geht nicht nur aus dem „Nathan" hervor (die Praxis der Barmherzigkeit bei der einzig glaubwürdigen christlichen Figur des Stücks: Bruder Bonafides; sondern auch aus Lessings programmatischer Schrift „Das Testament Johannis" (VIII, 447-454) sowie aus der Tatsache, dass Lessing als Nachfolge-Stück zum „Nathan" bezeichnenderweise ein Drama unter dem Titel plante: „Der fromme Samariter nach der Erfindung des Herrn Jesu Christi". Vgl. dazu die brillante Analyse von *J. v. Lüpke* 1998 (s. Grundliteratur Abt. IV). Dass Lessing dieses „spezifisch Christliche" auch bei Juden und Muslimen wiederfinden kann, macht gerade der Dialog Klosterbruder – Nathan deutlich: „Nathan! Nathan! / Ihr seid ein Christ! – Bei Gott, ihr seid ein Christ! / Ein bessrer Christ war nie!" Nathan zum Klosterburder: „Wohl uns! Denn was / Mich Euch zum Christen macht, macht Euch mir zum Juden!" (IV/7). Monika Fick hat dies in ihrer Darstellung ignoriert. Sie hält offensichtlich den „(Erb-)Sünde-Gnade-Erlösungszusammenhang" selber für das „Spezifikum" des Christlichen, und da Lessing die-

sen (in der Tat) „bestenfalls als unwesentlich, schlimmstenfalls als gefährlich" herausgestellt hat, wird Lessing von ihr kritisiert. Übersehen wird, dass Lessing das christliche „Spezifikum" völlig neu definiert hat.

(3) Unstrittig ist, dass Lessing kein Interesse hat, die Unterschiede zwischen Judentum, Christentum und Islam in ihren jeweiligen theologischen „Spezifika" zu diskutieren. Lessing registriert zwar die theologische Beunruhigung des Islam und des Judentums für den Wahrheitsanspruch des Christentums, inhaltlich aber geht er in diese Religionen nicht hinein. Nirgendwo betreibt er eine detaillierte theologische Sachauseinandersetzung – mit keiner der nichtchristlichen Religionen. Glänzend kann er die Gleichrangigkeit der Religionen begründen (aus einer Theozentrik der Liebe), nicht interessiert ist er daran, die inhaltlichen Unterschiede herauszuprofilieren oder gar zu legitimieren. Binnentheologische Probleme sind nicht die seinen. Er beantwortet nicht unsere zahlreichen theologischen Einzelfragen, warum denn in letzten Fragen des Offenbarungs- und Wahrheitsverständnisses Juden, Christen und Muslime Unvereinbares gegeneinander setzten. Warum auch? Er ist Schriftsteller, und als solcher hat er sich stets bescheiden als „Liebhaber der Theologie" (IX, 57) bezeichnet, nicht als professionellen Theologen. Ein Liebhaber der Theologie – aber auf welchem Niveau!

(4) Daraus folgt: Lessings im Gewande der Literatur präsentierte Religionstheologie ist kein Ersatz für eine genuin jüdische, christliche oder muslimische Theologie der Religionen. Hier kann es für keine der drei Religionen ein simples „Zurück zu Lessing" geben. Aber Lessing gibt das denkerische und ethische Niveau für jede künftige Religionstheologie vor, unter das keine jüdische, christliche oder muslimische Theologie fallen sollte – bei Strafe ihrer moralischen Unglaubwürdigkeit. Lessings Herausforderung lautet vielmehr: Religionen sind in ihrer Glaubwürdigkeit vor Gott und den Menschen daran zu messen, ob sie Menschen verständigungsbereiter, friedensfähiger und solidarischer machen können.

(5) In Monika Ficks Darstellung des Islam-Aspektes bei Lessing vermisse ich das, was bei mir erkenntnisleitend war: Lessings „strategische Aufwertung" des Islam als einer im damaligen gesellschaftlichen Kontext theologisch und gesellschaftlich verachteten Religion. Gemessen an seiner Zeit war Lessings Versuch, gerade eine Religion wie den Islam als Spiegel kritisch selbstzufriedenen Christen vorzuhalten, äußerst kühn. Und dieser Kühnheit bedarf es – angesichts einer völlig veränderten Weltlage – auch heute. Ich verweise in diesem Zusammenhang auf das in der Einleitung zu diesem Buch Gesagte.

(6) Dankbar erinnere ich mich an zwei Gelegenheiten der Zusammenarbeit mit Monika Fick, bei denen wir unsere verschiedenen Auffassungen in einem konstruktiven „Streitgespräch" kollegial ausgetragen haben: bei einer Lessing-Tagung auf der Burg Rothenfels/Main vom 7. bis 9. März 2003 sowie an der Universität Heidelberg auf Einladung von Professor Dr. Dieter Borchmeyer am 15. Juli 2003. Im Lessing-Jahr 2004 werden wir Gelegenheit haben, unsere Gespräche fortzusetzen.

IV. DAS MODELL EINES MITEINANDER VON JUDEN, CHRISTEN UND MUSLIMEN: DIE RINGGESCHICHTEN

[129] *P. Demetz,* Gotthold Ephraim Lessing: Nathan der Weise. Vollständiger Text. Dokumentation, Frankfurt/M. – Berlin 1966, S. 126.

[130] *W. Jens,* Lessings „Nathan der Weise", in: W. Jens – H. Küng, Dichtung und Religon, München 1985, S. 112.

[131] *J. v. Lüpke,* Wege der Weisheit. Studien zu Lessings Theologiekritik, Göttingen 1989, S. 149.

[132] *Th. Koebner,* „Nathan der Weise", S. 169 (s. Anm. 95).

[133] Zum *Verständnis der Ring-Parabel* war mir neben der am Ende dieser Studie aufgeführten Grundliteratur sowie der allgemeinen Literatur zum „Nathan" besonders wichtig: *H. Politzer,* Lessings Parabel von den drei Ringen (1958), in: G. E. Lessing, hrgs. v. G. u. S. Bauer, Darmstadt 1968, S. 343-361. *H. Timm,* Der dreieinige Ring. Lessings parabolischer Gottesbeweis mit der Ring-Parabel des „Nathan", in: Euphorion 77 (1983), S. 113-126; *M. Nierenberg,* The Opal: Lessing's Ring examined, in: Modern Language Notes 85 (1970), S. 686-696. *H. Göbel,* „Nicht die Kinder bloß speist man / Mit Märchen ab". Zur Toleranzbegründung in Lessings Spätwerk, in: Lessing Yearbook 14 (1982), S. 119-132.

[134] *G. E. Lessing,* Brief an K. Lessing vom 11.8.1778, in: Briefe III, S. 186.

[135] Zur *Motivgeschichte* vgl. *A. Wünsche,* Der Ursprung der Parabel von den drei Ringen, in: Lessing-Mendelssohn-Gedenkbuch, hrsg. v. Deutsch-Israelitischen Gemeindebund, Leipzig 1879, S. 329-349. *E. Schmidt,* Lessing. Geschichte seines Lebens und seiner Schriften, Bd. II, Berlin 1892, S. 489-507. *B. Heller,* Zur Geschichte der Parabel vom echten Ringe, in: Zeitschrift für vergleichende Literaturgeschichte NF 16 (1906), S. 479-485. *H. Adolf,* Wesen und Art des Rings. Lessings Parabel nach mittelalterlichen Quellen gedeutet, in: German Quarterly 34 (1961), S. 228-234. *F. Niewöhner,* Veritas sive Varietas. Lessings Toleranzparabel und das Buch Von den drei Betrügern, Heidelberg 1988, bes. S. 27-67. *W. Woesler,* Zur Ring-Parabel in Lessings „Nathan". Die Herkunft der Motive, in: Wirkendes Wort 43 (1993), S. 557-568.

[136] Die meisten Quellentexte in deutscher Übersetzung werden hier und künftig zitiert nach: *P. Demetz,* a.a.O., S. 200-213, Zitat S. 201f. (s. Anm. 129).

[137] Zitiert nach *P. Demetz,* a.a.O., S. 202-211, Zit. S. 211 (s. Anm. 129).

[138] Vgl. dazu *G. E. Lessing,* Brief an J.J. Eschenburg vom 4.1.1774, in: Briefe III, S. 608f., sowie *G. E. Lessing,* Brief an J.J. Eschenburg vom 19.11.1776, in: Briefe III, S. 23.

[139] Zitiert nach *P. Demetz,* a.a.O., S. 213f. (s. Anm. 129).

[140] So *B. Heller,* a.a.O., S. 479 (s. Anm. 135).

[141] Vgl. dazu Art.: Abulafia, Abraham Ben Samuel, in: Encyclopaedia Judaica, Bd. II, Jerusalem 1971, Sp. 185f. Ausführliches Material zu Leben und Werk von Abraham Abulafia bei: *M. Idel,* Werk und Lehre Abraham Abulafias, Jerusalem 1976 (Diss. der Hebräischen Universität); *ders.,* Abraham Abulafia und der Papst – zu einem missglückten Unternehmen, in: AJS Review, Bd. 7-8, 1982, S. 1-17.

[142] Zitiert nach *B. Heller,* a.a.O., S. 481f. (s. Anm. 135).

[143] So *B. Heller,* a.a.O., S. 482 (s. Anm. 135).

[144] Vgl. dazu die eindrücklichen Studien von *M. Awerbuch,* Zwischen Hoffnung und Vernunft. Geschichtsdeutung der Juden in Spanien vor der Vertreibung am Beispiel Abravanels und Ibn Vergas, Berlin 1985; dies., Die Religionsgespräche in Salomo Ibn Vergas „Schevet Jehuda", in: Religionsgespräche im Mittelalter, hrsg. v. B. Lewis – F. Niewöhner, Wiesbaden 1992, S. 43-59.

[145] R. *Salomo Ibn Verga*, Das Buch Schevet Jehuda. Aus dem Hebräischen ins Deutsche übertragen von M. Wiener, Hannover 1856 (Neudruck 1924), S. 105-109.

[146] F. *Niewöhner*, Veritas sive Varietas. S. 52 (s. Anm. 135).

[147] So M. *Awerbuch*, Die Religionsgespräche, S. 50 (s. Anm. 144).

[148] W. *Scherer*, Zu Lessings „Nathan", in: Vorträge und Aufsätze zur Geschichte des geistigen Lebens in Deutschland und Österreich, Berlin 1874, S. 313.

[149] Vgl. dazu *J. van Ess*, Ketzer und Zweifler im Islam, in: Boustan 5 (1964), S. 10-15 (H. 2); *ders.*, Die Erkenntnislehre des Adud'addin al-Ici. Übersetzung und Kommentar des ersten Buches seiner Mawaqif, Wiesbaden 1966, bes. S. 221-236. Auch F. *Niewöhners* große Studie über die Ring-Parabel (s. Anm. 135) kann für die Herkunft im muslimischen Raum nur auf das Perlen-Gleichnis verweisen: S. 254-256. In einer Veröffentlichung aus dem Jahr 2001 macht F. Niewöhner auf eine Geschichte des Kairoer Rechtsgelehrten *Achmad ibn al-Idris al-Qarafi* (gest. 1285) aufmerksam. Diese findet sich in dessen erstmals 1905 in Kairo ediertem Buch mit dem Titel „Die ruhmvollen Antworten auf die schändlichen Fragen" und lautet so: „Der Apostel Paulus lässt nach und nach drei Könige zu sich kommen, und jedem sagt er: Ich trage ein Geheimnis bei mir, das ich dir vor meinem Tode anvertraue: Lerne dieses Geheimnis kennen und heb es wie ein Leuchtfeuer empor! Aber jedem der drei Könige erzählte Paulus ein anderes Geheimnis, so dass nach dem Tode des Apostels ein Streit zwischen den Königen ausbricht, denn jeder der Könige meint, im Besitz des wahren Geheimnisses zu sein. Jeder von ihnen bekämpfte darum den anderen um seines Bekenntnisses willen, und es kam zu einer großen Schlacht, in der sie großen Mut bewiesen. Sie töteten sich mit ihren Schwertern." Niewöhner fährt fort: „Diese Parabel des al-Qarafi – sie hört sich wie eine Pervertierung der Ring-Parabel an – konnte bis 1905 nur in den wenigen Handschriften der ‚Ruhmvollen Antworten' (keine ist in England nachzuweisen) gelesen werden. Dennoch wusste der englische Arzt Dr. Henry Stubbe, der 1632 geboren wurde und 1676 starb, diese zu erzählen. Er schrieb die Erzählung in seinem Buch ‚An Account of the Rice and Progress of Mahometism with the Life of Mahommed and a Vindication of him and his Religion from the Calumnies of the Christians'. Dieses Buch war von einer solchen Brisanz, dass er es während seines Lebens nicht zu veröffentlichen wagte. Es ist erstmals 1911 in London publiziert worden, dann noch einmal in Lahore in Pakistan 1954. Stubbe, ein Freund von Thomas Hobbes, schrieb sein Buch über Muhammad kurz nach dem Dreißigjährigen Krieg (1671), also kurz nach einer Zeit, in der die christlichen Parteien in Europa sich gegenseitig zerfleischt hatten. Die Geschichte des al-Qarafi soll bei Stubbe aber nicht nur die christlichen Kriege illustrieren, sondern auch zeigen, wie sich der Islam vom Christentum unterscheidet. Im Islam gebe es nämlich keine Geheimnisse und Mysterien, wie sie Paulus den Königen erzählt habe und ‚die der Vernunft und dem allgemeinen Menschenverstand widersprechen' würden. Die Lehren des Islam seien ‚sehr vernünftig'. Stubbes Darstellung des Islam gipfelt in den Worten: ‚Die Lehre des Muhammad stimmt genau mit dem Gesetz der Natur überein ... und mit der Lehre des Maimonides (dessen Ausführungen genau übereinstimmen mit denen Muhammads wie dem Gesetz der Natur).' Dies ist ein erstaunlicher Satz: Das Gesetz der Natur stimmt überein mit den Predigten des Begründers des Islam sowie mit den Lehren des großen jüdischen Philosophen Moses Ben Maimon (1135–1204), der so oft mit Lessings weisem Nathan verglichen worden ist" (NZZ Online, 10.11.2001).

[150] Vgl. dazu *J. van Ess*, Theologie und Gesellschaft im 2. und 3. Jahrhundert Hid-

schra. Eine Geschichte des religiösen Denkens im frühen Islam, Bd. IV, Berlin – New York 1992, S. 20-28; Bd. V, Berlin – New York 1997, S. 688-694. Ebenso: *F. Niewöhner*, a.a.O., S. 254-256 (s. Anm. 146).

[151] Der Text des Religionsgesprächs ist in Originalsprache dokumentiert und ins Englische übersetzt durch: *A. Mingana*, Thimothy's Apology for Christianity, in: Woodbrook Studies. Christian Documents in Syriac, Arabic, and Garshuni, Bd. II, Cambridge 1928, S. 15-90 (englischer Text), S. 91-162 (syrischer Text). Eigene Übersetzung aus dem Englischen ins Deutsche.

[152] *J. van Ess,* Die Erkenntnislehre, S. 227 (s. Anm. 149).

[153] Ich zitiere die Übersetzung von *J. van Ess,* in: Boustan 5 (1964), S. 14f. (H. 2).

[154] *A. Schimmel,* Mystische Dimensionen des Islam. Die Geschichte des Sufismus, München 1985, 2. Aufl. 1992, S. 374. Die folgende Darstellung Ibn 'Arabis verdankt sich dem entsprechenden Kapitel aus diesem Buch.

[155] Zit. nach: *M. Horten,* Mystische Texte aus dem Islam. Drei Gedichte des Ibn 'Arabi, Bonn 1912, S. 6f.

[156] *A. Schimmel,* a.a.O., S. 384 (s. Anm. 154).

[157] *O. F. Best,* Noch einmal: Vernunft und Offenbarung, 145f. (s. Anm. 64). Dass Lessing Ibn Tufail (gest. 1158), den Lehrer des in Cordoba geborenen großen Philosophen Ibn Rushd, kannte, habe ich gezeigt in: Vom Streit zum Wettstreit, S. 118-124 (s. Anm. 30).

[158] Ich zitiere nach folgender Ausgabe: *Il Novellino.* Das Buch der hundert alten Novellen. Italienisch-deutsch, übers. u. hrsg. v. J. Riesz, Stuttgart 1988.

[159] So im Kommentar von *J. Riesz,* S. 316 (s. Anm. 158).

[160] Einzelheiten dazu in der schönen kleinen Studie von *E. Horst,* Der Sultan von Lucera. Friedrich II. und der Islam, Freiburg/Br. 1997.

[161] *Il Novellino,* S. 72-75 (s. Anm. 158). Der Vollständigkeit halber muss ergänzt werden: Dieser positiven Saladin-Darstellung steht eine negative Geschichte (Nr. 76) gegenüber. Der Sultan (Saladin wird nicht mit Namen genannt) schenkt König Richard von England, dessen Tapferkeit er bewundert, ein edles Streitross, da dieser ohne Pferd kämpft. Dieses Geschenk aber erweist sich als List. Denn das Pferd ist abgerichtet, den Reiter zum Zelt des Sultans zu tragen, ohne dass dieser das Pferd beeinflussen kann. König Richard durchschaut die List, und die Geschichte endet mit dieser Pointe: „Der Sultan, der schon König Richard erwartete, war enttäuscht. Das zeigt, dass man sich nicht auf Gesten der Freundschaft verlassen darf, wenn sie vom Feind kommt" (a.a.O., S. 173). Im Kommentar wird dazu mit Recht angemerkt: „Die noble Geste des Sultans, der seinem militärischen Gegner ein Pferd schickt, bezog sich ursprünglich auf den Bruder des Sultans und wurde erst im Laufe der Zeit auf den Sultan (Saladin) übertragen. Die Umkehrung dieser noblen Geste in eine hinterhältige List in unserer Version zeigt die widersprüchliche Einstellung zur islamischen Welt, die auch als Widerspruch in diese Geschichte eingegangen ist: einerseits Bewunderung und Gleichsetzung aufgrund einer gemeinsamen ritterlichen Ethik und im gleichen Atemzug Revokation dieser Auffassung und ihr erzählerisches Dementi." (a.a.O., S. 278: s. Anm. 158).

[162] *Il Novellino,* S. 165-167.

[163] Vgl. dazu *M. Landau,* Die Quellen des Decamerone, Wien 1869, bes. S. 62-66 u. 142f. *F. Niewöhner* hat in seinem Buch zur Ring-Parabel (s. Anm. 135) die Linie Maimonides – Manoello – Busone – Boccaccio – Lessing zu dokumentieren versucht. Zwar gibt es von Maimonides keine Ring-Parabel, aber es ist durchaus denkbar, dass im Geiste seines interreligiösen Toleranzverständnisses eine solche

Parabel erzählt wurde, die dann über Imanuel und Busone auf Boccaccio kam, von dem sie dann Lessing übernimmt.

[164] Ich halte mich hier an die eindrucksvolle Darstellung von *K. Flasch*, G. Boccaccio. Poesie nach der Pest. Der Anfang des „Decameron", Mainz 1992.

[165] Ich zitiere nach folgender Ausgabe: *G. Boccaccio*, Das Dekameron Bd. I-II, übers. v. A. Wesselski (1909), Franfkurt/M. 1972 (Insel-Taschenbuch 718).

[166] Die Figur des Saladin wird noch in einer weiteren Geschichte des „Decameron" glänzend geschildert: 9. Geschichte des 10. Tages.

[167] *G. Boccaccio*, Das Dekarmon, Bd. I, S. 56 (s. Anm. 165).

[168] So *K. Flasch*, Boccaccios Ring-Parabel, in: Das Licht der Vernunft. Die Anfänge der Aufklärung im Mittelalter, hrsg. v. K. Flasch – U.R. Jeck, München 1997, S. 123-133, Zitat S. 132f.

[169] M. Nirenberg konnte 1970 nachweisen, dass der Opal in alchimistisch-naturphilosophischer Tradition die göttliche Gnade symbolisiert: The Opal. Lessing's ring examined, in: Modern Language Notes 85 (1970), S. 686-696.

[170] *H. Küng*, Lessing „Nathan der Weise", in: W. Jens – H. Küng, Dichtung und Religion, München 1985, S. 97.

[171] Der Kieler Philosoph *Kurt Hübner* ist deshalb am Ende seines verdienstvollen Buches „Das Christentum im Wettstreit der Weltreligionen" (Tübingen 2003) einer Fehlinterpretation erlegen, wenn er behauptet, dass es für Lessing aufgrund der Ring-Parabel „eine Offenbarung gar nicht gebe und geben könne, sondern eben nur eine mehr oder weniger blinde Überlieferung". Deshalb bedürfe die Art von Lessings Aufklärung „ihrerseits der Aufklärung". Religiöse Toleranz sei „nur aus der Sicht einer bestimmten, absolut geglaubten Religion möglich" (S. 144). Damit hat Hübner das anthropozentrische Argument in der Ring-Parabel verabsolutiert und das theozentrische in derselben Parabel ignoriert. Anders ist nicht zu erklären, warum er bestreitet, für Lessing gebe es keine „Offenbarung" Gottes mehr. Dasselbe gilt für den (wahrhaftig nicht originellen) Vorwurf, das Religiöse werde – wie für die Aufklärung charakteristisch – „auf das Moralische" reduziert. Erst wird Lessing „religiöser Relativismus" unterschoben, um dann zu behaupten, dieser religiöse Relativismus sei „im Grunde ein Widerspruch in sich selbst" (ebd.). Auch diese Kritik ignoriert entscheidende Aussagen der Ring-Parabel, die gerade nicht darauf hinauslaufen, die drei Offenbarungsreligionen „aufzuheben" oder zu relativieren im Sinne von Indifferenz. Die drei Offenbarungsreligionen werden von Lessing nur insofern gleich behandelt, als sie alle unter das eine Kriterium gestellt sind: Leisten sie der gottgewollten „von Vorurteilen freien Liebe" Vorschub oder nicht. Wer immer noch Lessing vorwerfen zu können meint, hier würde Religion auf Moral reduziert, hat von der neueren Lessing-Forschung (I. Strohschneider-Kohrs, J. von Lüpke, A. Schilson, M. Fick) keine Kenntnis genommen.

[172] *H. Fuhrmann*, Lessings „Nathan der Weise" und das Wahrheitsproblem, in: Lessing Yearbook 15 (1983), S. 69f.

V. DIE BASIS EINES MITEINANDER VON JUDEN, CHRISTEN UND MUSLIMEN

[173] Der Koran wird zitiert nach der Übersetzung von *R. Paret*, Bd. I (Text), Bd. II (Kommentar), Stuttgart – Berlin – Köln – Mainz 1979/80. Es gehört zur Eigentümlichkeit dieser Übersetzung, dass sie die für das Deutsche wichtigen Sinnergänzungen in Klammern hinzusetzt oder in Klammern die Wörtlichkeit des Arabischen im Deutschen sichtbar macht.

[174] Zu Recht hat der katholische Theologe *H. Zirker* vor einem solchen Verständnis gewarnt: Zur „Pluralistischen Religionstheologie" im Blick auf den Islam, in: Christus allein? Der Streit um die Pluralistische Religionstheologie, hrsg. v. R. Schwager, Freiburg/Br. 1996, S. 189-202.

[175] Vgl. dazu *Der Koran*, übersetzt und kommentiert von *A.Th. Khoury*, Bd. I, Gütersloh 1990, S. 285-290.

[176] *Der Koran*, übersetzt und kommentiert von *A.Th. Khoury*, Bd. II, Gütersloh 1991, S. 168. Die Doppelseite der islamischen Religionstheologie (Einladung zur wahren Religion und zugleich Anerkennung der faktischen Pluralität von Religionen) hat jüngst noch einmal überzeugend zusammengefasst der türkische Gelehrte *H. Yasar*, Das Verhältnis der Muslime zu den Nichtmuslimen nach dem Koran, in: CIBEDO. Beiträge zum Gespräch zwischen Christen und Muslimen 10 (1996), S. 101-106.

[177] *F. Niewöhner*, Veritas sive Varieta, S. 220 (s. Anm. 135).

[178] *M. S. Abdullah*, Zur Ringparabel in Lessings „Nathan der Weise", in: Toleranz heute. 250 Jahre nach Mendelssohn und Lessing, Berlin 1979, S. 41-43, Zitat S. 41.

[179] *M. S. Abdullah*, a.a.O. S. 42. Vgl. auch *ders.*, Islam. Für das Gespräch mit Christen, Gütersloh 1992, S. 139f. Vertieft werden diese Gedanken noch einmal in: *M. S. Abdullah – W. Jens – H. Küng – S. Mosès*, Dogmatik, Fundamentalisten und Toleranz. Dialoge zur Ringparabel, in: Sprache im technischen Zeitalter 30 (1992), S. 4-29. Auch in: Moslemische Revue 73 (1997), S. 81-99.

[180] Vgl. dazu *A. Höltermann*, Lessings Nathan im Lichte von Leibniz' Philosophie, in: Zeitschrift für Deutschkunde 42 (1928), S. 494-507.

[181] *O. Mann*, Lessing. Sein und Leistung, Hamburg 1949, S. 372f.

[182] *I. Strohschneider-Kohrs*, Vernunft als Weisheit. Studien zum späten Lessing, Tübingen 1994, S. 68-107.

[183] *A. Schilson*, Lessings Christentum, Göttingen 1980, S. 91. Voraus ging die große Studie, mit der *A. Schilson* die katholische Lessing-Rezeption auf ein neues Niveau hob: Geschichte im Horizont der Vorsehung. G.E. Lessings Beitrag zu einer Theologie der Geschichte, Mainz 1974. Vgl. dort bes. S. 194-199; 248-256.

[184] *A. Schilson*, „... auf meiner alten Kanzel, dem Theater". Über Religion und Theater bei Gotthold Ephraim Lessing, Göttingen 1997, S. 36.

[185] Im Vorwort zur Koran-Ausgabe von *G. Sale*, die Lessing benutzt hat, konnte er den gleichen Grundgedanken beschrieben finden: „And to this religion he (Mohammed) gives the name of Islam, which would signifies *resignation*, or *submission* to the service and commands of God" (S. 50, s. Anm. 61).

[186] *F. Niewöhner*, Vernunft als innigste Ergebenheit in Gott. Lessing und der Islam, Manuskript vom 12. November 2001 (Internet-NZZ-Archiv).

[187] So schon *F. Niewöhner* (s. Anm. 63).

[188] *J. W. Goethe*, West-östlicher Divan, Bd. I, hrsg. v. H. Birus, Frankfurt/M. 1994, S. 65 (Bibliothek deutscher Klassiker Bd. 113). Hilfreich zum Verständnis dieser Dichtung ist auch die Ausgabe: J.W. Goethe, West-östlicher Divan, hrsg. v. H.-J.

Weitz. Mit Essays zum „Divan" von H. von Hofmannsthal, O. Loerke u. K. Krolow, Frankfurt/M. 1974 (Insel-TB 75).

[189] *J. P. Eckermann*, Gespräche mit Goethe in den letzten Jahren seines Lebens (1835) mit einer Einführung, hrsg. v. E. Beutler, TB-Ausgabe München 1976, S. 245f.

[190] *K. Mommsen*, Goethe und die arabische Welt, Frankfurt/M. 1988. Neuerdings auch aus türkisch-islamischer Sicht: *B. Yilmaz*, Goethe ve Islâmiyet, Istanbul 1996.

[191] *K. Mommsen*, a.a.O., S. 253f (s. Anm. 190). Ob bei dieser Assoziation Spinoza – Lessing Goethe an die seit Jacobis Lessing-Buch höchst umstrittene Frage nach Lessings Spinozismus gedacht hat, muss hier ebenfalls offen bleiben. Vgl. dazu: *H. Timm*, Gott und die Freiheit. Studien zur Religionsphilosophie der Goethezeit (Bd. I: Die Spinozarenaissance), Frankfurt/M. 1974.

[192] *J. P. Eckermann*, a.a.O., S. 246 (s. Anm. 189).

[193] Dazu informiert *K. Mommsen* wie folgt: „Woher Goethe seine Informationen über diese Art des Unterrichts in der Philosophie hat, ist ungeklärt. Für die sachliche Richtigkeit von Goethes Darstellung bzw. Eckermanns Wiedergabe konnte ich von muslimischer Seite keine Bestätigung erhalten. ... Mir scheinen Goethes Gedankengänge und Schlussfolgerungen auf Lektüreeindrücken wie dem ‚Mesnewi' des Dschelâl-eddîn Rumi und anderer sufischer Dichter zu basieren, in deren religiösem System alle Widersprüche durch den Glauben an die höchste Instanz aufgelöst werden, ‚worin der Mensch seine völlige Beruhigung findet.'" (a.a.O., S. 253, s. Anm. 190)

[194] *J. P. Eckermann*, a.a.O., S. 247 (s. Anm. 189).

[195] *Th. Koebner*, „Nathan der Weise", S. 146 (s. Anm. 95)

[196] *H. Politzer*, a.a.O., S. 359 (s. Anm. 133).

[197] *G. E. Lessing*, Brief an J. G. Herder vom 10.1.1779, in: Briefe III, S. 225.

[198] Die verschiedenen Sinnschichten im intertextuellen Beziehungsgefüge hat glänzend herausgearbeitet: *H. Birus*, Introite, nam et heic Dii sunt! Einiges über Lessings Mottoverwendung und das Motto zum *Nathan*, in: Euphorion 75 (1981), S. 379-410.

[199] *G. E. Lessing*, Brief an K. Lessing vom 18.4.1779, in: Briefe III, S. 247.

[200] *W. Jens*, Lessings „Nathan der Weise", in: W. Jens – H. Küng, Dichtung und Religion, München 1985, S. 119.

[201] *W. Jens*, Der Teufel lebt nicht mehr, mein Herr! Ein Totengespräch zwischen Lessing und Heine, in: ders., In Sachen Lessing. Vorträge und Essays, Stuttgart 1983, S. 62-90, Zitat S. 86f.

[202] Vgl. dazu *K. Bohnen*, „Nathan der Weise". Über das „Gegenbild einer Gesellschaft" bei Lessing, in: Deutsche Vierteljahrsschrift für Literaturwissenschaft und Geistesgeschichte 53 (1979), S. 394-416.

[203] *G. E. Lessing*, Brief an J. J. Eschenburg vom 31.12.1777, in: Briefe III, S. 116.

[204] *G. E. Lessing*, Brief an J. J. Eschenburg vom 10.01.1778, in: Briefe III, S. 119.

[205] *G. E. Lessing*, Brief an E. Reimarus vom 9.8.1778, in: Briefe III, S. 184.

[206] *A. Schilson*, Lessings Christentum, S. 92 (s. Anm. 183).

[207] *K. Barth*, Lessing, in: ders., Die protestantische Theologie im 19. Jahrhundert. Ihre Vorgeschichte und ihre Geschichte, Zürich 1946, S. 208-236, Zitat S. 208.

[208] *K. Voswinckel*, Jerusalem. Eine Reise in die Schrift, Wien 1991, S. 45.

[209] *K. Voswinckel*, a.a.O., S. 66.

[210] *K. Voswinckel*, a.a.O., S. 68.

[211] *K. Voswinckel*, a.a.O., S. 71.

GRUNDLITERATUR

Aufgeführt wird hier nur die Literatur, die zum Verständnis der Forschungsgeschichte sowie der Lebens- und Werkgeschichte Lessings in unserem thematischen Zusammenhang unverzichtbar war und ständig konsultiert wurde. Alle sonstige Literatur ist bei den einzelnen Kapiteln angeführt.

I. Zur Forschungsgeschichte:

W. Barner – G.E. Grimm – H. Kiesel – M. Kramer, Lessing. Epoche – Werk – Wirkung, München ⁵1987.

W. Albrecht, Gotthold Ephraim Lessing, Stuttgart – Weimar 1997.

M. Fick, Lessing-Handbuch. Leben – Werk – Wirkung, Stuttgart – Weimar 2000 (Lit!).

II. Zur Lebens- und Werkgeschichte:

E. Schmidt, Lessing. Geschichte seines Lebens und seiner Schriften Bd. I-II, Berlin 1884–1892, 4. Aufl. Berlin 1923. Neudruck: Hildesheim – Zürich – New York 1983.

R. Daunicht (Hrsg.), Lessing im Gespräch. Berichte und Urteile von Freunden und Zeitgenossen, München 1971.

D. Hildebrandt, Lessing. Biographie einer Emanzipation, München – Wien 1979.

G. Sichelschmidt, Lessing. Der Mann und sein Werk, Düsseldorf 1989.

D. Harth, G.E. Lessing oder die Paradoxien der Selbsterkenntnis, München 1993.

W. Jasper, Lessing. Aufklärer und Judenfreund. Biographie, Berlin – München 2001.

III. Zum Thema Judentum:

H. Mayer, Außenseiter, Frankfurt/M. 1975, S. 311-458 (Kap.: Shylock).

Ch. Shoham, Nathan der Weise unter seinesgleichen. Zur Rezeption Lessings in der hebräischen Literatur des 19. Jahrhunderts in Osteuropa, in: Lessing Yearbook 12 (1980), S. 1-30.

K. S. Guthke, Lessing und das Judentum, in: ders., Das Abenteuer der Literatur. Studien zum literarischen Leben, Bern – München 1981, S. 123-143.

W. Jens, Nathan der Weise aus der Sicht von Auschwitz. Juden und Christen in Deutschland, in: ders., Kanzel und Katheder. Reden, München 1984, S. 31-49.

W. Barner, Vorurteil, Empirie, Rettung. Der junge Lessing und die Juden, in: Juden und Judentum in der Literatur, hrsg. v. H.A. Strauss u. Ch. Hoffmann, München 1985, S. 52-77.

J. Stenzel, Idealisierung und Vorurteil. Zur Figur des „edlen Juden" in der deutschen Literatur des 18. Jahrhunderts, in: Juden in der deutschen Literatur. Ein deutsch-israelisches Symposion, hrsg. v. St. Moses u. A. Schöne, Frankfurt/M. 1986, S. 114-126.

M. Zimmermann, „Lessing contra Sem". Literatur im Dienste des Antisemitismus, in: Juden in der deutschen Literatur, S. 179-193.

J.-J. Eckhardt, Lessing's Nathan the Wise and the Critics: 1779–1991, Columbia, SC 1993, Kap. 4: 1879 und 1881: Lessing and the Jews.

I. Strohschneider-Kohrs, Lessing und Mendelssohn in ihrer Spätzeit, in: M. Albrecht – E. J. Engel – N. Hinske (Hrsg.): Moses Mendelssohn und die Kreise seiner Wirksamkeit, Tübingen 1994, S. 269-290.

G. Lauer, Lessings Reisender oder Die Unwahrscheinlichkeit der Haskala. Zum Kanonisierungsprozess der deutschjüdischen Minderheitenkultur im 18. Jahrhundert, in: Kanon Macht Kultur. Theoretische, historische und soziale Aspekte ästhetischer Kanonbildungen, hrsg. v. R. v. Heydebrand, Stuttgart – Weimar 1998, S. 504-523.

IV. Zum Thema Christentum:

B. Bothe, Glauben und Erkennen. Studien zur Religionsphilosophie Lessings, Meisenheim 1972.

H. Timm, Gott und die Freiheit. Studien zur Religionsphilosophie der Goethezeit, Bd. I: Die Spinozarenaissance, Frankfurt/M. 1974.

A. Schilson, Geschichte im Horizont der Vorsehung. G.E. Lessings Beitrag zu einer Theologie der Geschichte, Mainz 1974;

ders., Lessings Christentum, Göttingen 1980;

ders., „... auf meiner alten Kanzel, dem Theater". Über Religion und Theater bei Gotthold Ephraim, Lessing, Göttingen 1997.

M. Bollacher, Lessing: Vernunft und Geschichte. Untersuchungen zum Problem religiöser Aufklärung in den Spätschriften, Tübingen 1978.

W. Boehart, Politik und Religion. Studien zum Fragmentenstreit (Reimarus, Goeze, Lessing), Schwarzenbek 1988.

J. von Lüpke, Wege der Weisheit. Studien zu Lessings Theologiekritik, Göttingen 1989;

ders., Der fromme Ketzer. Lessings Idee eines Trauerspiels „Der fromme Samariter nach der Erfindung des Herrn Jesu Christi", in: Neues zur Lessing-Forschung, hrsg. v. E. J. Engel – C. Ritterhoff, Tübingen 1998, S. 127-151.

V. Zum Thema Islam:

Der Grundgedanke von Lessing's Nathan schon im Koran, in: Cotta's Morgenblatt für gebildete Leser vom 29. Oktober 1850 (Nr. 259).

O.F. Best, Noch einmal: Vernunft und Offenbarung. Überlegungen zu Lessings „Berührung" mit der Tradition des mystischen Rationalismus, in: Lessing Yearbook 12 (1980), S. 123-156.

G. Pons, L'interêt de Lessing pour le monde islamique, in: Tijdschrift voor de studie van de verlichting en van het vrije denken 10 (1982), S. 41-55.

E. Tornero, Lessing y el Islam, in: Sharq Al-Andalus. Estudios Árabes Nr. 7, 1990, S. 113-119 (Anales de la Universidad de Alicante, Spanien).

E. Niewöhner, Das muslimische Familientreffen. G.E. Lessing und die Ringparabel, oder: Der Islam als natürliche Religion, in: Frankfurter Allgemeine Zeitung vom 5. Juni 1996.

K.-J. Kuschel, Vom Streit zum Wettstreit der Religionen. Lessing und die Herausforderung des Islam, Düsseldorf 1998.

E. Hermes, Die Welt der drei Ringe. Das 12. Jahrhundert, in: „Tausend Jahre wie ein Tag …" Das zweite Jahrtausend im Spiegel von zehn Texten, hrsg. v. B.H. Stappert, Würzburg 2001, S. 34-52.

M.-O. Rehrmann, Ehrenthron oder Teufelsbrut? Das Bild des Islam in der deutschen Aufklärung, Zürich 2001.

VI. Zu „Nathan der Weise":

A. Bohnen (Hrsg.), Lessings „Nathan der Weise", Darmstadt 1984.

H. Göbel (Hrsg.), Lessings „Nathan". Der Autor, der Text, seine Umwelt und seine Folgen, Berlin 1977, 2. Aufl. 1993.

H.-F. Wessels, Lessings „Nathan der Weise". Seine Wirkungsgeschichte bis zum Ende der Goethezeit, Königstein/Ts. 1979.

H. Fuhrmann, Lessings „Nathan der Weise" und das Wahrheitsproblem, in: Lessing Yearbook 15 (1983), S. 63-94.

P. v. Düffel, G.E. Lessing. „Nathan der Weise", Stuttgart 1985 (Erläuterungen und Dokumente).

W. Jens – H. Küng, Dichtung und Religion, München 1985, S. 81-119.

Th. Koebner, „Nathan der Weise". Ein polemisches Stück?, in: Lessings Dramen. Interpretationen, Stuttgart 1987, S. 138-206.

J. Bark, Nachwort zu: Gotthold Ephraim Lessing: „Nathan der Weise. Ein dramatisches Gedicht", hrsg. v. J. B., 4. Auflage, München 1989, S. 195-233.

Lessings „Nathan" und die jüdische Emanzipation im Lande Braunschweig (mit Beiträgen besonders von H.-F. Wessels u. W.P. Eckert),
Wolfenbüttel 1990.

G. *Kaiser*, Lessings „Nathan der Weise". Glaube, Liebe, Hoffnung als
Grund des Toleranzdramas, in: Pastoraltheologie 80 (1991), S. 568-584.

R. *Simon*, Nathans Argumentationsverfahren. Konsequenzen der Fiktio-
nalisierung von Theorie in Lessings „Nathan der Weise", in: Deutsche
Vierteljahrsschrift für Literaturwissenschaft und Geistesgeschichte 65
(1991), S. 609-635.

A. *Schilson*, Dichtung und (religiöse) Wahrheit: Überlegungen zu Art und
Aussage von Lessings Drama „Nathan der Weise", in: Lessing-Year-
book 27 (1995), S. 1-18.

D. *Müller Nielaba*, „Die arme Recha, die indes verbrannte!" Zur Kombus-
tibilität der Bedeutung in Lessings „Nathan der Weise", in: Neues zur
Lessing-Forschung, hrsg. v. E. J. Engel – C. Ritterhoff, Tübingen 1998,
S. 105-126.

VII. Zur Ringparabel:

1. Zur Motivgeschichte:

A. *Wünsche*, Der Ursprung der Parabel von den drei Ringen, in: Lessing-
Mendelssohn-Gedenkbuch, hrsg. v. Deutsch-Israelitischen Gemeindebund, Leipzig 1879, S. 329-349.

E. *Schmidt*, Lessing. Geschichte seines Lebens und seiner Schriften, Bd. II,
Berlin 1892, S. 489-507.

B. *Heller*, Zur Geschichte der Parabel vom echten Ringe, in: Zeitschrift für
vergleichende Liteaturgeschichte NF 16 (1906), S. 479-485.

H. *Adolf*, Wesen und Art des Rings. Lessings Parabel nach mittelalterlichen
Quellen gedeutet, in: German Quarterly 34 (1961), S. 228-234.

F. *Niewöhner*, Veritas sive Varietas. Lessings Toleranzparabel und das Buch
Von den drei Betrügern, Heidelberg 1988, bes. S. 27-67.

W. *Woesler*, Zur Ringparabel in Lessings „Nathan". Die Herkunft der
Motive, in: Wirkendes Wort 43 (1993), S. 557-568.

K.-J. *Kuschel*, Vom Streit zum Wettstreit der Religionen, Lessing und die
Herausforderung des Islam, Düsseldorf 1998, S. 272-316.

2. Zur Textauslegung:

H. *Politzer*, Lessings Parabel von den drei Ringen (1958), in: G. E. Lessing,
hrsg. v. G. u. S. Bauer, Darmstadt 1968, S. 343-361.

H. *Timm*, Der dreieinige Ring. Lessings parabolischer Gottesbeweis mit
der Ringparabel des „Nathan", in: Euphorion 77 (1983), S. 113-126.

M. Nirenberg, The Opal. Lessing's Ring examined, in: Modern Language Notes 85 (1970), S. 686-696.

H. Göbel, „Nicht die Kinder bloß speist man / Mit Märchen ab". Zur Toleranzbegründung in Lessings Spätwerk, in: Lessing Yearbook 14 (1982), S. 119-132.

A. Schmitt, „Die Wahrheit rühret unter mehr als einer Gestalt". Versuch einer Deutung der Ring-Parabel in Lessings „Nathan der Weise" ,more rabbinico', in: Neues zur Lessing-Forschung, hrsg. v. E.J. Engel – C. Ritterhoff, Tübingen 1998, S. 69-104.

VIII. Eigene Arbeiten zur Literatur und zum interreligiösen Dialog:

„Vielleicht hält Gott sich einige Dichter". Literarisch-theologische Porträts, Mainz 1991, ²1996.

„Ich schaffe Finsternis und Unheil". Ist Gott verantwortlich für das Übel? (zus. mit W. Groß), Mainz 1992, ²1995.

Im Spiegel der Dichter. Mensch, Gott und Jesus in der Literatur des 20. Jahrhunderts, Düsseldorf 1997.

Jesus im Spiegel der Weltliteratur. Eine Jahrhundertbilanz in Texten und Einführungen, Düsseldorf 1999.

Gottes grausamer Spaß? Heinrich Heines Leben mit der Katastrophe, Düsseldorf 2001.

Walter Jens. Literat und Protestant, Düsseldorf 2003.

Weltfrieden durch Religionsfrieden. Antworten aus den Weltreligionen (Hrsg. zus. mit H. Küng). München 1993 (Serie Piper 1862).

Erklärung zum Weltethos. Die Deklaration des Parlaments der Weltreligionen (Hrsg. zus. mit H. Küng), München 1993 (Serie Piper 1958).

Christentum und nichtchristliche Religionen. Theologische Modelle im 20. Jahrhundert, Darmstadt 1994.

Streit um Abraham. Was Juden, Christen und Muslime trennt – und was sie eint, München 1994 (auch in englischer, amerikanischer, italienischer, spanischer, tschechischer serbokroatischer, holländischer, türkischer Ausgabe). Neuausgabe: Düsseldorf 2001.

Vom Streit zum Wettstreit der Religionen. Lessing und die Herausforderung des Islam, Düsseldorf 1998.

EIN PERSÖNLICHES NACHWORT

Vor 275 Jahren, am 22. Januar 1729, wird Gotthold Ephraim Lessing in Kamenz geboren. Fünfzig Jahre später, im Frühjahr 1779, erscheint sein Drama „Nathan der Weise", das Lessing, der noch zwei Jahre zu leben hatte, nie persönlich auf einer Bühne sehen wird. Die Uraufführung auf einem öffentlichen Theater findet erst nach Lessings Tod statt: in Berlin am 14. April 1783. Der 275. Geburtstag Lessings im Jahre 2004, verbunden mit dem 225. Jahrestag der Erstpublikation des „Nathan", ist das richtige Datum, um noch einmal die Sache in den Mittelpunkt zu rücken, die Lessings Schlüsseldrama religionstheologisch bis heute einzigartig macht und die zugleich in der gegenwärtigen weltpolitischen Situation ungezählte Menschen bedrückt: die belasteten Beziehungen von Judentum, Christentum und Islam.

Ich habe mich deshalb entschlossen, die „Nathan"-Kapitel aus meinem Buch „Vom Streit zum Wettstreit der Religionen. Lessing und die Herausforderung des Islam" (Patmos Verlag, Düsseldorf 1998) hier noch einmal in einer separaten Ausgabe vorzulegen. Dabei wurde der Text noch einmal gründlich bearbeitet, sowohl sprachlich-stilistisch als auch inhaltlich im Lichte der neuesten Forschungsergebnisse. Einiges konnte und musste präzisiert werden. Ganze Kapitel wurden neu hinzugefügt. Eröffnet wird das Buch durch eine neue Einleitung, die den Horizont skizziert (der 11. September und die Folgen), ohne den eine Diskussion über die Problematik des „Nathan" heute nicht geführt werden kann.

Ich verbinde mit diesem Buch die Hoffnung auf eine Intensivierung des „Trialogs" zwischen Juden, Christen und Muslimen auch bei uns in Deutschland, der an der Basis begonnen hat. Ich verweise hier auf mein Buch „Streit um Abraham. Was Juden, Christen und Muslime trennt – und was sie eint" (Düsseldorf 2001), insbesondere auf die dortige Einleitung, wo ich von solchen Aktivitäten des „Trialogs" in Deutschland und Europa berichtet habe. Ich verweise aber auch auf die sehr informative und zugleich ermutigende Publikation von

Jürgen Micksch „Abrahamische und Interreligiöse Teams" (Frankfurt/M. 2003). Dankbar erinnere ich mich überdies in diesem Zusammenhang daran, dass ich im Jahre 1998 für mein erstes Lessing-Buch vom Zentral-Institut Islam-Archiv Deutschland (Soest) den Medienpreis verliehen bekommen habe – ein ermutigendes Zeichen der Anerkennung von muslimischer Seite für meine Bemühungen, den Lesern meiner Bücher – wie es in der Verleihungsurkunde heißt – „neue Wege des Verstehens und der Toleranz" zu erschließen.

Für unermüdliche Hilfe bin ich auch diesmal herzlich dankbar: Frau *Ute Netuschil*, die die verschiedenen Fassungen dieses Manuskriptes schreibtechnisch erstellte, und Frau stud. phil. *Anne Henrich*, die mir insbesondere bei der Literaturbeschaffung und den Korrekturarbeiten eine große Stütze war.

Tübingen, im Dezember 2003   *Karl-Josef Kuschel*

Karl-Josef Kuschel
**Jesus im Spiegel
der Weltliteratur**
Eine Jahrhundertbilanz
in Texten und
Einführungen
768 Seiten. Gebunden
ISBN 3-491-72423-6

In der Weltliteratur des 20. Jahrhunderts haben einige
Autoren Maßstäbe gesetzt bei der literarischen Gestal-
tung der Jesus-Figur: Für Europa etwa Anatole France,
Gerhard Hauptmann, Thomas Mann, Günter Grass, Nikos
Kazantzakis, José Saramago, für Russland Ilja Ehrenburg,
Michail Bulgakow, Djingis Aitmatow, für die Vereinigten
Staaten Ernest Hemingway, William Faulkner, Norman
Mailer, für Lateinamerika Augusto Roa Bastos und Mario
Vargas Llosa, für die muslimische Kultur Nagib Machfus.
Mit sachkundigen Einleitungen und Kommentaren stellt
Karl-Josef Kuschel die maßgeblichen Texte vor und zieht
den Leser hinein in das geistige Abenteuer großer
Dichtung.

Karl-Josef Kuschel
Streit um Abraham
Was Juden, Christen
und Muslime trennt –
und was sie eint
334 Seiten. Paperback
ISBN 3-491-69030-7

Abraham kann als gemeinsamer Vater des Glaubens, als
Leitfigur einer Ökumene gelten, die Juden, Christen und
Muslime zur Besinnung auf ihre Wurzeln einlädt, sie einander näher bringt und ihre weltweiten Spannungen und
blutigen Kämpfe beenden hilft.
Karl-Josef Kuschel stellt die Real-Vision einer abrahamischen Ökumene vor Augen. Er nimmt die Differenzen
zwischen den drei großen monotheistischen Religionen
ernst und wirbt zugleich aus religiöser Überzeugung
heraus für Friedens- und Verständigungsprozesse.